シルクロードの来世観

白須淨眞
［編］

勉誠出版

シルクロードの来世観

総論

Ⅰ　来世観への敦煌学からのスケール

Ⅱ　昇天という来世観

[総論]

シルクロードの来世観

白須淨眞

「生前中は、皆様より格別なご厚情、ご愛顧をいただき……」という遺族の挨拶に、違和感を持つ人はいない。それは「生前」の語が、日本にあっては「現世」に生まれる前ではなく「来世」に生まれる前、つまり「現世」のことだと正確に認識されているからである。中国・晋の陸機（二六一～三〇三）が「遊子は生前に位を高くすることを殉《もと》め、志士は身後に名を垂れんことを思う」（豪士賦序一首）[1]と詠い、唐の李白（七〇一～七六二）も「且《しばら》く楽しめ生前一杯の酒」（行路難）[2]と詠うように、中国古代の「生前」もまったく同意であり、それは今も変わらない。

このように漢字文化圏のなかにあって「現世」を「生前」と認識してきたのは、過去世、現世、来世の三世のうち、「来世」に対する尋常でない関心の強さが背景にあったからであろう。しかしその関心の強さが構築をうながした観念的虚構世界は、独自の固有性を保ちながらも世界各域に数多く見出せる来世観とも共有性を持って重なりあっている。人は死後、天空や天界や天国に昇天する、浄土に往生する、あるいは死後審判を受けて地獄に落ちるといった共有性がそれである。したがって漢字文化圏の来世観の来源が世界各域のどの来世観にあり、どのように相関しているのか、それを突き詰めていくことは極めて難しい。こうした状況を承知してあえて「シルクロードの来世観」をテーマとして設定するのは、広大なユーラシアの大地を媒体とする巨大な交流総体・シルクロードが持っている文化交流の蓄積の豊かさにその理由がある。それは、シルクロード東域に重なりあう漢字文化圏の来世観に対しても、照射可能な確実な素材を提供してくれるからである。

しらす・じょうしん――広島大学敦煌学プロジェクト研究センター研究員。博士（文学）。専門は大谷探検隊を中心とする内陸アジア近代探検・調査史と、トゥルファン地域を中心とする内陸アジア古代史。主な著書に『大谷探検隊研究の新たな地平』（勉誠出版、二〇一二年）、編著に、『大谷光瑞と国際政治社会』（同、二〇一一年）と『大谷光瑞とスヴェン・ヘディン』（同、二〇一四年）、最近の論文に「前涼・張駿の行政区画改編と涼州・建康郡の設置」『敦煌写本研究年報』第八号（京都大学人文科学研究所、二〇一四年）などがある。

ここに言う「照射可能な確実な素材」とは、主要には、二十世紀初頭以降、敦煌やトゥルファン地域の内陸アジアや河西地域の諸遺跡や古墓群から見出されたシルクロードの古代資料群を指す（**挿1**）。多様な言語や文字で記されてはいるが、漢文がその多くを占めているように、漢字文化を基底とするものが圧倒的に多い。しかもその資料群は、世界に類例を見ないほどの量を誇るだけでなく、伝世されたものではないという著しい特性を持っている。それは、二十世紀初頭、英、露、独、仏、瑞、日などによって一挙に、しかも競合して展開された大規模な内陸アジア探検調査活動によって新たに登場したからなのである（**挿2**）。[3] その類例のない量、非伝世資料という特性はまさしくここに起因する。そして今も、不断に継続される調査活動によってその量的累加は着実に進んでいる。

ところで非伝世資料であること、それは後世の人々による取捨選択や改編を一切蒙っていないこと、つまり歴史の場そのままの「生」の「素材」であることを意味している。記録として伝世されることが希であった民俗風習、宗教儀礼、葬送儀礼の諸資料や、それに係わる絵画資料さえも豊かに内包しているのはそのためである。もちろんこのシ

挿1　敦煌千仏洞で、敦煌文献資料を調査する仏国のポール・ペリオ（Pelliot, Paul , Les grottes de Touen-Houang,vol.6,1924 より）

挿2　敦煌・トゥルファン資料などを駱駝に積み、砂漠を進む日本の大谷探検隊（上原芳太郎編『新西域記』下巻、1937、695頁より）

ルクロードの古代資料群も歴史総体からみれば一部に過ぎないけれども、敦煌やトゥルファン地域の文献とその遺跡群が、数世紀を優に超える不断の連続性を持って残存していることを見逃してはならない。当地域の歴史的変遷を映し出すかのような一つのスケール（物差し）が内包されているからなのである。シルクロードの要衝を占めたこれら諸地域が、他域との交流を持たず孤立的であったことは、まずはありえない。とすればこの「生」の「素材」が提示するこの変遷というスケールは、交流を持ち続けてきた他域の世界にとってもはなはだ魅力的なものである。これほどの特性を備えたまとまった資料群は他域には見られない。とりわけて漢字で記された資料が最多であることは、ユーラシア東域から日本に至る漢字文化圏に対し、おのずと強い有効性を発揮することは想像に難くない。したがってここに言う「シルクロードの来世観」は、このシルクロードの古代資料群の特性を活用し、漢字文化圏に対する指標を得ることも目ざしている。(4) 本誌のタイトル「シルクロードの来世観」をシルクロード各域の来世観だけでなく、「シルクロードの漢字資料群から見た漢字文化圏の来世観」と広く受けとめていただいてもかまわない。

さてこの意を十二分に汲んでお寄せいただいた諸賢のご高論を、その内容と時代とを勘案し、次の一〜五、すなわち五つの項目に分かって配置する。

一、来世観への敦煌学からのスケール

荒見泰史氏の「シルクロードの敦煌資料が語る中国の来世観」は、この五つの項目の最初に該当する。「ユーラシア東域から日本に及ぶ来世観の総体に対し、確実な照射が可能となる素材」、それを代表する敦煌文献資料と敦煌千仏洞によって、敦煌における来世観の変遷が中国世界の指標となりうることを提示したものである。力編である。近年、『仏経文学論集』、『敦煌変文写本的研究』、『敦煌講唱文学写本研究』という三冊もの中国語の著書・編著を出版した氏は、中国文学と仏教文学の知見と並行させつつ敦煌資料を幅広く検討する国際的なトンコロジスト（敦煌学研究者）であり、氏にして可能な領域である。幅広い提起のうち、歴史学、宗教学、民俗学の領域にも深い示唆を与えるいくつかを取り上げて紹介しよう。

〈山岳信仰と聖地の移し替えと仏教聖地〉　仏教の伝来とともに敦煌に仏教が浸透し、四世紀、仏教の聖地を象徴する敦煌千仏洞の開鑿が開始されたが、それは先立つ敦煌の三危山への山岳信仰を移し替えたものであった。三危山信仰とは、西王母伝説に関わりを持つ古い崑崙山《こんろんざん》信仰と重複するもので、仏教理解のために従来の西王母信仰の図像さえも利用する過渡期があったことが、千仏洞の壁画によっても指摘できるという。こうした仏教聖地への移し替えは、唐代後期に文殊信仰の聖地として重要度を増していく五台山にも援用可能であり、山岳信仰の聖地を仏教の聖地とする過程に、古層の山岳信仰を覆い尽くしてしまうほどの伝承記録が新たに意図的に作成されたのだという。もとよりの仏教聖地であったかのように装うためである。この見解は、五台山伝承記録の扱いや五台山信仰を積極的に活用した八世紀の著名な唐僧・不空三蔵の扱いにも注意を喚起することになろう。またこの聖地の移し替えというこの敦煌学からの提起は、数多い聖地のそのあり方を問う際にも重要な視点となろう。(5)

〈ジャータカと為政者〉　過去世は、来世観念に比べれば多様性を持たなかったようであるが、荒見氏は、初期の敦煌石窟の壁画に、釈迦や菩薩の過去世（ジャータカ、アバダーナ）が数多く描かれたことを、次のように理解する。為政者の徳によって国家を統治するという政治理念の強かった中国にあっては、信仰心が厚く慈悲深い国王や王子として描かれることの多い釈迦や菩薩の「過去世」を通して、今の為政者への重ねあわせを同時に求めているものだという。つまり政治的求心力を増強させる意図が内包されていたのである。それは経典に見える国王の文字を慈悲深い王と認識できる漢字に置き換えたり、有徳の国王が登場するジャータカを意図的に抽出した編集写本などからも窺えるという。釈迦や菩薩の過去世がこうした視点から認識できることは、仏教を政治の要に導入した中国の十六国期諸政権の歴史的状況に対しても、はなはだ示唆的な見解となろう。

〈唐王朝の崩壊と葬送儀礼〉　中国の葬儀は、仏教浸透後も「孝」を重んじる思想を背景する伝統的な葬礼に「固有の信仰」を加えて行われるのが通例で、仏僧は原則として民間の葬儀には係わらなかった。六朝時代後半期、仏教は「孝」の思想と結びついた追福儀礼としての盂蘭盆会や七七斎などを行うようになったが、それらは葬送儀礼とは別であった。また統一国家である隋唐王朝は、仏教の管理統制に力を注ぎ、仏僧の葬送儀礼へ不関与の原則を維持しようとした。しかし九世紀ごろ、その唐王朝が急速に力を失い中央からの統制が弛緩すると、民間では儒仏道混在の喪葬儀礼を行い、仏僧もそれに積極的に関与していくようになった。そして十世紀、仏僧は、道教儀礼を吸収した十斎《じっさい》日《にち》の信仰、七七斎《しちしちさい》信仰から発展した十王信仰、あるいは盂蘭盆会《うらぼんえ》などによって地獄の様相を民間に積極的に流布させるとともに、地獄に落ちないための追福儀礼を盛んに行うようになった。千仏洞から見出された敦煌文献資料は、こうした葬送儀礼に係わる仏教の様相を実によく語っている。これは、唐王朝の崩壊によって中央からの統制を失った仏教が、民間の信仰に依存して世俗化、言葉を換えれば庶民化していったことをよく示すものである。統一王朝下にあった仏教が、統制と引き替えに支援を失い、その経済基盤を庶民の側に求めていかなければならなくなったことと深く相関する。こうした荒見氏の指摘は、歴史学の立場からも極めて注目すべきことである。

かの内藤湖南は、「概括的唐宋時代観」（一九二二・大正十一年）という著名な論考によって、唐宋変革という中国の政治と社会の変化を実に解りやすく見通し、研究の方向性に大きな指針を与えた。しかし、貴族の時代から庶民の時代への転換を総合的に提示しながらも、なぜか宗教の変化には触れなかった。それは、編者が、敦煌との相関のなかで唐代後期以降の五台山文殊信仰を扱った際、(6)頭を過ぎっていた疑問でもある。荒見氏のこうした敦煌学からの指摘は、唐宋の大きな社会変動を葬送儀礼という従来ほとんど顧みられることのなかった民間の儀礼のなかから浮かび上がらせたもので、その手法とともに評価すべきであろう。

〈消滅や混合ではなく重層という視点〉　荒見氏は、敦煌資料を駆使したこの論考を総括して、「中国古来の来世観である天と地も様々な形で姿を変えながら残されており、その様子はインドの極楽浄土と地獄へと置き換えられて多様に描写されるようになっているものの、中国人の意識の中では古来の天と地の発展した形として吸収され理解されていたことであろう」と結ぶ。それは、過去の来世観のすべてが消滅して仏教に塗り替えられたわけではなく、混合してしまったわけでもなく、過去の世界観は根強く残存して、仏教と重なり合っていた、つまり重層化していたという指摘であろう。宗教や信仰を見るには、心得ておくべき重要な視点であろう。

二、昇天という来世観

編者・白須淨眞の「シルクロード古墓壁画の大シンフォニー」と「シルクロードの古墓から出土した不思議な木《き》函《ばこ》」、門司尚之氏の「シルクロードの古墓の副葬品リストに見える〈天に昇るための糸〉」の三編は、「昇天」という形態をとる来世観の一端を、四世紀後半期のトゥルファン地域の古墓に残された壁画資料と、同地の五～六世紀の葬送文書によって具体的に問うたものである。

挿3　日本の来迎図、阿弥陀如来二十五菩薩来迎図（早来迎）。京都・知恩院蔵（岡崎譲治『浄土教画』日本の美術43、1968、巻頭図版より）

もとより「昇天」という来世観は世界各域にそれこそ普遍的に見られるものであるが、「来迎《らいごう》」というより丁寧な形態をともなう「昇天」は、浄土教の浸透にともなってユーラシア東域から日本にかけて特異な発展を見せたものである。今も耳にすることがある「そろそろお迎えが」という老境の語りも、その来源は「お迎え」による「浄土往生」という来世観に行き着くのであろう。そうした来世観が生み出したのが、十世紀、日本の平安中期以降、臨終行儀と並行して盛行を極めることになる「来迎図」である（**挿3**）。臨終を迎えた衆生を浄土に迎えるために、阿弥陀仏が諸菩薩とともに雲に乗じて地上界に降りてくるその様子は、敦煌千仏洞の唐代後期の壁画にも見出せる。こうした「来迎」という「昇天」の形態は、崑崙山《こんろんさん》への昇仙と重なるような古代

挿4　中国古代の昇仙図
長沙・馬王堆漢墓出土の帛画（曽布川寛「崑崙山と昇仙図」『東方学報』京都第51冊、1979、119頁より）

挿5　中国古代の昇仙図の中段部の模本
挿4の中段部。天蓋下の背中合わせに交差する二頭の龍の間の台の上に墓主が乗り、まさしく崑崙山へと昇天しようとしている場面である（曽布川寛「崑崙山と昇仙図」『東方学報』京都第51冊、1979、122頁より）

中国の実に古い来世観に淵源があるとしても、敦煌や日本の「来迎図」との距離感はあまりにも大きい。したがって編者がかねてより求めていたのは、紀元前二世紀の湖南省長沙馬王堆漢墓から出土した著名な中国古代の「昇仙図」（**挿4**、**挿5**）と日本の来迎図の中間的形態である。存在もしない資料に期待感を寄せること自体が非学問的な態度かもしれないが、その関心に答えていると確信させる資料に奇しくも出会うこととなった。それが、四世紀後半期のトゥルファン地域の古墓から見出された墓室壁画である（**挿6**）。二度の現地調査を行ったのはそのためである。

編者がこの墓室壁画を、「来迎昇天」をテーマとすると見なすのは、十世紀初めの成立と推定されている日本の「竹取物語」の示唆によるところが大きい。それは、「罪をつくり」下界へ落とされた天界の「かぐや姫」が、「罪の限り果て」たことによって、天からの迎えによって月の都へ還っていく物語である。その還り行く天界は、下界、すなわち人々の生きる現世とは相違する清浄にして永遠なる不老不死の世界であり、現世の地上世界と相反する最善の世界であった。
それでは、天界の下、下界の現世にあって死を迎える人々は、だれしもがその最善の世界へと昇天することを許され、だれしもが天界からのお迎えを受けることができたのであろうか。この時代、そのようなことは言うまでもなく想定されるはずもなかった。来迎による昇天、それが可能であったのは、一定の官職を持ち多くの田土などの資産を保有する家に所属する人々、つまり「富貴」と呼称されるような社会的ステイタスの高い一部の人々だけであった。社会的身分の存在を当然視した古代身分制社会にあっては、来世に行くことさえも現世のステイタスが決定していたのである。この「富貴」に制約された来迎昇天であることを明示するのが、メインテーマ来迎昇天の画像に付せられた広大な田園と豊かな荘園での生活様相を描いた画像である。研究者の多くはこの「来迎昇天壁画」を「地主生活図」のように呼称する。しかしそれは来迎昇天のための条件を主題と取り違えてしまった誤解である。なお、すべての衆生が浄土に往生できるのだ、そうした無条件近い考え方に到達するには、以後随分と時の過ぎるのを待たなければならない。

挿6　四世紀後半期のトゥルファン地域古墓に描かれた来迎昇天図の中央主題部
鞋を脱いで天蓋下の台に乗った墓主が、まさしく昇天しようとしている
（祁小山・王博編『絲綢之道・新疆古代文化』2008、123頁より）

さてメインテーマ来迎昇天を描く画像は、主要には、「大きな天蓋」、その天蓋下の「墓主が乗り込むお迎えの乗り物」、そして「天地を結ぶ大きな柱」によって構成される。墓主を乗せたお迎えの乗り物は、大きな柱に沿いながら天蓋と結ばれたかのような長い糸状の束（挿6の左端）をともなって北斗七星に導かれるかのように天極へと上昇していく。その「天蓋と結ばれたかのような長い糸状の束」を描く図様が、具体的には何を示し

ているのか、この壁画からは分からない。しかしそれを、当地トゥルファン地域の古墓群から数多く出土する副葬品リスト、その中に明記される万万九千丈の長さを持つ〈天に昇るための糸〉ではないかと想定したのが、門司尚之氏である。その糸の長さが天地の距離と観念されていた「万万九千丈」と一致することが、主要な根拠である。氏の修論の一部を発展させた見解である。

しかしこの壁画に見える〈天に昇るための糸〉は、「来迎昇天壁画」の推定年代四世紀後半とはぴったりとは一致しない。少なくとも百年の差異は認めなくてはならない。もちろん門司氏も編者もそれをよく承知しているが、緻密な一致を求める文献学的手法とは軌を一つにしないとしても、虚構世界を描こうとする絵画的表現の概念表象のあり方の一つとしてとらえようとする仮説とみれば、無視しがたい見解である。よく知られているようにトゥルファン地域は、今後も新たな出土資料が陸続として出土する、その可能性が極めて高いところである。その最終的な判断は、今の出土状況に限定せず、将来の可能性にゆだねてもよいかもしれない。なおこの門司論考は、〈天に昇るための糸〉に併記されている同じ副葬品リストに見える〈五色の糸〉にも言及する。かの藤原道長（九六六～一〇二七）も行った阿弥陀如来の手に五色の糸を結びつけて往生する日本浄土教の臨終儀礼との相関性を想定したのである。トゥルファンの葬送文書の漢字文化圏の来世観に対する援用として興味深い。

また先に触れた編者の「シルクロードの古墓から出土した不思議な木函」は、「来迎昇天壁画」を描く古墓に近接する同時代の同族墓から出土した「木函」に係わる空想にも似た想定である。現地博物館での調査を踏まえてその木函を復元し、その木函なかには、昇天するための不可欠のアイテム（仙薬、天の羽衣、天衣？）が容れられていたのではないか、と推察した。これもまた、来迎した「天人」が箱の中から取り出し「かぐや姫」に直接手渡した「不死のくすり」と「天の羽衣（御衣）」を強く意識したもので、その昇天のための不可欠のアイテムも、木函に容れて天界から持参されたものと想定する。またあわせてその昇天のためのアイテムは、「天帝の使者」のような天界から派遣された者に扮した「方士」が、葬送儀礼の場にあって用いたものではないか、その可能性も示唆する。それは荒見氏が言う仏僧が葬儀に関与する以前の「中国の固有の信仰を加えて行われ」ていた葬送儀礼に通じるかもしれない。

三、現世の延長という来世観

誰しも死後のことは分からない。それだけに多様な考え方が生まれた。今触れたトゥルファン地域の「来迎昇天壁画」を描いた古墓にあっても、墓室の遺骸の側らには数多くの明器が副葬されていた。それは、死者は昇天しても地下世界で現世に等しい生活を送り続けると考えていたためである。古代中国にあっては、人の死後その肉体を離れた陽魂は天に帰し、陰魄は肉体に留まるという基本的な理解があった。しかしこの理解によっても、死者の昇天や死後の生活のあり方などすべてを整合的に説明することは容易ではない。「北涼縁禾六年随葬衣物疏」と題されたトゥルファン地域出土の五世紀の葬送文書の一つに、「延寿里民翟万去天入地」という文言が記されている。死を迎えた延寿里の民・翟万は、天に去き地に入っていくのか、あるいは、一端、昇った天を去って地に入っていくのか、この「天」と「地」の相関は、文言だけにたよっても整合的理解は苦しい。(7) しかしいずれにせよ、死者は現世に等しい生活を地下で送り続けるという考え方が根強かったことは、否定すべくもない。

許飛氏の「シルクロード・河西の古墓から出土した木板が語るあの世での結婚」は、そうした問題の一つとして現世の人と同じように来世において死者も結婚することがありうるという「冥婚」に焦点を当てたものである。現在中国にあっても依然として消滅してはいないこの奇習に係わる大変に興味深い論考である。許氏は、シルクロードの東域から出土した魏晋期の木板に書写されたその複雑な内容を丁寧に読み解いて、それを墓地をトう「卜宅図」、若くして亡くなった男女が来世で婚儀を挙げる冥婚の様相、そして鎮墓文の三つから構成される複合文とみなし、一語一語を該博な知見を駆使して周到に解析する。氏が提出したの博士論文の一部をさらに充実発展させたものである。氏の到達したその結論において最も肝要なことは、死者を結婚させるという「冥婚」の最大の目的である。それは、若くして未婚のままに心満たされることなく死亡したそれぞれの男女を遺族が追悼だけを目して結婚させたのではないというその事実である。このまま二人を未婚のままにしておけばそれぞれの男女は、その家族に祟をなすことになる、したがってそれを未然に防ぐために死後であっても結婚させたのである。だからこそ「冥婚」のプロパーである「術士」に依頼し、娶《めあわ》す男女を選び、通常の結婚のようにその相性や埋葬する墓地を占い、婚儀も挙げて男女を男性の一族の墓地に埋葬し、家族に祟をなさないようにしたのである。その一連の儀礼のために作成されたのがこの木板であるから、許氏はそれを「墓券」や「冥婚書」と呼ぶのは適切ではなく、「冥婚鎮墓文」と呼称すべきだという。

なおこの論考は、「術士」の行う儀礼も追求して、文献学考察に留まっていた従来の「鎮墓文」研究をさらに深め、葬礼の場における儀礼行為の実際も浮かび上がらせた。これは、先に荒見氏、編者・白須が指摘した葬送儀礼と通じあうものであろう。

四、来世へのステイタス

先に「来迎昇天壁画」に触れた際、古代身分制社会にあっては、昇天も決して無条件ではなく「富貴」であることが重要な条件であったと述べた。したがって、どのような社会的ステイタスを持った死者として埋葬されるのか、それは証明が求められるほどに重要なことであった。その来世への証明の一つが〈玉《ぎょく》〉で作った豚、すなわち「玉豚」であった。大田黒綾奈氏の「シルクロードの古墓から出土した偽物の〈玉〉」は、五～六世紀のトゥルファン地域では、副葬品のリストに「玉豚」と明記されていても、出土するのは「木握」のような偽物であるという矛盾する現実を解析したものである。

まず、中国社会における「玉豚」は、豊かさの象徴である「豚」と、葬礼に「玉」を用いることのできる貴なる身分であることを二つながら示す融合表象体であると証した上で、それが中央集権的な葬玉制として後漢期まで有効に機能していたこと提示する。そして、三国・魏の薄葬令、続く西晋の滅亡にともなう激しい社会変動と南遷貴族層の再編成の過程のなかで、「玉」を用いる中国の埋葬形態にも大きな変動が起こっていたことを中国の出土資料を精査して導出し、次のように結論づける。「玉豚」は西晋の滅亡後、現実には「石豚」へと変わっていったにもかかわらず、南朝の貴族たちはそれを「玉豚」と呼び続けた。それはたとえ「石豚」であっても「玉豚」と称して埋葬することによって、正当なる漢人の士人であることを証したいという譲りがたい誇りであったという。こうした様相は、この期に内陸アジアのトゥルファン地域に自立を果たした漢人を王に戴く高昌国の場合にあっても決して無縁ではなかった。たとえ小国とはいえ一国の官人となった在地有力者層も、高昌国の支配者層に属す漢人の士人である証、誇りとして、自らの墓に「玉豚」と称して「木握」を埋葬したのだと。これは、「石豚」を「玉豚」とすでに呼んでいたことと並行する現象であり、これがトゥルファン地域の古墓に偽物であることを承知の上で「玉豚」と副葬品リストに記した理由であるとみる。こうした一見すれば不可解な現象も、かつて編者が言及したことのある高昌国の官人層が高昌国の士人の証として埋納した「墓表」と通じ合うのだという。死者が支配者層に属する士人であることを証してまで埋葬されること、それが身分制の強い社会の反映であるとしても、来世にあっても現世のステイタスに制約されるという来世観が重ねて影響を与えていたのであろう。

五、死後審判があるという来世観

人は死後、生前の行為によって裁かれる、またその死後審判をいかにして交わして裁きを免れるのかという来世観は、昇天と同様に世界各域に見出せる。

「十世紀敦煌文献に見る死後世界と死後審判」と題する高井龍氏の論考は、敦煌文献資料の中にあっても最も量の多い九〜十世紀の文献のうち唐王朝の崩壊に重なる後者、十世紀の文献を中心に検討したものである。しかも対象としたのは、仏僧が庶民の在家信者を対象とした仏教儀礼や仏教講釈に用いたもの、つまりもとより後世への伝承など意図しない使い捨てとされるものであり、本来ならば消滅しているはずのものであった。その内容は、民間に流布していた斎会を巧みに取り入れて地獄へ落ちる審判から免れることを説く『十王経』や「目連《もくれん》故事」であるが、それらはともにインドではなく中国で作られた「経典」と見なすべきではない「偽の経典」であった。しかも本来の「翻訳経典」も、あるいは士大夫も用いることのない韻文と散文を繰り返す「講唱体」という通俗的な文体を採用する場合もあった。それは敦煌の寺院が、士大夫よりも俗世の庶民との係わりを密にしていた、つまり比重を移していたことの所産であるが、それには唐王朝の崩壊が大きく影響していたという。この指摘は先に要約した荒見氏の見解、統一王朝下にあった仏教が、統制と引き替えに支援を失い、その経済基盤を庶民の側に求めていかなければならなくなったことと重なりあうものである。さらに高井氏は、それを十世紀の国際政治社会とも相関させて、敦煌という一域に自立を果たし、独自の社会形成を試行する曹氏帰義軍政権が求めた仏教政策と相関すると見なしている。その際、十世紀の日本の平将門の坂東における自立の試みにも言及して、十世紀における敦煌の変化も、「唐王朝の衰退から滅亡にへと至る来る中で引き起こされた東アジアにおける変化の一つ」として意識すべきたという。歴史学にあってもこうした見解は重視すべきであり、これまた、シルクロードの古代資料群が提示する広域異域世界への時代の指標、スケールと見てよいかもしれない。こうした方向性でのさらなる深化が期待されよう。

さてこのように五つの項目に分って掲載論考を整理してみると、一見、虚構の観念世界だけに見える「来世観」も、変動する歴史の舞台のなかで並行して大きく変容してきたことが読み取られるであろう。したがってその変容の様を浮かび上がらせるシルクロードの膨大な古代資料群は、「シルクロードの来世観」を語るだけでなく、日本に及ぶ漢字文化圏の来世観の検討にも有効であり、それはさらに来世観を越えて現実の社会変動に対しても射程は伸びる、そうした期待感も懐かせるものとなったといえよう。

注

（1）『文選』巻第四十六所収。小尾郊一『文選（文章編）』六、三一六頁。

（2）『唐詩三百首』所収。

（3）調査活動と国際政治社会と相関については、白須淨眞『大谷光瑞とスヴェン・ヘディン　内陸アジア探検と国際政治社会』（勉誠出版、二〇一四年）などを参照。

（4）なお本論集は、広島大学と首都師範大学が主宰し、広島大学敦煌学プロジェクト研究センターが企画した国際学術討論会（二〇一五年七月三十日）においても、すでに討議したものである。

（5）その諸例は少なくないが、内陸アジアにあっては、ホータン（于闐）の牛角山が仏教の聖地に移し替えられ、さらにイスラムの聖地とされたことなどは、興味深い。

（6）白須淨眞「内陸アジア・東アジア・チベット世界における文殊信仰の歴史的トポロジー（位相）――その序章：9世紀後半における比叡山〈文殊楼〉創建の史的意義」『西蔵自治区――青海を結ぶ蔵族の工芸美術と芸能の文化』二〇〇七年。同「新様文殊壁画に現れる于闐国王とその歴史的背景」『シルクロード東部地域における貿易と文化交流の諸相』二〇〇九年。

（7） TAM2号墓出土。唐長孺主編『吐魯番出土文書』壱冊、八五頁。なお「天」は死者がずっと暮らす場所ではなく、天界での検問を受けたり、あるいは天界の仕事のために行く場合もあるという許飛氏の理解は援用しやすい。本誌の許飛論考参照。

シルクロードの敦煌資料が語る中国の来世観

荒見泰史

敦煌は、長い時代の流れの中で、中国の西の玄関口として、また山岳信仰の地として、さらには仏教の聖地として長く歴史の表舞台にあった。このような歴史的経験をもつことから、時代背景の異なる文化背景をもつ遺跡が重層的に残されている。そうした資料群は、辺境の一都市の資料であるために新たな中央の文化的な規範の波が訪れても古い資料が残され、中国の一〇〇〇年以上もの長きにおける変容の歴史を重層的に残してくれているのである。ここでは、こうした敦煌資料に見られる来世観について、各時代の資料を紹介しつつ、その変容の概略を読み解いていく。

あらみ・ひろし――広島大学総合科学研究科教授。敦煌学プロジェクト研究センター代表。文学博士（中国・復旦大学）。専門は中国文学、敦煌学、仏教文学。主な著書、論文に『仏経文学論集』（復旦大学出版社、二〇〇四年）、『敦煌変文写本的研究』（中華書局、二〇一〇年）、『敦煌講唱文学写本研究』（中華書局、二〇一〇年）、The Tun-huang *Su-chiang chuang-yen hui-hsiang wen* 俗講荘厳廻向文 and Transformation Texts , ACTA ASIATICA: Bulletin of the Institute of Eastern Culture No.105 (Published Aug.2013) などがある。

まえがき

中国甘粛省の西のはずれに位置する敦煌は、オアシス都市として古来人々の暮らしを支えてきた。そして長い時の流れの中で、東西陸上交易の時代には玉門関、陽関の置かれる中国の西の玄関口として、また、三危山、鳴沙山を擁する山岳信仰の地として、さらには仏教が流入して王朝の権力と結びついた時代には仏教の聖地として繁栄し、文化的には中華文明を中心としながらもソグド、チベットやウイグルなど様々な民族が行きかう多種多様な宗教、文化が融合する国際都市として長く歴史の表舞台にあった。

このような歴史的経験をもつ地であることから、敦煌には様々な時代背景の、異なる文化背景をもつ遺跡が重層的に残されている。漢代の遺跡も多く保存されており、代表的なものだけでも漢墓、烽火台、城址、そして文字資料としては大量に出土した漢簡などがある。後代の資料では、とくに六朝時期以降の六朝墓や寺院跡、石窟資料はとくに豊富で、石窟資料としては壁画と塑像が、そして石窟内に埋蔵されていた文献資料があり、壁画では四万五〇〇〇平方メートル、文献資料では六万四〇〇〇点を超え、この時代のものとしては世界最大級ともいわれるほどである。それらのビジュアル資料と文字資料は、各時代の政治、学問や宗教、時には庶民の暮らしに至るまで様々な情報を読み取ることができるたいへん貴重なもので、これらを使った研究は「敦煌学」と総称されて今日まで学界の注目を集めている。

　そうした各時代の資料群に見られる来世観といえば、あるいは敦煌という中国の一辺境地域に限られ、しかも多民族の文化が融合したものとも思われがちであろうが、実は中国の一〇〇〇年以上もの長きにおける来世観の変容の歴史を反映する貴重な資料と見なすこともできよう。それは、敦煌に限らず、外来文化を吸収し、多様に変化し続けた中国文化自体の変遷の様を継続的に内包しているからなのである。例えば、敦煌では、仏教以前において伝説上の崑崙山に見立てられた三危山の裾野には古墓群が広がり、後漢墓、西晋墓の画磚には西王母信仰の痕跡が残されている。また、後漢末頃以降の古墓から出土する鎮墓瓶などからは天師道、或いは太平道とも言われる道教系の宗教の影響が見られていると言われ、後漢末に興った道教の影響下における変容を知ることができる。三世紀から四世紀頃に盛んになったと見られる仏教布教の中では、仏教的な来世観が伝わったものと見られ、敦煌でも四世紀後半以降になると、石窟資料や文献資料には仏教的な来世観が表されるようになる。ただ、そこには一律ではなく時代ごとに異なる来世観が重層的に残されており、初期の石窟資料には輪廻を中心とするジャータカ、アバダーナが多く残され、隋唐の浄土教の発展以降になると、極楽往生を描く精緻な浄土変相図が王朝の豊かな経済基盤を背景とするかのように描かれるようになる。また、九世紀ころには、王朝の中央集権の後退にともなってその統制から解き放たれた寺院が地域経済とより深く結びつきを強めたために一部の仏教儀礼が聴衆を意識した儀礼へと変化したかのようである。地蔵を中心に地獄での救済が説かれて人々の耳目をくぎ付けにし、後には発展して葬儀から追善供養と結びついて十王のような地獄の裁きが体系的に表されるようになっていく。文献資料にはそうした儀礼に効果的に用いられた讃美歌のような浄土讃、講唱や舞踏、戯劇を交えた儀礼もおこなわれるようになったなどの変容が見られるようになる。こうした中で、八関斎、仏教式の喪葬儀礼、七七斎、盂蘭盆会などが流行するようになり、関連する浄土、地獄、十王、地蔵、目連などに関する物語も、経典類に記された内容から次第に中国の人々に親しみやすい形へと改変され、新たな形が作られていく。こうした敦煌の資料から読み説くことのできる来世観の変容は、中国社会における長い期間の来世観の変容の状況を反映しており、中国の来世観を考える上でたいへん貴重な同時代資料と言えそうである。

本稿では、こうした敦煌資料に見られる来世観について紹介することを目的とするが、紙幅にも制限があるので、各時代の資料を紹介しつつ、来世観の変容について概略を見ていくこととしたい。

一、三危山と西王母信仰

敦煌の街の東南にそびえる三危山《さんきざん》は、その独特な風貌により、鳴沙山とともに古来信仰を集めてきた。三危山は、現在莫高窟のある鳴沙山の向かい側にそびえる礫岩の山で、炎が燃え立つようにも見える概観から時に火焔山《かえんざん》とも称され、西王母の住む聖地「崑崙山《こんろんざん》」に見立てられて崇められてきたのである。例えば『山海経』では、三危山は西王母の食する三青鳥（後には西王母の使いとして記載されるが）の住む地としての記述があり、すでに西王母との関わりについて言及がある。また、三危山の近くに設けられた漢代の寨が、「崑崙障」、「崑崙寨」の名称で呼ばれており、[1] 西王母が住むとされる崑崙山から命名されたと見られているのである。また、三危山の形状がある角度から見た時に三つの峰があるように見える（**挿1**）ことも伝説の崑崙山と考えられるようになった原因があるかもしれない。崑崙山は『爾雅《じが》』には「三成」、『水経注』には「三級」、「十洲記」（『水経注』巻一所引）では「三角」[2]のように古来形容され、その具体的な形状は各書で若干差異が見られるものの、こうした形容からか**挿2**のような姿で描かれることが多いのである。

また、敦煌の三危山周辺には西王母に関わる様々な時代の遺跡が残されている。その代表的な遺跡は三危山の三つの峰の一つに残された王母宮である（**挿3**）。この王母宮は、一九二八年（民国十八年）に王永金によって修築されたことが県誌に記されている以外は、[3] 創建に関わる記録は今日まで見られていないが、それ以前よりそこに建造物があったことは間違いない。現在の王母宮に使用されている木材の類は明らかに一〇〇年どころの古さではない。現在残される地磚（床に張るタイルのような煉瓦）では、磨滅してはいるが莫高窟の唐代のものに類似する模様のものが見られている。また、近年の調査時に四世紀頃の石の仏塔がここから出土しているな

挿１　敦煌三危山（筆者二〇一四年六月撮影）

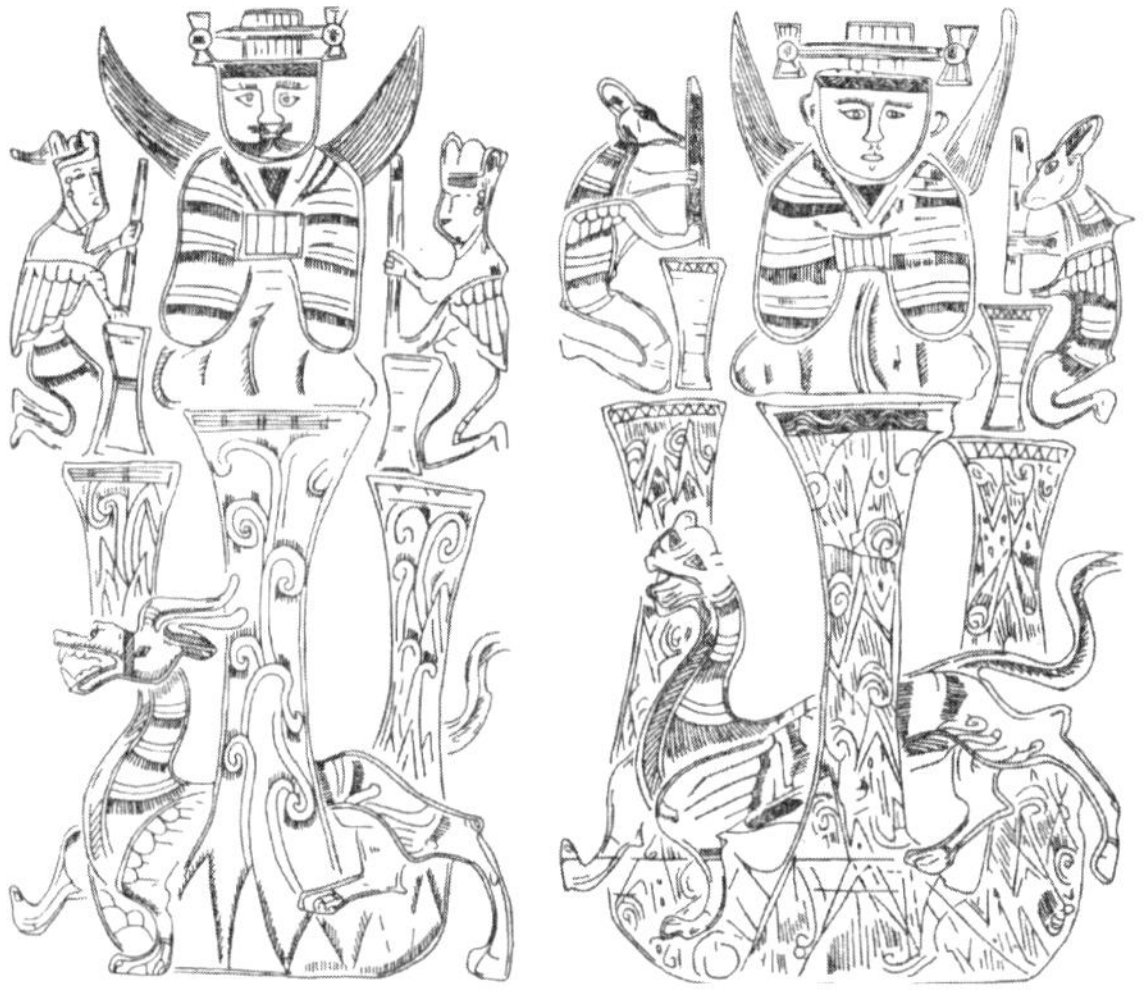

挿２　崑崙山の形容（沂南画像石より。三峰上に西王母の姿が描かれる）
南京博物院・山東省文物管理処『沂南古画像石墓発掘報告』、1965年。小南一郎『中国の神話と物語り』岩波書店、1984年。

ど（挿４）、出土資料からも仏教伝来の直後からここに仏教関連の建造物が建てられたことが分かっている。また『大唐隴西李府君修功徳記』（大暦十一年（七七六））の描写でも、三危山に仏龕が彫られ、時に燈籠が掲げられていたことも記されているのである。(4) 仏教伝来以前の三危山の信仰については推測によるほかはないが、敦煌に残される様々な西王母の痕跡や中国の他の山岳と仏教の関係を考えた場合、仏教以前に

挿3　三危山山頂の王母宮（二〇一四年六月筆者撮影）

もここに西王母に関わる信仰が集まっていた可能性が高いと考えられる。

というのも、西王母信仰はもともと外来の信仰とも考えられているが、中国で古く前漢代にはすでに広く信仰されたことが知られている。[5] これまでの研究では、前漢の西王母像の分布地域がのちの後漢代以降の早期の仏像の分布地域と近く、仏教が西王母信仰と重なり合うようにして広まったのではないかとの指摘があり、[6] これとあわせ考えると、敦煌でも山岳信仰あるいは西王母信仰が仏教の聖地にうつしかえられていった、という可能性が考えられるのである。[7]

敦煌の古墓に残される画磚では、仏爺《ぶつや》廟湾《びょうわん》一号墓照壁に

挿4　王母宮から出土した四世紀の石塔（二〇一四年六月筆者撮影）

挿5　仏爺廟湾一号墓照壁中央上の西王母（筆者撮影）

残される「西王母」(8)（**挿5**）や、一九九九年五月に仏爺廟湾から出土した敦煌市博物館所蔵DH5・064［2276-1］「西王母図」及びDH5・065［2276-2］「東王公」（ともに西晋時代、墓葬位置不詳）が見られ、西晋時代以前の敦煌に西王母信仰が浸透していたことが知られる。西王母が墓所や棺に描かれることは、馬王堆漢墓、四川省楽山《らくざん》麻浩《まこう》磨崖墓《まがいぼ》、酒泉丁家閘《しゅせんていかこう》西魏墓など多くの地域でみられるものと同様の昇仙を願う、当時考えられた天上世界を描いたものと考えられる。これらに類する西王母信仰が敦煌にも広がっていたことが知られるのである。

こうした古墓と天上世界を描いた壁画については様々な解釈がみられるが、中国古来の陽魂、陰魄によっても解釈できる。つまり、死後に魂は肉体を離れる陽魂と、肉体に宿る陰魄とに分かれ、陽魂は天上の祖霊たちの世界に昇り、陰魄は地に止まるとするものである。棺や古墓内に四周の守り神としての四獣や西王母などが描かれるのは、一つには陽魂が天上界へ昇ることを求めるため、そして陰魄が宿り陽魂とも繫がりを保っている肉体を護るため、と見ることができる。

敦煌で現在確認できる仏爺廟湾一号墓などでは、墓室内の壁画はあまり多くはなく、西王母、東王公などが配置されるものはないが、やや後代の酒泉丁家閘西魏墓では、敦煌の墓

挿6　酒泉丁家閘五号墓窟頂西側
俄軍、鄭炳林、高国祥主編『甘粛出土魏晋唐墓壁画』蘭州大学出版社、2009年。

室と同じ伏斗型の形状で、墓室内に多くの壁画が残され、その後の発展の状況を推測することができる（挿6）。そこには四角錐状の窟頂の西側に台形の西王母の座像が、東側には東王公の座像が相対して描かれ、その下には火焔山が描写され、あたかも火焔山の上空に西王母、東王公の世界が広がるかのようである。他の北壁と南壁には龍や宝珠が描かれるほか、植物の蔓や葉のようなものが描かれる。これは天上界との繋がりを表し、死者が天上界へ上るためのいわゆる「揺銭樹」の一種が変形したものと見られる。

なお、これと構図を同じくする敦煌壁画が残されており、これまでにも度々議論されてきた。それは北魏時代の六世紀初め、瓜州刺史の元太栄が造営したとされる莫高窟第249窟で、窟内は伏斗型と墓室とも形状がよく似ている。そしてやはり台形の下部には山岳が連なるようにして描かれているが、相対するように描かれるのは西王母と東王公ではなく、帝釈天と帝釈天妃と、仏教的な内容になっている（挿7）。こうした点から、これらが西王母か帝釈天か、或は二〇〇〇年を経て図像がどのように継承されたかなど、様々に議論されてきた。それを解き明かす材料は乏しく、現時点ではその発展関係を明確にすることはできないが、須弥山《しゅみせん》山頂の喜見城に住むとされる帝釈天とそれを取り巻く忉利天《とうりてん》世界を理解するのに崑

挿7　敦煌莫高窟第249窟窟頂南壁
俄軍、鄭炳林、高国祥主編『甘粛出土魏晋唐墓壁画』蘭州大学出版社、2009年。

崙山上の西王母の図像が用いられるという、仏教理解のためにそれまでの信仰の図像を利用するという過渡的な段階と言えよう。したがってこの図像が使用されるようになった当初は、見る者にとっては西王母でもあり、それが帝釈天でもあるという理解があった可能性がある。そして、長い時代を経て帝釈天に対する理解が進み、この図像が定着すると、西王母に対するイメージも自然と異なるものへと変わっていったことであろう。

なお、九世紀以降に敦煌の仏教や道教の説経などで語られていた講唱文学の中に「劉家太子伝」などのように崑崙山や西王母にまつわる内容をまとめたものがあり、また、追福供養の願文などに西王母が読み込まれることもあり、宗教色が仏教に塗りかえられていった後にも、民衆層には西王母の信仰が依然として残り、時として文献上に表わされていたことを知ることができる。ただ、これらに表される西王母の世界はすでに死後の世界ではなく、崑崙山上に住む女仙の長たる不死の女神、或は病気や災厄からの救いの神となっている点は注目しなければならない。さらに、近年には王母廟などを含む「三危山景区」が新たに開発され(9)、三危山一帯は西王母信仰の地として復元され、敦煌の地元の信仰として多くの人が訪れている。このように、三危山を擁する敦煌では、その後も長く形を変えながら西王母への信仰が続いていくのは興味深い点であろう。

二、仏教的来世観の伝来と敦煌のジャータカ

漢代前後になると、仏教が徐々に中国社会に浸透するようになり、中国の来世観も段階的に仏教的に変化していくようになった。

ここに敢えて段階的と言ったのは、インド等における仏教の思想も時代とともに発展しており、また受容する中国側も歴代王朝のスタンスによって主流となる思想が異なってくるからである。中国では、為政者が自らの「徳」によって民衆を教化するという「徳治政治」が基本となり、そうした中で王朝の根幹となる思想は皇帝のもとに定められるのが常である。それによって王朝の交代や政変などにあわせて新たな教えが導入されることが多く、そうした点から、宗教の発展も当然段階的になる訳である。またこのように段階的に変化するのは、政治的要因ばかりではなく、言語理解的要因で段階的になることもある。というのは、漢語文化圏では、外来文化の理解と受容には漢字による意訳で理解することになるが、その場合には、それまでにあった漢字の意味により理解せざるを得ないという意味理解のための段階を経ることになる。たとえば、Bodhiは始め智、道、覚などと訳されていたのがそれである。この段階では一見してもわかるように、中国に古来ある考えと混同されやすく、新しい外国の概念を表現しきれないことが多い。これが時間の経過とともに次第に理解が進み、音訳語などで表すことが可能な段階となる。そこでBodhiはようやく菩提と訳されて中国的理解をやや離れてより本来の意味に近い形で理解されるのである。これらのように、政治的要因、言語的要因などが加わりながら、インドと中国の長期間における交流の中で、中国の来世観も時代とともに段階的に変化し続けることになったのである。

そのような変化の中で、来世観にかかわる最早期の変化と言えば、インドに言うnarakaや後代に輪廻と呼ばれるようになった世界観が伝えられたことであろう。

narakaとは、現世で悪行を成したものが落ちる地下世界の牢獄、苦しみの極まった来世である。この語が「地獄」という語に漢訳され中国で流通するようになると、たいへんな影響があったものとみられ、早期から多くの漢訳経典で「地獄」の状況が紹介されている。「地獄」の語は、現存する漢訳経典の中で最も早期に属す漢安世高《あんせいこう》訳『道地経』にみられ、この「五種成敗章第五」に、禅観修道の方法を説く中ですで

に「中陰」、「餓鬼」、「畜生」などの語や、そこにおもむく道理がともに詳細に説かれている。この世界観に付随する「六道」や「輪廻」の語が翻訳されるのはもう少し後の時代のようであるが、その内容自体はすでに漢代には中国に伝えられていることがこの経によっても分かる。こうした地獄の思想は、「太山地獄」とも言われることから中国の類似する思想がもとになったと思われるかもしれない。しかし、太山（あるいは泰山）に責め苦を受ける牢獄が描写されるようになったのは仏教伝来以降のことのようで、太山地獄のように言われるようになったのも仏教文献では呉康僧会《こうそうがい》『六度集経』頃になって見られる語であるから、インド的な来世観が中国に浸透する過程で創り出されたものと見た方がよいように思われる。またこの点に関しては、「地」字から想起される地下に存在する死者の世界と定義され、中国における黄泉《こうせん》などに類似点を求める研究も多い。しかし、インドのnarakaの本質でもある「獄」字によってあらわされる「現世の罪業に拠って落ちる苦しみの極致を描く地下の牢獄」という考えは本来中国にはなかったものである。

　また、その頃には同じ輪廻の考えに基づくジャータカ（釈迦の前世譚）、アバダーナ（菩薩の前世譚）の類の説話も、宣教の必要から多く翻訳されるようになった。呉支謙《しけん》訳の『菩薩本縁経』や『撰集百縁経』以降には、ジャータカ、アバダーナが語られていたことが漢訳経典などから知られる。

　敦煌でも、早期の壁画等にすでにこうした輪廻の考えを表す資料が多くみられるようになる。ただ、現代の我々にとっては意外なことに、最早期のものでは地獄の描写よりもジャータカ、アバダーナに関わるもののほうがはるかに多くみられるのである。

　敦煌石窟のジャータカやアバダーナに関する最も古い壁画は、十六国時代（三〇四～四三九年）頃とされる莫高窟第275号にみられるものである。この南壁の龕の下、概ね中段のあたりに帯状に描かれた壁画の西側に見られる「四門出遊」と、相対する北壁に、対照的に帯状に描かれた毘楞竭梨《びりょうげちり》王本生《おうほんじょう》[10]、快目王《かいもくおう》本生[11]、尸毘王《しびおう》本生[12]、月光王本生[13]（挿8）などのジャータカ類が最も古いものであろう。敦煌莫高窟は四世紀後半、一般に三六六年に開鑿が始まったとされるので、現存する最早期の敦煌石窟にすでにこれらが描かれていたことになる。敦煌壁画の後代の例、例えば隋代の第302号窟などから見ても（挿9）、こうした仏伝やジャータカは意図的に組み合わされて表現されていたようで、中国にはなかった輪廻の思想が仏教の創始者たる仏の伝記とともに語られていたことが分かるのである。

なお、信仰心が厚く慈悲深い王のジャータカのみがこのように集められている点は、中央アジアなどの他の地域のジャータカ壁画にはあまり余り見られないもので、たいへんに興味深い現象である。[14] この点についてはすでに別稿で論窮したことがあるが、[15] あるいはこうしたジャータカに登場する王が慈悲深い有徳の為政者という点で中国でも理想の王と言え、現実の為政者が自らと重ね合わせて政治的影響力、求心力を高めるために壁画を作成させたのではないかと考えられるのである。宗教者や信者が理想的な為政者として好んで描

挿8　莫高窟第275号窟月光王のジャータカ
林保堯編『敦煌芸術図典』芸術家出版社、1991年。

挿9　隋代第302号窟人字披国王ジャータカ部分
林保堯編『敦煌芸術図典』芸術家出版社、1991年。

いたとも考えられるが、高い技術と高額な造営費が必要な石窟建設に、政治的背景をもつ寄進者の影響があったと見た方が自然なように思える。中国では為政者が自らの徳によって世を治めるという考えが強く、有徳者のみが君主になれると考えるなかで、ジャータカの中で最も注目されたことは間違いがない。第275号窟よりも少し後の時代のことであるが、北魏時代の河西沙門の釈雲学、威徳等の八人の僧が『賢愚経』を編纂する際にも、[16]巻頭の「梵天請法六事品第一」に釈迦の前世たる六人の有徳な国王をたたえるジャータカを置き、それだけではなく全篇にわたって王や太子のジャータカを多く収録している。このような例は、西方伝来の漢訳経典類には見られないことなのである。

　このような有徳な国王を讃える王のジャータカは、その後も有徳の太子のジャータカなども加えつつ流行したものと見られ、多くの敦煌文献にその姿を残している。例えば、九、十世紀頃の敦煌写本S.4464や中国国家図書館蔵BD03578等では、国王のジャータカを『賢愚経』などの経典から抽出し、経典の常套句などを削除し、物語の部分を要約して読みやすく書き換えつつ書写しているのである。その中には、経典には見られない固有名詞が多く見られ、こうした物語の伝承を考える上で興味深い。例えば、外道に身をささげて体に千の燈を灯した「虔闍尼婆利王《けんちゃにばりおう》」は徳を讃えられて「宝徳王」とされるなど、経典類には見られない名前となっており、その背景には口頭伝承が存在していたことを窺わせるのである。[17]こうした略要本と呼ばれる日本の説草に類する文献は、伝承を支える文献資料として経典などから抜き書きされて作り出されたようであり、僧侶が説教などを行う時に手控えとして使用されてきたと考えられる。また、敦煌のような壁画などの多い地域では、壁画を解説するため、或いは新たな壁画を描く場合の典拠として使用されたこともあったかもしれない。つまり、その背景には口頭や絵画などの伝承が長く存在してきたことが推測されるのである。

　こうした伝承の影響は、十世紀頃に発達したと見られる変文などの後代の小説の原型のような文献にも多く残されている。たとえば「悉達太子修道因縁《しったたいししゅうどういんねん》」、「太子成道経」の冒頭部分には、王のジャータカに関する記述が見られている。ここには、「慈力王」、「歌利王」、「尸毗王」、「月光王」、「宝燈王」、「薩埵《さった》王子」の六人の名が見えている。また「金剛醜女因縁」の冒頭部分にも別の王のジャータカが語られる部分があり、「投崖飼虎」、「救鴿尸毗」、「剜身然燈，供養辟支」、「善友求珠貧迷」、「父王有病，取眼献之」のような記述が見られる。「投崖飼虎」は薩埵太子、「救鴿尸毗」は尸毘王、

「剜身然燈，供養辟支」は虔闍尼婆利王、「善友求珠貧迷」は善友太子、「父王有病，取眼献之」は忍辱太子を言うものであろう。「悉達太子修道因縁」、「太子成道経」の「宝燈王」の部分には「剜身千龕，供養十方諸仏，身上燃燈千盞」とあるので、ここに言う「宝燈王」が先の「虔闍尼婆利王」あるいは「宝徳王」を指していると分かるが、ここでもまた文字が変更されているのが分かるであろう。じつは当時の敦煌の語音では「燈」、「徳」は子音が同じで韻は異なるものの紛らわしい音で、間違えられる可能性が考えられ、後世のものでは物語の内容により合う「宝燈王」に変えられたものと考えられる。こうした書き換えからも、先にもいうような口頭伝承が背景にあったとする考えが確かめられるのである。

総じて、敦煌では早くから輪廻の思想が定着していたと見られる訳であるが、その早期の代表的例としては、地獄図や浄土図よりも有徳の国王や太子のジャータカが好んで用いられたようで、それが壁画や口頭伝承を背景に長く伝えられていたことが分かる。ただ、このようなジャータカが好まれるようになった原因には、仏教的な来世観を伝えるためのよい題材であったことは疑いもないことではあるが、中国的な統治者像の宣伝といった中国的な統治方法に発する事情が推察され、如何にも中国的であると感じられるのである。

三、五台山信仰と浄土念仏

敦煌資料に、浄土変相が多く残されることはよく知られている。初唐期の莫高窟第220窟主室南壁奥の阿弥陀浄土図（貞観十六年）（挿10）や、第332号窟（武周聖暦元年）東壁南の阿弥陀浄土図[18]、第334号窟（初唐）の主室に南北対になって描かれる浄土変相と、阿弥陀変相と呼ばれるものなどが最早期に属するものと見られる。仏が住み菩薩が修行する清浄な地としての浄土から、阿弥陀の住む西方極楽浄土が、この頃にはすでにあらわされていたことがわかるのである。そうした変相図は唐代に発展して敦煌にも相当数残されているのであるが、ここでは紙幅の関係もあるのでここでは詳細には触れず、中唐期以降における浄土教の流行と五台山信仰との融合を中心に見ていきたい。

浄土変相の発展の過程で八世紀中期以降からとくに五台山信仰に関わる資料と融合する形でそれが浄土変相図に多く残されるのが特徴的である。五台山信仰というのは、仏教の文殊信仰を中心としつつ、古来の山岳信仰、そして密教思想、浄土思想などが重層的に融合した信仰であり、八、九世紀頃からは浄土信仰の拠点の一つとして、極楽浄土に往生するための念仏法事などの普及にたいへんな影響を及ぼしたと見られている。

この舞台となる五台山とは、言うまでもなく、山西省東北部に位置する、古来霊山として信仰されてきた山岳である。酈道元『水経注』の記載によれば、五台山の命名の由来となる五つの峰は「仙者の都」とされ、また『仙経』によれば「紫府」とされ、仙人が住むと伝えてきたと言われる。[19] こうした記載によって、古くより五台山に対する山岳信仰があったことが知られる。そして、おそらくは前節の三危山の場合のように、仏教の伝来とともに徐々に仏教の聖地としての位置も重なり合わさるように与えられていったものとみられる。

『道宣律師感通録』、『古清涼伝』などの後代の記述によれば、古くは漢明帝の時代には文殊菩薩の住む地とされて仏舎利が安置され寺院が建立されたことが伝えられ、漢代にはすでに文殊の聖地であったことが記述されている。もちろん、文殊菩薩の東方の聖地、清涼山として信仰が集められるようになるのは『華厳経』の影響によるものであろうから東晋の仏陀跋陀羅訳『六十華厳』の訳出以降と考えるのが穏当であり、漢代というのはあまりに早すぎる感がある。また『古清涼伝』には北魏の孝文帝時代に大孚図寺と称する寺院が建立されたともいうが、[20] これも孝文帝以降である延昌四年（五一五）成立の『水経注』に全くその言及がないことから考えると、その頃の五台山はまだそれ以前からの信仰が主流であった可能性が高い。孝文帝は仏教再興に力を入れた皇帝で、国家的規模で石窟などを多く造営しており、その業績は文字資料及び石窟資料にも多く残されているのだが、五台山での仏寺造営はそれほど大きな規模ではな

挿10　莫高窟第220号窟南壁阿弥陀浄土図
林保堯編『敦煌芸術図典』芸術家出版社、1991年。

かったということであろうか。ただ、中国浄土教の祖ともされる曇鸞が生家に近い五台山で出家ともされるので、この伝に間違いがなければ北魏の末年頃までには五台山に何らかの仏寺があったということにはなる。なお、この伝でも大孚図寺の名は記されていない。

隋から初唐にかけて五台山における仏教の活動が盛んになったと見られる。ただ、『続高僧伝』の記載より見ても、五台山に関する記事はきわめて少なく、先の曇鸞の出家の地として記されるほかは、彦琮《げんそう》の師の五台山沙門道最《どうさい》という名、そして唐の高宗時代の代州五台山釈明隠伝、同じく代州五台山釈法空伝に大孚寺の名とともに見られる程度にとどまっている。これは、『宋高僧伝』に数多くの記述が残されるのとは大幅に異なるもので、道宣が『続高僧伝』を撰述したのちに五台山信仰が盛んになったことを示すものである。道宣には、ほかに五台山に関わる記述を残す文献として『道宣律師感通録』、『關中創立戒壇図経』があり、道宣の五台山への心情があらわれているが、『続高僧伝』に見られる五台山の記述とは明らかなギャップがあるように思う。このあたりは今後も詳細に研究を進める必要があろう。なお、初唐の頃の記載では、貞観年間に入唐した新羅僧の慈蔵（生没年不詳）が、文殊の霊験を求めて五台山に赴いたこと、そこで朝鮮半島にも五台山があるとの霊告を聞き、月精寺《がつじょうじ》をその五台山に移して文殊像を安置したことなどが記されているが、これも朝鮮半島資料の『三国遺事』によるもので、かなり後代に記録されたものということになる。

五台山が古くから何らかの形で文殊菩薩に縁のある聖地と見られていたことを否定するものではないが、それが広く宣伝されて世に知られるようになるのは高宗時代に実叉難陀《じっしゃなんだ》の『八十華厳』が訳出され、則天武后時代に庇護を受けた法蔵が華厳を広めた頃がひとつのピークとなったのではないだろうか。清涼山に関わる霊験を記す慧祥『古清涼伝』が編纂されたのもまさにこの時期にあたる。また、『仏頂尊勝《ぶっちょうそんしょう》陀羅《だら》尼《に》』の縁起として伝えられる話に、儀鳳元年（六七六）に北インド罽賓国の仏陀波利が五台山を訪れ、文殊菩薩から『仏頂尊勝陀羅尼』をインドから齎すよう言われて七年かけてインドに戻り中国に伝えたとされる出来事がある（『仏頂尊勝陀羅尼』序、『広清涼伝』、『宋高僧伝』等に記される）。話があまりに荒唐無稽ではあるが、注目すべくはこの五台山信仰、文殊師利信仰を宣揚する話が伝えられた時代がほぼ『古清涼伝』の撰述時代と一致することである。これらの点から、この時代が五台山信仰流行の一つの契機になった時期と見られるのである。

五台山は、安史の乱以降にはさらに宗教的な重要度を増し、代宗時代には王朝の宗教として象徴的存在とされていく。その政治的要因についてはさらに議論を深めなければならないが、安史の乱後に建立された豪奢な仏教寺院の代表として、章敬皇后のために建てられた長安の章敬寺と、五台山金閣寺が数えられることは、注目すべきであろう。またそこに不空や法照のようなその時代の仏教を牽引した高僧が存在したことも忘れることができない。

不空（七〇五～七七四年）は、金剛智に師事し、インド、セイロンを訪れて『大日経』を齎した唐代密教の代表的僧である。不空は、安史の乱時には西安の大興善寺にとどまり、洛陽奪還のための密教の法を説き修法を続け、後には代宗の信任を得て『仁王経』を訳して護国のための法会を行うなど、新しい時代の仏教の中心となる。この不空の伝を綴る『不空三蔵行状』には、不空と文殊菩薩に関わる内容が数か所見られている。例えば、不空が修行の期間に文殊菩薩の願文を読む修行を行ったこと、不空が壇に入り真言を唱えると必ず文殊菩薩が現れて願いがかなえられたこと、全国の寺院の食堂《じきどう》に文殊菩薩像を安置するように申し出たこと、文殊菩薩の像を祀る堂を建てたいと皇帝に願い出て建立されたこと、などである。当時、文殊信仰が盛んであったこと、そしてその信仰と不空の関係の深さを物語るものと言えよう。また、『不空三蔵行状』によれば、不空はその文殊信仰の中心地である豪奢な五台山金閣寺で密教の修法を行ったとも伝えられている。

法照（七五一頃～八三八）[21]は、善導の流れを中国浄土宗第四祖とされる高僧で、浄土五会念仏法事を広めたという功績がある。ここに言う浄土五会念仏とは、『観無量寿経』中の一文「清風そよぐ時に五（会）の音声を発すれば、微妙にして宮商（音階）は自然と調和する（清風時発出五［会］音声，微妙宮商自然相和）」（「会」字は『観無量寿経』にはなく、『浄土五会念仏略法事儀讃』にのみ見られる）にもとづいて考案された音楽的な念仏の法で、法照はこれに誦経、当時流行していた近体詩を応用した新たな偈の一種である讃文（浄土讃と呼ばれることもある）の歌唱を組み合わせた『浄土五会念仏誦経観行儀』、『浄土五会念仏略法事儀讃』という法会の次第、作法の書（『浄土五会念仏誦経観行儀』では「法事軌儀」としている）を作り出し、その実践を奨励したとされている。法照がこの五会念仏を創始したのは大歴四年（七六九）、衡州《こうしゅう》でのことで、やはり代宗が安史の乱を平定し、平安を取り戻し、新たな国づくりが行われていた頃のことである。なお、法照は、五台山で文殊菩薩と普賢菩薩からお告げを受けて、その後に五台山を活動の中心にしたと伝えられる。また、先にも言う中国浄土教の始祖でもある曇鸞が五台山で出家したとされる点とも結びついたにちがいない。かくて、法照による念仏法事が広まりを見せ、九世紀頃に如何にこの五会念仏法事が五台山を中心に流行したかについては、呂温撰「南嶽大師遠公塔銘記」、柳宗元撰「南嶽弥陀和尚碑」、遵式《じゅんしき》『往生西方略伝』などに記録が残されている。日本の円仁『入唐《にっとう》求《ぐ》法《ほう》巡礼《じゅんれい》行《こう》記《き》』でも、五会念仏流行の中心地たる五台山竹林寺訪問時の様子が記録され(22)、また円仁は『浄土五会念仏略法事儀讃』と「五台山念仏法」を伝えたというほどであった(23)。

以上のように、安史の乱後ほどなくして唐王朝が復興の象徴となる聖地として五台山を選び、二人の時代を代表する高僧が五台山を活動の拠点とした背景には、文殊信仰が中心にあったと見られる訳であるが、こうした時代の信仰は密教や浄土教を通じて広められたものと見え、敦煌の資料にもそうした資料が多く見られる。例えば、莫高窟などの壁画『五台山図』（吐蕃時代の莫高窟第159号、222号、237号、361号、帰義軍時代の莫高窟第9号、第61号、第144号、西夏時代の五個廟第1号等）等をはじめ、敦煌文献には『往五台山行記』や『五台山志』などの多くの旅行記、参拝記などの資料が見られ、この時代五台山に対する人々の思いがあらわされている。中でも「讃文」と称する浄土念仏法事に使用される韻文類が幾通りもバリエーションを変えて残されており、当時の五台山信仰、浄土信仰の状況を知るばかりか、念仏法事での讃文の歌唱の状況が知ることができ、興味深い。また敦煌資料では、吐蕃支配時期から漢人支配の帰義軍節度使時代に入ったばかりの九世紀半ばに、早くも『浄土五会念仏誦経観行儀』の写本が見られている。そしてその時代からやや後代の十世紀にかけて、その中の仏讃が抽出されたもの、あるいは簡略化されたもの、そして改作されたものたいへん多く見られるようになる。こうした讃文の歌詠が浄土思想とともに広く普及していたことを表している(24)。また、こうした仏讃は、後には念仏法事ばかりではなく、様々な儀礼に用いられるようになり、興味深いことに、講唱文学文献などへも発展した可能性を読み取ることもできる。これらは中国における浄土念仏の流行から、様々な儀礼にも影響を及ぼし、文学発展にまで影響があったとする具体的例証となるのである(25)。

四、仏教と葬送儀礼

中国の僧侶は、古来、在家信者の葬送儀礼には関わらない立場がとられるのが一般であった(26)。中国の葬儀は『礼記《らいき》』等の伝統によって執り行われるか、その影響を受けた各地の固有の信仰によって行われるのが通例で、大抵が「孝」を重んじる中国の思想を背景とした精緻な儀礼が整備され、荘厳かつ華美な葬送儀礼が古来行われていたのである。仏教が伝来して仏教的な来世観、例えば輪廻や極楽往生のような思想が中国に浸透したあとも、依然として中国的な葬儀が行われていたものと見られ、葬儀自体となると、僧侶の葬儀を除けば仏教的に行われた形跡は唐代以前にはほとんど見られない。第二節に見た西王母や揺銭樹、四神の描かれる古墓も、徐々に形を変えながら後代にまで受け継がれていたのである。しかし、それでいて六朝時代後半頃には中国の孝の思想と結びついた仏教の盂蘭盆会や七七斎などの追福供養をおこなう法会が行われていた形跡も見られ、道教の黄籙斎《こうろくさい》（家族が亡き霊を救うための斎儀）などの発展に影響を与えていったと見られる中で、遺体の埋葬を主とする中国伝統の葬送儀礼と、埋葬後に行われる仏教の追福儀礼が共存していたようにも思われるのである。

　中国の在家信者の追福斎が行われ、道教でも黄籙斎などを中心に様々な斎醮が盛んに行われるようになった隋唐のころには、仏教界からも徐々にそうした中国の伝統的な喪葬儀礼に関わる者が出始めるようになったことであろう。そのため、隋唐時代の王朝統治下で僧制など次々と仏教の管理制度が整えられる中で、仏教者が如何に葬送儀礼に関わるかという議論が行われたようである。例えば、隋の慧海などは仏教者として華美な葬儀を行うことを批判し、そうした喪葬儀礼に僧侶が関わるべきではないことを言っている。[27] また、唐代の道宣『四分律刪繁補闕行事鈔』では、亡僧の遺品管理に詳細な規定を設けており、義浄『南海寄帰内法伝』の「尼衣喪制」では、俗衆の中にあって霊机を設け供養を行う僧尼を批判し、仏弟子が中国の世俗の礼に従って喪葬儀礼を行うことを戒めている。[28] このように批判されるということは、逆にそれだけ僧侶の中に世俗の喪葬儀礼に関わるものが多かった事を表している訳である。さらにその後、百丈《ひゃくじょう》慧海《えかい》の古清規に始まる禅宗の清規類などで、喪葬儀礼についても細かく規定が定められるようになる。しかし、それが中国の伝統的な葬送儀礼に覆いかぶさるように作られたものである点には注目をしておかなければならない。[29]

　敦煌文献には、九世紀以降の在家信者の喪葬儀礼に関する文献が多く残されている。その代表的資料がP.2622である。以下にこれを中心に中国の葬送儀礼の仏教化の状況を見てみたい。[30]

　このP. 2622は、張敖《ちょうごう》『新集吉凶書儀』を写したものと見られる文献の一つである[31]（挿11）。『吉凶書儀』上下両巻。

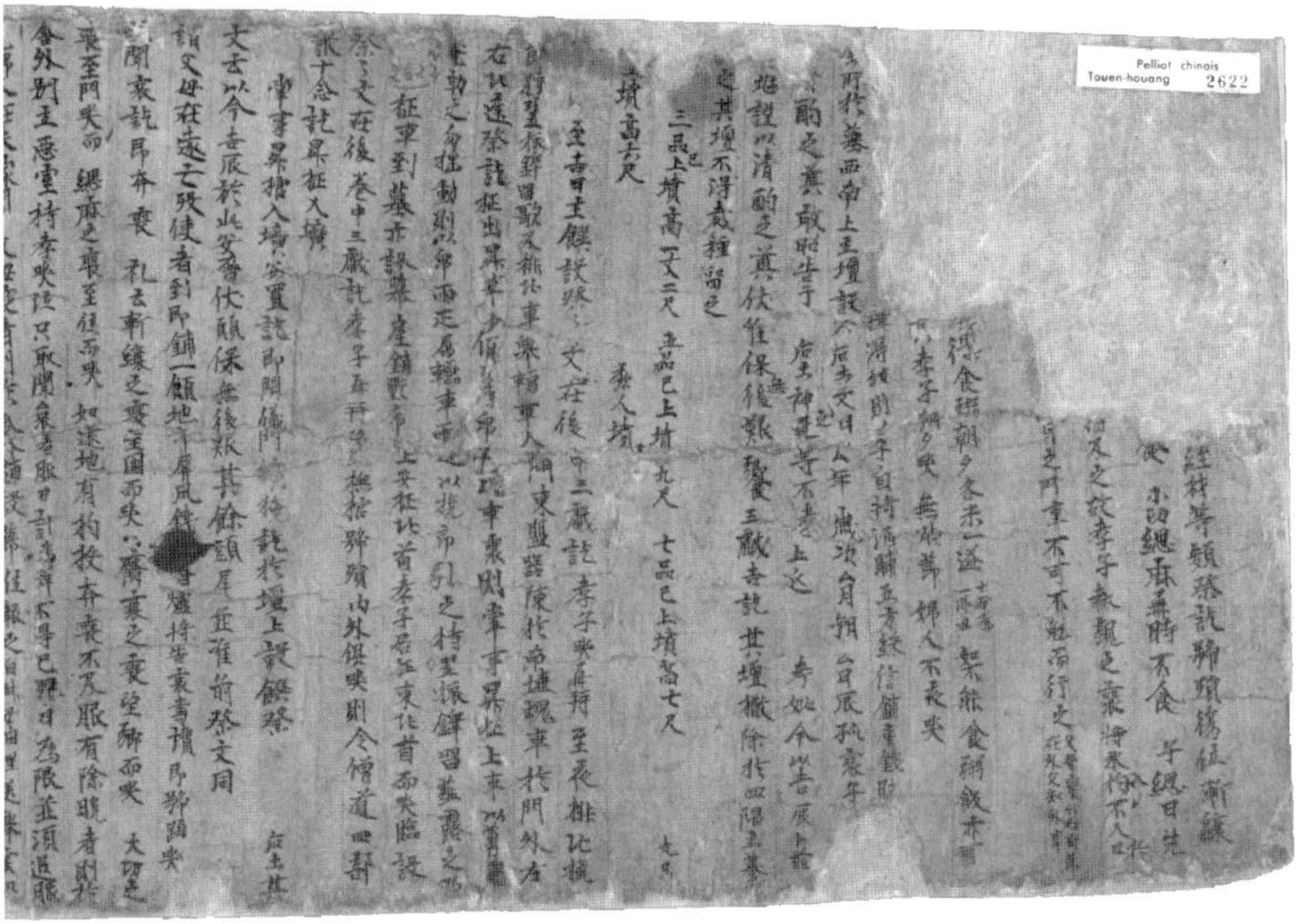
挿11　P.2622張敖『新集吉凶書儀』(1)

大中十三年（八五九）四月四日午時写了」の尾題と識語により、敦煌が吐蕃時期（七八七～八四八年）を終え、張議潮によって帰義軍時代を迎えたばかりの大中十三年（八五九）に写されたもので、全編を通して在俗信者の葬儀の概略（前闕のため題名は不明）、弔問とその応答（『四海弔答書儀』）、口頭による弔問（『口弔儀』、S.1040にもあり）、葬送儀礼における各種祭文類（『諸色祭文』）が残されている。

初めの葬儀の概略を述べる部分は、P.2622のみに残される一文であるが、概ね『礼記』の記載によっており、中国古来の葬送儀礼を踏襲していると見られる。

5　□□□□□□□□□得食粥、朝夕各米一溢。如不能食
粥、飯亦可。
6　□□□□□□□□□其孝子朝夕哭、無時節、夫人不夜
哭。
7　□□□□□□□□□得墳、則孝子自將酒脯、五方、綵
信、鋪座、錢財□□
8　祭所、於墓西南上立壇設斎。后土文曰、〃ム年歲次ム月
朔ム日辰、孤哀子
9　□清酌之奠、敢昭告于后土神之□等、不意上近考妣。今
以吉辰卜兹［宅］
10　兆。謹以清酌之奠、伏惟保無後艱。〃饗三献告説、其壇

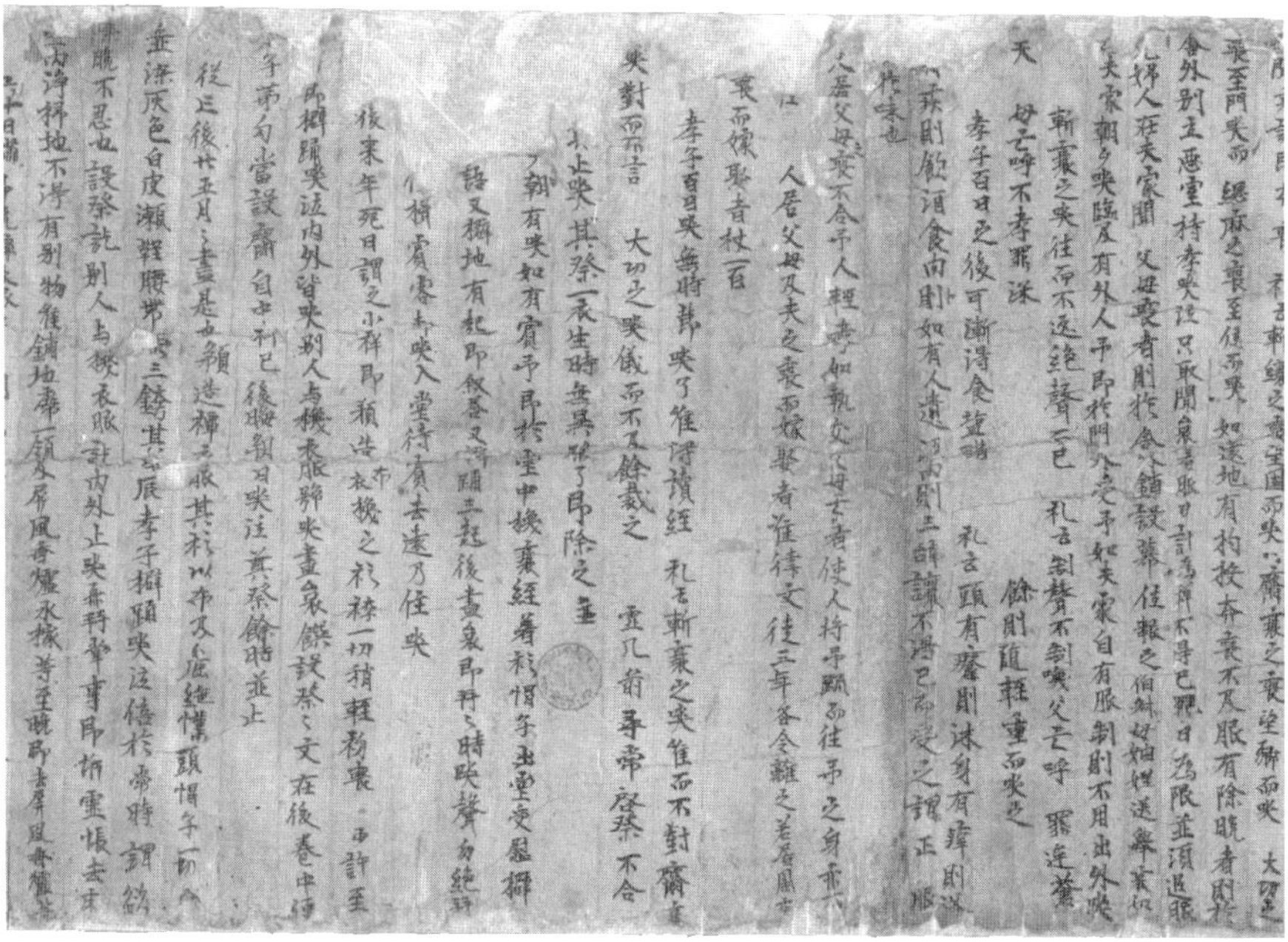

挿11　P.2622張敖『新集吉凶書儀』(2)

11 撤除於四隅、立縸
之壇、不得栽種、留之。
12 三品已上墳高一丈二尺、五品已上墳［高］九尺、七品已
上墳高七尺、九品［已］
13 上墳高六尺、庶人墳（下闕）。
14 至吉日主饌設斎、斎文在後、［幕］中三献訖、孝子哭再
拝至夜。排比挽
15 郎、持翣振鐸唱歌、及排比車、轝輴車入□門東、盟
（明）器陳於南墻、魂車於門外左
16 右。此□祭訖、柩出昇車。少傾以薄帛□魂車裏、則掌事
昇柩上車、以□□
17 □動之勿搖動、則以帛兩匹屬輴車兩邊、以挽郎引之、持
翣振鐸、唱『薤露』之歌。
18 柩車到墓、亦設幕屋、鋪氈席上、安柩北首。孝子居柩東
北首而哭、臨［壙］設
19 斎。斎文在後、巻（幕）中三献訖、孝子再拝擗踴、撫棺
号殯、内外倶哭。則令僧道四部
20 衆十念訖、昇柩入壙。
21 掌事昇棺入壙安置訖、即閉関儀。壙掩訖、於壇上設饌祭、
22 文云、〃以今吉辰於此安置、伏願保無後艱。〃其餘頭尾、
並准前祭之同。

23 詣父母在遠亡沒、使者到即鋪一領地□屛風錢財香爐將告
哀書讀、即号踊哭。
24 □聞哀訖、即奔喪。礼云、……

これを読み進めると、葬儀の時の食事の習慣から、墓の位置の決め方、后土神の祀り方、墓の大きさに関する規定、埋葬当日の段取りなどが記されている。これらは中国の伝統的な喪葬儀礼に則るものと見られるのであるが、十九行目以降に「則令僧道四部衆十念訖、昇柩入壙」として、僧道の四部衆に十念を唱えさせるとしており、仏教或いは道教の作法がこの儀礼に加えられていることを知ることができるのである。この四部衆というのは仏教で言えば比丘、比丘尼、優婆塞《うばそく》、優婆夷《うばい》であろうが、道士については不明である。また、この僧道をあわせて僧侶としてとらえることも可能であるが、この『新集吉凶書儀』では後ろの『四海弔答書儀』に「俗人弔僧道遭師主喪疏」、「僧道答疏」の記載があり、それぞれ中に僧侶と道士を指していることが記されているので、僧侶と道士と捉えるのが正しいと思われる。

なお、仏教儀礼の「十念」の作法については敦煌文献S.4474に「十念文」という一文が残され、その儀礼の様子を見ることができる。

115 『十念文』一切恭敬、敬禮常住三寶、作如來梵歎佛功德、
116 阿彌陀佛真金色、相好端嚴無等倫。
117 白毫宛轉五須彌、紺目沉青四大海。光中化佛無量□、
118 菩薩化衆亦無邊。四十八願度衆生、九品咸令等彼岸。
119 我今稱讃佛功德、迴滋法界諸有情。臨終並願往西方。
120 其堵彌陀大悲主。歎壙　是以受形三界、
121 若電影之難留、人之百齡以（似）隙光而非久。是知生死
之
122 道、熟（孰）能免之?縱使紅顏千載、終歸［□］上之塵、
財積丘山、会
123 化黃泉之土。是日、轜車颸颸、送玉質於荒郊、素蓋翩翩、
124 餞凶儀而亙道。至孝等對孤墳而躃踴、淚下數行、扣棺槨
125 以號咷、心推（摧）一寸。泉門永閉、再睹無期、地戶長
關、更開何日。無
126 以奉酬罔極、仗諸佛之威光。孝等止哀停悲、大衆爲稱十
念、
127 南無大慈大悲西方極樂世界阿彌陀佛　三遍
128 南無大慈大悲西方極樂世界觀世音菩薩　三遍
129 南無大慈大悲西方極樂世界大勢至菩薩　三遍
130 南無大慈大悲地藏菩薩一遍
131 向來稱揚十念功德、滋益亡霊神生淨土、惟願花
132 台花蓋、空裡來迎、寶座金床、承空接引。摩尼殿上、

133 聴説苦、空、八解泥（池）中、蕩除無明之垢。観音、勢至、引到□
134 方、彌勒尊前、分明聴説。現存眷屬、福樂百年、過
135 往亡霊、神生浄土。孝子等再拝奉辭、和南聖衆。

S. 4474「十念文」

冒頭に「阿彌陀佛真金色、相好端嚴無等倫……」に始まる十二句からなる七言の讃があるが、これは前節でも紹介した浄土讃、『浄土五会念仏略法事儀讃』や敦煌本『浄土五会念仏誦経観行儀』の「観経十六観讃」に見られる「第九弥陀法主身、相好光明無等倫……」と同様の文言が見られ、法照の念仏法事及びその法会で用いられる讃文、浄土讃が流行した時代であることから見ても、その影響下で作られた類似する讃文であると見てよさそうである。敦煌本に見られる多くの法会資料に、このように五会念仏法事に用いられたのに類する讃文が多く見られるのであるが、それは後で述べる『仏説十王経』においても同様である。(32)

なお、P.2622では、次に『四海弔答書儀』が続き、「弔人父母喪疏」、「孝子答疏」、「弔人父母経時節疏」、「答疏」、「弔人翁婆伯叔姑兄姊［疏］」、「答疏」、「父母亡告伯叔姑等」、「俗人弔僧道遭師主喪疏」、「僧道答疏」などが掲載される。中には「俗人弔僧道遭師主喪疏」、「僧道答疏」など、僧侶や道士に対して使用する文案が用意されており、仏教者及び道教者も葬送儀礼に関わっていたことを示している。さらに次の『諸色祭文』では、「如父母初終祭文」、「大小祥祭文」、「夫祭妻文」、「啓柩祭文」、「到墓所祭文」、「臨壙祭文」、「掩壙祭文」、「葬畢迎神祭文」、「大小祥祭文」、「葬行至橋樑津濟祭文」、「夫祭妻文」、「妻祭夫文」、「弟祭兄文」、「兄祭弟文」、「父祭子文」等が残され、当時の一連の儀礼の順序などを読み取ることができる。

以上のように、敦煌の九世紀写本P.2622の内容は基本的には中国の伝統に適うもののようだが、仏教、道教の儀礼がここに混入していることも上に見てきたとおりである。これにより、九世紀半ばの敦煌においてすでに儒仏道の儀礼が混在する在俗信者の喪葬儀礼が行われていたことがわかり、死後に極楽浄土へと向かう、当時の人々の来世観が表れていることを知ることができるのである。

五、十斎と十王斎

十斎日というのは、天が巡察をおこなう月のうちの十日（一日、八日、十四日、十五日、十八日、二十三日、二十四日、二十八日、二十九日、三十日）に、在家仏教信者が八関戒（八戒）を守って、身を清浄に保ち、斎をおこなうという信仰であ

る。(33)この日には、在家信者が集い、斎会の中で説教が行われたとされ、『高僧伝』巻第十三「唱導」などによればしばしば「地獄」の物語が語られたとされるなど、十斎日に行われる八関斎は、仏教の来世観を伝える場ともなっていたようである。また、地獄と裁きとの関係から、のちには同じく十斎といわれる十王斎への発展にもつながったとも考えられる。

その宗教的な意味はインドにも古くから見られる「三斎」や「六斎」と同じもので、これらが起源と見られている。中国では、早期の支謙『仏説斎経』、康僧会『六度集経』などの漢訳経典に六斎と、その六日間に八関斎を行うことが記されている。「六斎日」の具体的な日にちは、四世紀から五世紀初までの『中阿言経』巻第十四、『増壹阿含経』巻第十六、『雑阿含経』巻第五十に、「月の定められた八日、十四日、十五日に、天からそれぞれ四天王の使者としての諸輔臣、太子、四天王自身が視察に降りてくる」と記されている。じつはもととなったインドの暦では黒月と白月に分けられ、黒月は一日から十五日まで、白月は十六日から三十日までを指すもので、黒月と白月のそれぞれ八日、十四日、十五日の斎日を中国の旧暦の三十日の暦に読み替えると八日、十四日、十五日、二十三日、二十九日、三十日となり、六斎日となるわけである。つまり先に言うインドの三斎が六斎のもととなっている訳である。また『雑阿含経』巻第五十(34)では、「八日、十四日、十五日」の三斎とし、この日に八支(八関、八戒の別称)を受ける斎が開かれていたことも示されている。

また、五世紀には『大智度論』巻六十五、(35)『優陂夷墮舎迦経』、(36)『仏説四天王経』(37)では、中国の暦にわせて三斎日が六斎日に書き換えられて記されている。また『仏説四天王経』では使者、太子、四天王の三者が十五日毎に二度繰り返して巡察することが書かれ、これにより三斎日が六斎日に書き改めているものであることがわかる。

以上のようにみてくると、のちの十斎日がインド暦にもとづく三斎日(八日、十四日、十五日)を中国の暦に読み替えた六斎日(八日、十四日、十五日、二十三日、二十九日、三十日)に、新たに四日加えられて十日とされたとみることができるのである。そしてそのあとで加えられたとみられる一日、十八日、二十四日、二十八日の四日は十五日周期のインド暦に当てはまらないことから、中国へ伝えられた後に加えられたものであろうとわかるのである。

六斎日から十斎日へと四日間加えられた経緯には道教との関わりがあったと考えられる。唐代初期の法琳『辯正論』の中で、(38)道教の斎醮、斎法を批判するくだりがあり、そこで『明真儀』(おそらく『明真科』)を引用して、一日、八日、十四日、十五日、十八日、二十三日、二十四日、二十八日、二十九日、三十日の夜中に、済度のための斎を行っていたといっている。道教における十斎日が唐代における道教の浸透、黄籙斎などの済度のための斎醮とともに民衆層に広まっていたようで、仏教の六斎日としてインドから入った信仰は、唐代初めの道教ではすでにこれに改変を加え、十斎日として儀礼をおこなっていたことがわかるのである。仏教における十斎日の発展については情報が少ないが、法琳『辯正論』では、道教の斎会を批判する立場で書かれているので、仏教側にはこれに類する斎がなかったということかもしれない。(39)

このように道教の活動によって盛んにおこなわれたとみられる十斎日であるが、いつのころからか仏教側でも六斎日などと同様に行われるようになっていく。

敦煌本でも仏教の十斎日を記す資料が数多くみられている。たとえば、九、十世紀とみられるS.2143、S.2565、S.2567、S.2568、S.4175、S.4443、S.5541、S.5551、S.5892、S.6330、S.6897、P.3011、P.3795、P. 3809、BD02918、D074、上海博物館48、Дx11596には、皆十斎日に関わる日にちや内容が書かれるが、みな仏教者のものである。たとえば、代表的なものとしてS.5892『地藏菩薩十齋日』がある。

地藏菩薩十齋日　一日は童子が巡察する日で、定光如来佛を念ずれば、刀槍地獄に落ちることを免れ、自戒すれば四十劫罪を免れることができる。八日は太子が巡察する日で、藥師琉璃光佛を念ずれば、糞屎地獄に落ちることを免れ、自戒すれば三万劫罪を免れることができる。十四日は察命が巡察する日で、賢劫千佛を念ずれば、鑊湯地獄に落ちることを免れ、自戒すれば一千劫罪を免れることができる。十五日は五道大將軍が巡察する日で、阿弥陀佛を念ずれば、寒氷地獄に落ちることを免れ、自戒すれば一百劫罪を免れることができる。十八日は閻羅王が巡察する日で、觀世音菩薩を念ずれば、劍樹地獄に落ちることを免れ、自戒すれば九十劫罪を免れることができる。二十三日は天大將軍が巡察する日で、盧舍那佛を念ずれば、餓鬼地獄に落ちることを免れ、自戒すれば一千劫罪を免れることができる。二十四日は太山府君が巡察する日で、地藏菩薩を念ずれば、斬碓地獄に落ちることを免れ、自戒すれば一千劫罪を免れることができる。二十八日は天帝釋が巡察する日で、阿弥陀佛を念ずれば、鐵鋸地獄に落ちることを免れ、自戒すれば九十劫罪を免れることができる。二十九日は四天王が巡察する日で、藥王藥上菩薩を念ずれば、磑磨地獄に落ちることを免れ、自戒すれば七千劫罪を免れることができる。

三十日は大梵天王が巡察する日で、釋迦牟尼佛を念ずれば、灰河地獄に落ちることを免れ、自戒すれば八千劫罪を免れることができる。

S. 5892『地藏菩薩十齋日』[40]

一見して分かるように、巡察に来る神仏の名、念ずるべき仏の名、免れうる地獄の名称など、仏教経典に記されるものと同じものが多く、仏教の文献で、しかも地獄の苦しみからの救済を求めるものであることがわかる。また、題名にもあるように、地蔵信仰との強い結びつきが見られている。地蔵信仰というのはとくに唐代以降に玄奘訳『大乗大集地蔵十輪経』、『地蔵菩薩本願経』などによって流行した信仰で、文字通り大地を覆い包む慈悲をもつ地蔵菩薩が仏の入滅から弥勒菩薩の下生まで衆生を一切から救済するとして、とくに三悪道からの救いの菩薩、地獄での救済主とする信仰である。もともとの八戒を守ってよく生きる修養のための信仰が、将来堕されるかもしれない地獄からの救済へと変わってきているのは大きな変化と見ることもできる。ここでは紙幅の関係で紹介できないが、この十斎日と関係の深い、この日に行われる斎会の軌範である『受八戒斎会文』の類が、敦煌文献には大量に見られるが、その中でもこうした地獄からの救済が中心になっていることは興味深いことである。

なお、ここでは明らかに仏教側の資料として作り上げられており、道教色が残されてはいないようであるが、「太（泰）山府君」、「察命」などがその残された中国の神ということになろう。

またこの十斎日の信仰は、十世紀文献にみられるようになる十王信仰との間に何らかの関係が考えられるのである。

十王信仰とは、七七斎から発展した信仰で、死後初七日から七十七日、百箇日、一周忌、三周忌の十日に地獄で裁きを受ける人が救済されるという信仰である。七七斎や、死後の裁きに関する信仰は古くからみられるが、一〇〇箇日、一周忌、三周忌を加えて十日としたのは九世紀末から十世紀の中国でのことと思われる。なお、加えられた三日は、一〇〇日、小祥、大祥という『礼記』などにみられる中国の葬送儀礼が加えられたものである。この信仰は、早期のものでは敦煌本などを中心に『閻羅王預修生七往生浄土経』（挿12）、『閻羅王授記四衆逆修生七往生浄土経』などと題するさまざまなバリエーションを持つ一連の敦煌本十王経類などが見られるほか、道教経典でもこのころ以降に『太上救苦天尊説消愆滅罪経』、『元始天尊説酆都滅罪経』、『地府十王抜度儀』[41]などが残されている。敦煌本十王経では、時代や用途による書き換えなどにより本文部分のみでも少なくとも三系統に分けること

挿12　P.2003『閻羅王預修生七往生浄土経』 IDP参照。

表1　十斎日と十王斎との比較

敦煌本十斎日	十王経
一日、童子（善惡童子）下	一七、秦廣大王
八日、太子〈太山〉下	二七、初江大王
十四日、察命（察命伺録）［司命］下	三七、宋帝大王
十五日、五道大將軍（五道大神）下	四七、五官大王
十八日、閻羅王下	五七、閻羅大王
廿三日、大將軍（天大將軍）下	六七、變成大王
廿四日、太山府君下	七七、泰山府君
廿八日、帝釋下	百日、平等大王
廿九日、四天王（四天王）下	一年、都市大王
三十日、大梵天（天曹地府）下	三年、轉輪大王

＊敦煌本地蔵菩薩十斎日類は各写本間に微妙に異なる個所がある。その異同を示すためにこの表ではS。二五六八を底本として［　］内はS。六八七九、（　）内はS。二五六七、〈　〉内はS。四一七五に記載されるものを記している。

ができるが、そこには発展過程の痕跡が残されており、それらを比較検討するとそのもとは主として「生七斎」つまり生きている間に死後の安寧を祈願することのようで、故に「預修」、「逆修」の名が早期のものから後世のものに至るまで長く残されているのであろう。地獄からの救済は、やはり後になってから強調されるようになった信仰の様であることも十斎日と同様である。

　このような十王信仰と、先の十斎日で類似する点といえば、地蔵信仰が中心にある点、時に同じく十斎と呼ばれる点、生前に死後の安寧を祈願するという点、地獄での裁きと係る点などがあげられるが、そればかりではなく、十斎日に言う巡察する神将と、十王経にいう裁きを行う冥官、つまり十王の間にも若干の共通点が見られているのである。

挿13　大足宝頂山地獄変龕（筆者撮影）

それらを表にして対照してみよう（**表1**）。

表によると、五番目に閻羅王、七番目に泰山府君という配置は、順番も名前も一致しており、単なる偶然の一致とは思えない。また四番目も「五道大神」と「五官大王」である。「五道大神」は古くは『増一阿含経』などにもみられる死後の五道をつかさどる神で、吐魯番文書の随葬衣物疏などにもしばしばみられるように七世紀ころまでには冥神の代表格として定着した神である。対する「五官大王」は、この時代になって十王として登場する冥官で、素性については今日に至るまで不明である。この二者が類似しているとは言えないまでもこうして並べてみると何らかの発展関係があるのではと思えてくる。いずれにしても、単なる偶然の一致とは思い難い点が見られるのである。

他にも、十三世紀資料に興味深い例が見られる。それは大足宝頂山石刻の地獄変龕の造形とそこに残される銘文である（**挿13**、**挿14**）。この地獄変龕はたいへん貴重な資料で、多くの文字資料を碑文として残しているので当時如何にそれらを理解していたかを探ることができるのである。まず、この主役となる二段目には十王が配置され、そのそれぞれには冥王の名とともに仏讃が残されている。これらはみな『閻羅王授記四衆逆修生七往生浄土経』などの敦煌本の十王経類に残さ

挿14　大足宝頂山地獄変龕（筆者撮影）

れるものとほぼ同文で、同じ十王信仰を背景に作られているものと分かる。ちなみにこれらの仏讃類は、文体や常用される字句から見ても、また、『閻羅王授記四衆逆修生七往生浄土経』の序にも五会念仏に関する記載が残されていることからも、先に言う法照の提唱した浄土讃に類するものであることは明らかである。そして三段目以下には地獄の様相が彫刻されているが、地獄の説明に使用されている文が、実は敦煌本の十斎日を若干書き換えて使っているものである。

右から順にこの地獄に付された銘文を見ていくと以下のようになっている。

二段目が十王及び冥官、上段は各十王に対応する仏菩薩

十王及び刀山地獄に附される銘文等

月一日、念定光佛一千遍、不墮刀山地獄。

讃曰、聞説刀山不可擧、嵯峨險峻使心酸、遇逢齋日勤修福、免見前程惡業牽。

日念藥師琉璃光佛千遍、不墮鑊湯地獄。

勸君勤念藥師尊、免向鑊湯受苦辛。落在波中何時出、早修淨土脱沈淪。

日念賢劫千佛一千遍、不墮寒冰地獄。

就中最苦是寒冰、蓋因裸露對神明。但念諸佛求功德、罪業消除好處生。

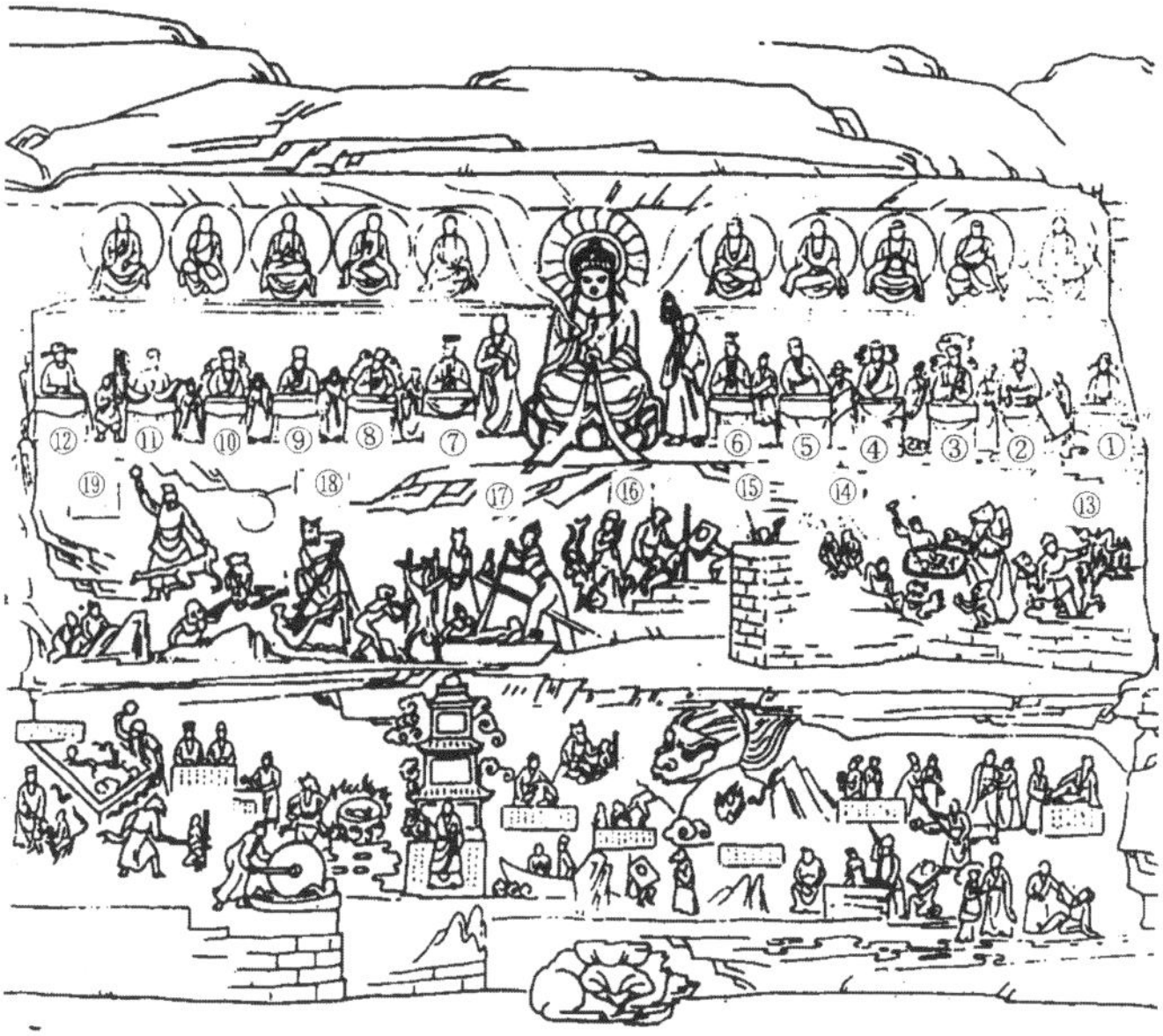

挿15　大足宝頂山地獄変龕
胡文和氏『四川道教・仏教石窟芸術』(四川人民出版社、1994年）による。
①から⑲は筆者による。
①現報司官、②秦廣大王、③初江大王、④宋帝大王、⑤五官大王、⑥閻羅天子、⑦變成大王、⑧太山大王、⑨平生大王、⑩都市大王、⑪轉輪聖王、⑫速報司官、⑬（刀山地獄偈讃)、⑭（鑊湯地獄偈讃、寒氷地獄偈讃)、⑮（劍樹地獄偈讃)、⑯（拔舌地獄偈讃、毒蛇地獄偈讃)、⑰（剉碓地獄偈讃)、⑱（鋸解地獄偈讃、鐵床地獄偈讃)、⑲（黒暗地獄偈讃)

日□(念)阿彌□□(陀佛)千遍、不墮劍樹地獄。
讚曰、聞説彌□(陀)福最強、□殘劍樹□消亡、自作自
招還自受、莫待□時手脚□。
□□(日念)□□如來一千□□□(遍、不墮)拔舌地獄。
讚曰、拔舌更使鐵牛耕、萬種凌持不暫停。要免閻王親叫
問、持念地藏一千遍。
□(假)使熱鐵輪于我頂上旋、□(終)不
以此苦退失菩提心。
日念大勢智如來一千遍、不墮毒蛇地獄。
讚曰、菩薩慈悲廣大多、救苦常教出愛河。
九品蓮花沾有分、毒蛇豈敢便相□(過)。
日念觀世音菩薩千遍、不墮剉碓地獄。
讚曰、斬身剉碓没休時、都縁造惡不修持。
觀音哀愍衆生苦、免離地獄現慈悲。
日念盧舍那佛千遍、不墮鋸解地獄。
[讚曰、]如來功德大圓明、由如朗月出群星。
但念能除多種罪、鋸解無由敢用君。
日念藥王藥上菩薩千遍、不墮鐵床地獄。
[讚曰、]菩薩真名號藥王、鐵床更用火燒炷、
直饒造業如山重、但念真名免衆殃。
日念釋迦牟尼佛一千遍、不墮黑暗地獄。
讚曰、持齋事佛好看經、積善冥司注姓名。更誦彌陀一千
遍、自然黑暗顯光明。

ここにもやはり七言の浄土讃に似た讃が付されている。その前の文を『地藏菩薩十斎日』と比べてみると、若干異なるもののかなり高い確率で一致していることがわかるであろう。

地獄の名称はちょうど一つずれて記される個所があるのは、造形と合わせるためであろうか。糞尿地獄のような地獄が避けられたのも造形上の都合かもしれない。

また、この中にはそれぞれ念ずるべき仏菩薩の名が記されているが、それが地獄変龕の最上段、十王の上にそれぞれ対応するように彫られている仏菩薩と対応している。このことは、今日なお続けられている宝頂山香会という民俗活動の中で、参拝者一行が地獄変龕前で歌う歌からも確認できる（挿15）。なお、これらの仏菩薩は、日本の十王にみられる本地仏とも部分的に一致しており、何らかのつながりが考えられる。

このように、やや時代は下った資料ではあるが、大足の地獄変龕の十王の造形から見ると、ここには敦煌にあるものと同じ仏教の十斎日が形を変えて残されており、また多くの造形にも影響していることから、十斎日が十王に影響している可能性を知ることができるのである。

六、盂蘭盆会と目連

盂蘭盆とは、「夏安吾の最後日に当たる七月十五日に、飯、百味五果などをもって仏や自恣を行う衆僧大徳を供養すれば、父母は長寿となり祖先七代は倒懸（さかさづり）の苦しみから逃れることができる」とされる信仰である。この信仰は『仏説盂蘭盆経』に記されるものがもっとも古いとされ、同経の前半部分には、仏弟子目連が母の餓鬼道に落ちて苦しんでいるのを見て何とか救い出したい仏に願う場面も記載されるために、後代の盂蘭盆、そしてそれにまつわる目連救母説話の起源と考えられている。

ただ、この『仏説盂蘭盆経』は西晋の時代に敦煌菩薩・竺法護が訳したとされる経典とされるが、この説は隋代の『歴代三宝紀』（五九七年）や、唐代の『開元釈経録』以降に記されるものであって、それより古い南朝梁代の天監年間（五〇二〜五一九）撰の『出三蔵記集』には経名すら記載されていないのである。経録によって確認しうる後代に言う盂蘭盆と関わりの深い最古の経典は、『般泥恒後灌臘経《はんにこうごかんろうぎょう》』と見られる。同経は、やはり竺法護訳とされ、『大正新脩大蔵経』では涅槃部に収録されている。『出三蔵記集』に「灌臘経一巻。或云『般泥恒後四輩灌臘経』。」といっているのはこの経とみてよいであろう。『歴代三宝紀』や『開元釈経録』では、それぞれ「灌臘経一巻。一名『般泥恒後四輩灌臘経』」、『盂蘭盆経一巻』、『報恩盆経一巻』、上三経同本別訳異名。」、「『般泥恒後灌臘経一巻』。一名『般泥恒後四輩灌臘経』，亦直云『灌臘経』。一紙。西晋竺法護訳。」のように言い、同本異訳としている。ちなみに『出三蔵記集』では同経の訳者については言及がない。なお、『般泥恒後灌臘経』と『仏説盂蘭盆経』を比べてみると、信仰の根幹にある臘（夏安吾が終わる七月十五日を基準に数える歳）の最終日に仏や僧侶を供養することにより悪道に落ちた「七世父母」の苦しみを解き放つことができる、という点で一致している。ただ、ここに目連の物語はなく、仏にこの法を尋ねるも仏弟子阿難となっている点は大きく異なっている。

『仏説盂蘭盆経』が目連の物語とともに広まるのが確認できるのは、梁天監十七年に撰述された『経律異相』中の記述である。同書は経律にみられる異相を集めた類書で、巻第十四に仏弟子の舎利弗と目連に関わる話を集めている。その中に「出『盂蘭経』」として餓鬼道に落ちた母を救う話とともに、七月十五日の供養について記されている。ならば、『出三蔵記集』に記載されない経が、数年後とは思われるがほぼ同時代の『経律異相』に引用されていることをどう解釈したらよいのであろうか。この点は慎重に考えなければならない問題だが、少なくとも、『経律異相』に数多く引用される目連の物語でも、救母に関する類話が見られない点、同じ信仰ではあっても、一方では灌臘、一方では盂蘭盆と称している点、また登場する人物も一方では阿難といい、もう一方では目連というなど、少なくとも天監年間頃においてはこうした信仰に関わる儀礼がまだ国家的規模で統一的には行われてはいなかった、と推測させるものである。さらに数十年後に撰述されたとみられる宗懍『荊楚歳時記』に「七月十五日、僧尼、道俗悉く盆を営み諸仏に供す」とあるのを見れば、[42]梁の末年頃までには習俗として広まっていることがわかる。[43]つまり、この同じ梁の時代までに盂蘭盆が広まったとこは否定できないところであるが、梁の時代に用語が不統一ながら訳語や概念が流入しており、梁武帝末年頃までに盂蘭盆の名で荊楚一帯にまで広まった可能性が考えられるのである。

その後、盂蘭盆会が如何に行われていたかについては意外にも資料が少ない。『仏説盂蘭盆経』などに言われるように「七世父母」を祀るのが主で、家を単位に行われていたため文献資料には残りにくかったという可能性もあろう。『続高僧伝』には山神に自分の死を告げられ、七月十四日に死ぬまで『盂蘭盆経』を講じ続けた釈慧璿のことが記され、あるいは当時の背景に盂蘭会に類する斎会があった可能性が推測されるところである。ただ、少なくとも、隋唐時代以前の文献では、梁代も含めて盂蘭盆会、盂蘭会、盆会などの名称がほぼ見られていないのが実情で、なかなか歴史の表舞台には表れていないようである。ただ、大周如意元年（六九二）秋七月の年号の記載のある楊炯『盂蘭盆賦』では、この時代の盂蘭盆の時期の情景が読まれ、『冊府元亀』によれば中宗の神龍三年（七〇七）には盂蘭盆が毎年行なわれていたことが記されているので、この頃までにはこの季節の風物詩のようになっていたことはわかる。また、日本では『続日本紀』巻第十一に聖武天皇の天平五年（七三三）秋七月庚午に「初めて大膳の職をして盂蘭盆供養を備えしむ」としているので、この頃までには日本にも伝わり盂蘭盆供養が行われたのであろう。

いずれにしても、中国において国家規模で恒例行事として行われるようになった、中唐期以降の盂蘭盆の流行は後代にも大きな影響をもたらしたものと見られる。『旧唐書』などによれば、安史の乱後の混乱が収束しつつある大暦初年七月[44]に官制の盂蘭盆供養が行われ、これを機会に年の定例行事となったとされる。[45] この盂蘭盆会は、大暦三年（七六八）には章敬寺に、興元年間には安国寺にも賜っており、その流行と年ごとに行われる当時の状況を知ることができる。宗密（七八〇〜八四一）による注釈書『盂蘭盆疏』の成立と流布は、こうした盂蘭盆が次第に盛んになっていったことを表すものといえよう。[46] またこの時代頃から唐詩にも盂蘭盆を詠うものが増加している。この時代は、度重なる反乱がおこり、広徳元年（七六三）十月には吐蕃が侵入しており、大暦三年（七六八）という歳はまさに安史の乱から十年程度が経過した時代であることから、章敬皇后供養と七代祖先ばかりではなく、ここには後の水陸供養と同様の戦没者供養的な意味が込められていたのではないかとも思われるところである。

こうして中唐期には盂蘭盆会が流行した形跡が見られる中で、敦煌資料にもたいへん多くの関連資料が見られている。『盂蘭盆経』の注釈書『盂蘭盆経讃述』（P. 2269、上海図書館068）、儀礼に用いられたとみられる『盂蘭盆文』（P. 3346）、講経儀礼の手控えと見られる『（擬題）盂蘭盆経講経文』（台湾）や、目連の物語を展開させて儀礼に関わる講唱文学に用いられたと見られる『大目乾連冥間救母変文』等の変文類など枚挙にいとまがない。

『盂蘭盆経讃述』は、慧浄（五七四〜六四五）撰とされる『盂蘭盆経』の注釈書である。同書は早くに散逸し、平安時代の永超（一〇一四〜一〇九五）撰『東域伝燈目録』（巻上）、『諸宗章疏録』（巻第一）などの目録類に書名と撰者名が見られるのみであったが、敦煌文献に『盆経讃述巻一』の尾題をもつ写本P. 2269が発見され、慧浄撰『盂蘭盆経讃述』と推定されて研究が進められるようになった。[47] また後に同系の九世紀後期の写本、上海図書館蔵（敦煌吐魯番文献編号068、上海図書館編号812510）『盂蘭盆経讃述』の存在が報告され、しだいにその全貌が明らかになったのである。この上海本は、首尾ともに整っており写本の状態もよく、これによって研究が進むことになった。しかし同時にきわめて不可解な文献であることもわかってきたのである。それというのは、ペリオ本と比べてみると共通点もみられるが、しかし両者の間には異なる個所も多い。[48] また中には宗密『盂蘭盆経疏』など後代の文献記載を付け加えた部分もみられ、九世紀中期以降に撰述されたか、この頃に大きく手が加えられた文献である可能性が高い。写本上に撰者である慧浄の名前は残してはいても、慧浄撰そのものとは考えられず、後代に加筆されて書き換えられたもの、あるいは慧浄の名を借りた注釈書と言える文献のようなのである。

ただ、興味深い部分も多くみられる。何よりも、この時代の盂蘭盆の流行を物語るものであるが、そうした中で、この文が問答体になっていて、何らかの問答の台本とされた可能性があること、同じ慧浄撰とされる『温室経疏』と併写されているが、この『温室経疏』は在家信者による斎会、とくに俗講のような儀礼に使われた文献である可能性が高いこと、講経文、変文といった文学文献とも共通する文辞がいくつか見られていることなどから、『盂蘭盆経講経文（擬題）』や、『大目乾連冥間救母変文』等の変文類へと発展する過程とも見られるからである。九世紀後期は、敦煌も含めて各地で通俗講経が盛んにおこなわれていた時代と考えられており、講経文、変文などが生み出された時代である。[49] こうした観点から、経典注釈書と講経文との発展関係についてもたびたび論じられてきている通りで、[50] この『盂蘭盆経讃述』は、九世紀の注釈書の成立と講経などでの使用の実態を知ることができ、『盂蘭盆経講経文』、『大目乾連冥間救母変文』、『目連縁起』などの変文が作られていく過程を知る貴重な手がかりと見られている。[51]

まとめ

以上に、敦煌の資料に見られる来世観について、概ね時代をおって概観してきた。中でも、もっとも興味深いことは、古くからの死生観が重層的かつ論理的に組み立てられ残されていることではないだろうか。中国古来の来世観である天と地も様々な形で姿を変えながら残されており、その様子はインドの極楽浄土と地獄へと置き換えられて多様に描写されるようになっているものの、中国人の意識の中では古来の天と地の発展した形として吸収され理解されていたことであろう。そのような理解があるからこそ、中国的意識の中で行われている伝統的葬儀に、仏教的浄土思想や、地獄からの救済が反映されても違和感なく受け入れられたに違いない。また、地獄は後に様々な信仰とともに発展するが、父母や祖先の悪道からの救済としての潅臘と盂蘭盆、七七斎、地蔵信仰に、十斎日と八関斎など、各時代に流入する信仰も、矛盾なく組み立てられて地蔵十王信仰として集大成されていくのも大変興味深いことである。その中で、生前に善く生きよという教えも、次第に地獄世界へと落とされることを免れ、浄土極楽世界へ行くという目的に比重が置かれるようになっていくかのようであることは、ここではあまり述べてはこなかったが、九世紀以降に信仰を広める対象が次第に低く広い層へと広がっていったためであろうと思われる。より刺激的で理解しやすい二極に集約して教えを説くことは、庶民にとっても説得的であったであろう。そのように考えると、伝来初期の支配者によって理想として説かれた王のジャータカのような資料とは対照的であると言える。

このように信仰が組み立てられる中で、西王母のように、新たに流入する仏教の神々にもとの場所を奪われる信仰もあるが、消え去ることなく別の信仰として、やはり信仰の体系に結び付けられて生き続けることも興味深いことではないだろうか。

注

（1）「崑崙障」については『漢書』二十八下「地理志」八下に、「崑崙塞」については『後漢書』「明帝紀」永平十七年にそれぞれ記載がある。

（2）同文は曽布川寛『崑崙山への昇華』（中公新書、一九八一年）にも紹介されている。

（3）李正宇「敦煌地区古代祠廟寺観簡志」、『敦煌史地新論』、新文豊出版公司、一九九六年。『重修敦煌県誌』、敦煌人民出版社、二〇〇二年。

（4）大暦十一年（七七六年）撰述とされる『大唐隴西李府君修功徳記』には「峻嶒千峰，磅礴萬里。呀豁中絶，坱圠相嵌。鑿為靈龕，上下雲矗；構以飛閣，南北霞連。依然地居，杳出人境。聖燈時照，一川星懸。神鐘乍鳴，四山雷發。靈仙貴物，往往而在。」と記されている。

（5）『漢書』「哀帝紀」には建平四年（紀元前三年）の多旱に際して、西王母に祈りがささげられた様が記されている。他にも前漢時代と見られる図像も多く発見されている。参照王蘇琦「漢代早期仏教図像与西王母図像之比較」（『考古与文物』二〇〇七年第四期）。

（6）Wu Hung, "Buddhist elements in early Chinese art — 2nd and 3rd centuries AD, "Artibus Asiae47: 3-4（1986）; Wu Hung,The Wu Liang Shrine:The Ideology of Early Chinese Pictorial Art（PaloAlto: Stanford University Press, 1989）. 曾布川寛「崑崙山と昇仙図」、『東方学報』（京都）第五一冊、一九七九年。曾布川寛潘秋楓訳：（漢・三国仏教遺物的図像学——西王母和仏），『東南文化』一九九五年第二期。王蘇琦「漢代早期仏教図像与西王母図像之比較」、『考古与文物』二〇〇七年第四期。

(7) 天台山などにおいてももと周の霊王の太子王子晋が右弼真人としてそこにいるとして古くから道教の名山とされてきたことが知られる。天台山の道教に関しては常盤大定「天台山の古今」(『東亜の光』、一九二三年。『支那仏教の研究』所収) 等を参照。

(8) この図は、敦煌研究院では、伏羲、女媧の中心にあるところから炎帝であるとしている。また關尾史郎氏(『もう一つの敦煌』高志書院、二〇一一年)などでは、東側の壁に描かれることから西王母の対偶神「東王公」であると比定される。しかし、この磚は墓の入口正面の照壁に描かれ、対するべき「西王母」乃至は「東王公」がもとからなく単独で描かれていること、多くの「東王公」で描かれる「三危冠」ではなく、「西王母」が描かれる時の髪型に近い、などから西王母であると考える。待考。

(9) 三危山景区については大敦煌網http://www.dh520.cn/60.htmlなどを参照。

(10) サンスクリット「Bhrngraja」とされる。この身に千の釘を打たれる毘楞竭梨王のジャータカは、『菩薩本行経』巻下(『大正新脩大蔵経』第三巻、頁一一九a)、『賢愚経』巻一(『大正新脩大蔵経』第四巻、頁三五〇a)のほか、『経律異相』巻第二十五(『大正新脩大蔵経』第五三巻、頁一三六c)では『賢愚経』を引く形で掲載される。

(11) 自らの目を施す快目王のジャータカは、『賢愚経』巻六(『大正新脩大蔵経』第四巻、頁三九〇b—三九二c) 参照。

(12) 鷹に追われる鳩を救う尸毘王のジャータカは、『撰集百縁経』(『大正新脩大蔵経』第四巻、頁二一八b—c)、『菩薩本行経』巻下(『大正新脩大蔵経』第三巻、頁一一九a—b)、『賢愚経』(『大正新脩大蔵経』第四巻、頁三五一c—三五二b)など多くの経典で言及される。

(13) 自らの頭を月光王のジャータカは『菩薩本縁経』巻中(『大正新脩大蔵経』第三巻、頁六二c—六四c)、『賢愚経』巻第六(『大正新脩大蔵経』第四巻、頁三八七b—三九〇b)などに故事が見られる。

(14) 干潟龍祥氏『ジャータカ概観』に紹介される中央アジア諸地域に見られる六十四点のジャータカの壁画に拠れば、良馬本生、白鳥本生、象本生、猿王本生、鴿本生、亀本生、象王本生、大猿本生、水牛本生、鹿王本生、熊本生、鹿本生、六牙象本生などの動物のジャータカが多く見られるほか、修行者のジャータカが多く見られ、敦煌のジャータカが国王、太子に集中しているとは異なることが分かる。

(15) 拙稿「敦煌の仏伝文学」、小峯和明編『東アジアの仏伝文学』(勉誠出版社、近刊予定)。

(16) 『賢愚経記』には、ホータンで五年に一回開催される般遮于瑟会を聴講した内容をもとに、漢人僧が『賢愚経』を編纂したとしている。(『出三藏記集』巻九、『大正新脩大蔵経』第五五巻、頁六二c)

(17) 参看拙著「敦煌的故事略要本与変文」『敦煌変文写本的研究』(中華書局、二〇一〇年、頁六二—一〇六)。

(18) 河原由雄『日本の美術No. 272浄土図』(至文堂、一九八九年)による。『敦煌石窟内容総録』では「五十菩薩図」とする。

(19) 『太平御覧』巻第四十五による。

(20) この話は『続高僧伝』「釈曇韻伝」にも元魏の考文帝時代に大布寺が置かれたとして記載されている。

(21) 施萍婷「法照与敦煌初探」、『一九九四敦煌学国際研討会文集・宗教文史巻・上』、甘粛民族出版社、二〇〇〇年、頁七五—一〇四。

(22) 円仁『入唐求法巡礼行記』、「開成五年五月一日」条。
(23) 塚本善隆『唐中期の浄土教』、法蔵館、一九七五年、頁一九八。
(24) 敦煌文献BD05441（果41、北京8345）などは、念仏法事に用いられる次第作法の書で、『五台山讃文』が宣唱される次第が見られている。この『五台山讃文』を詳細に見直すと、主として五台山における法照の功績を讃揚するもので、法照門徒が五台山信仰と結び付け、宣唱したものとみることができるのである。そのような例は、法照門徒の別の儀式次第であるP. 2130などに、散文体で綴られる『法照伝』として見られており、念仏法事で、法照を讃揚して『五台山讃文』が宣唱されたものと見られ、たいへん興味深いものである。
(25) 拙稿「敦煌本讃文類と唱導、變文」、『敦煌唱導資料の総合的研究（稿）』（基盤研究（B）研究成果報告書）、二〇一五年三月。
(26) 西脇常記『中國古代社会における仏教の諸相』（知泉書館、二〇〇九年）、とくに「仏教徒の遺言」（頁二一三―二三八）を参照。
(27) 道宣『続高僧伝』、巻第十一。
(28) 義浄「尼衣喪制」、『南海寄帰内法伝』巻第二、『大正新脩大蔵経』第五四巻、頁二一六a。
(29) 譚蟬雪「三教融合的敦煌喪俗」、『敦煌研究』、一九九一年三期、頁七二―八〇。
(30) 同写本は、周一良「敦煌写本書儀中所見的唐代婚喪礼俗」（『文物』一九八五年第七期；『東方学』第七一號、一九八一年に日本語訳として紹介されているほか、『魏晉南北朝史論集』、『唐五代書儀研究』にも収録されている）にすでに取り上げられているが、新たに発見された敦煌資料も多く、若干補足し得る点もあるので、ここに改めて取り上げている。
(31) 趙和平「晩唐五代時的三種吉凶書儀写巻研究」、『文献』、一九九三年第一期。周一良、趙和平『唐五代書儀研究』、中国社会科学出版社、一九九五年、頁二〇〇に収録。
(32) 拙稿「大足宝頂山石窟〝地獄変龕〟成立の背景について」、『絵解き研究』第一六号、二〇〇二年。
(33) 平川彰「六斎日・四斎日とインドの暦法」、『原始仏教の研究』、春秋社、一九六四年。道端良秀「中国仏教における在家菩薩と八関斎」、『奥田慈応先生喜寿記念仏教思想論集』、平樂寺書店、一九七六年。土橋秀高『戒律の研究』、永田文昌堂、一九八〇年。里道徳雄「敦煌文献にみられる八関斎関係文書について」、『東洋大学大学院紀要』第一九號、一九八二年。湛如「敦煌所出戒牒・戒儀・度牒研究」及び「敦煌的斎会」、『敦煌仏教律儀制度研究』、中華書局、二〇〇三年。拙稿「《受八関斎戒文》写本の基礎的研究」、『敦煌写本研究年報』第五号、京都大学人文科学研究所、二〇一〇年。
(34) 『大正新脩大蔵経』第二巻、三六四頁a。
(35) 『大正新脩大蔵経』第二五巻、五一五頁a。
(36) 『大正新脩大蔵経』第一巻、九一二頁a。
(37) 『大正新脩大蔵経』第一五巻、一一八頁a。
(38) 『大正新脩大蔵経』第五二巻、四九七頁a―b。
(39) ミシェル・スワミエ「道教の十斎日」、『吉岡博士還暦記念道教研究論集』、一九七七年、頁一―二二。
(40) 原文は以下の通り。「地藏菩薩十齋日：一日，童子下，念定光如来佛，不墮刀槍地獄，持齋持（除）罪四十劫；八日，太子下，念藥師琉璃光佛，不墮糞屎地獄，持齋除罪三万劫；十四日，察命不（下），念賢劫千佛，不墮鑊湯地獄，持齋除罪一千劫；十五日，五道大將軍不，念阿弥陀佛，不墮寒氷地獄，持齋除罪一百劫；十八日，閻羅王下，念觀世音菩薩，不墮劍樹地獄，持齋除罪九十劫；廿三日，天大將軍下，念盧舍那佛，不墮餓鬼地獄，持齋除罪一千劫；廿四日，太山府軍（君）下，念地蔵菩薩，不墮斬碓地獄，持齋除罪一千劫；廿八日，天帝釋下，念阿弥陀佛，不墮鐵鋸地獄，持齋除罪九十劫；廿九日，四天王下，念藥王藥上菩薩，不墮磑磨地獄，持齋堕罪七千劫；三十日，大梵天王下，念釋迦牟尼佛，不墮灰河地獄，持齋除罪八千劫。」

(41)『太上救苦天尊説消愆滅罪経』（『道蔵』洞玄部　新文豊出版影印『正統道蔵』一〇―三五三）、『元始天尊説酆都滅罪経』（『道蔵』洞真部　新文豊出版影印『正統道蔵』二―六二四）、『地府十王抜度儀』（『道蔵』洞真部　新文豊出版影印『正統道蔵』五―五二一）

(42)「諸仙」、『荊楚歳時記』を引用する『初学記』（巻第四）、『太平御覧』（巻第四）では「諸寺」、『芸文類聚』、『歳時広記』では「諸寺院」とされている。

(43)宋代資料の『仏祖統紀』によって、しばしば梁武帝が盂蘭盆会を開いたとされるが、もし真実であったとしても、武帝朝の後半以降ということになろうか。

(44)年に関しては諸説異なっている。『仏祖歴代通載』は丙午年（七六六）とし、『仏祖統記』では永泰元年（七六五）としている。

(45)中華書局、一九七五年、三四一八頁。この盂蘭盆会に関しては、『仏祖統記』、『仏祖歴代通載』などにも以下のように記されている。

(46)拙稿「従新資料來探討目連変文的演変及其用途」（『敦煌学』第二七輯、二〇〇八年、一二七―一五二頁）。

(47)『大正新脩大蔵経』№二七八一、第八五巻古逸部、五四〇頁、岡部和雄氏「敦煌本『盂蘭盆経讃述』の性格」、印度学仏教学研究一八―二、一九七〇年。

(48)前掲岡部氏「敦煌本『盂蘭盆経讃述』の性格」、八五頁。

(49)講経については吉師老『看蜀女転昭君変』や元和（八〇六～八二〇年）の進士、姚合の『聴僧雲瑞講経』、『贈常州院僧』詩にその状況がよくあらわされている。敦煌資料としてはペリオ3849Vの『（擬題）俗講儀式』、ペリオ3770V『俗講荘厳回向文』などの文献のほか、北京八四一六『仏説諸経雑縁喩因由記』、『荘厳文』などの唱導書類に属する故事綱要本なども残されている。

(50)孫楷第氏「唐代俗講軌範與其本之体裁」、『国学季刊』、第六巻第二号、一九三八年。金岡照光氏『押座考』、『東洋大学紀要 文学部篇』、第一八集、一九六八年。平野顕照氏『講経文の組織内容』、『敦煌と中国仏教』、大東出版社、一九八四年。福井文雅氏『講経儀式の組織内容』、『敦煌と中国仏教』、大東出版社、一九八四年。顔廷亮氏主編『敦煌文学』、甘粛人民出版社、一九八九年。顔廷亮氏主編『敦煌文学概論』、甘粛人民出版社、一九九三年。鄭阿財氏「《盂蘭盆経疏》與《盂蘭盆経講経文》」、『冉雲華先生八秩華誕寿慶論文集』、二〇〇三年

(51)拙稿「敦煌文獻にみられる『目連変文』の新資料」、『東方宗教』一〇三号、二〇〇四年。小南一郎氏『盂蘭盆経』から『目連変文』へ――講経と語り物文芸の間（上、下）」、東方学報七五、七六、二〇〇三年、二〇〇四年。

シルクロード古墓壁画の大シンフォニー
――四世紀後半期、トゥルファン地域の「来迎・昇天」壁画

白須淨眞

人は墓を築く。その営みに、その時代のその地域おける人々の死と死後について、深い思いを凝縮させてきた。ここに取り上げるのは、シルクロードに沿った内陸アジアの東部、トゥルファン地域の二つの古墓に描かれていた二つの墓室壁画である。四世紀後半期と推定されるこれらの壁画は、「荘園生活図」と名付けられた。荘園を持つ当地の富裕な地主の生前の豪奢な生活を描いたものと見なされたからであろう。しかしこの墓室壁画の主要なテーマは、他界した当地の富裕な地主が、天界からの迎えを受けて天界へと昇っていく壮大なドラマにも似たその様相にあり、「来迎・昇天」を描く大シンフォニーと見るべきであろう。「物」だけでなく「人」、そしてその人の持つ多様な「観念世界」も行き交わせていた古代シルクロード、その絵画資料である。十世紀（平安時代中期）以降、海東のわが国に隆盛した「来迎図」の例を挙げるまでもなく、こうした「来迎・昇天」という来世観は、時と地域を越えて長く、そして広汎に流布し続けてきた。シルクロードのこの二つの古い絵画資料は、私たちにどのような新情報をもたらしてくれるのであろうか。

一、二つの墓室壁画の調査

私は、四世紀後半期と推定されるトゥルファン地域のアスターナ古墓群西区（II区）の408・605・603号墓とその出土品を詳しく調査する機会を与えられた。[1] 同族と推定されるこれら三つの古墓に強い関心を持ったのは、二つの理由があった。一つは、当時そのままに姿を現した千六七百年前後も遡る「来迎・昇天」壁画を詳しく調査したかったからある。あま

挿1　アスターナ古墓群西区（II区）の603号墓、408号墓、605号墓の現状景観
東西に延びるのは墓道。墳丘も葺き石も見えない。長い年月によって 消滅したのか、もとよりなかったのかはわからない。 白須2012より。

りに酷似する二つの壁画が、隣り合う408号墓と605号墓から二つも現れたのである（**挿4a**、**挿4b**）。[2] もう一つは、昇天のための三点セットが入れられた推定した「木函《きばこ》」も復元したかったからである。603号墓から出土したこの「木函」は、本誌別稿「シルクロードの古墓から出土した不思議な木函」に譲り、二つの壁画の検討をさっそく開始しよう。

　まず、該当古墓408・605号両墓の現状景観、分布状況、内部構造などを提示しておこう（**挿1**、**挿2**）。壁画墓408・605号両墓の構造は、斜めの墓道を地中に掘り込んで方形の墓室を作り、その天井を四角錐とし、最頂部に小さな四角形を残し、その四角形の中に四角形をずらしながら幾重にもはめ込むものである。最頂部の形式名は、ラテルネンデッケである（**挿3**）。これは墓室だけでなく千仏洞の窟頂などに、数多くしかも広域に残っているが、当地ではこの時代の墓頂の特色となっている。[3] また408・605号両墓の大きさは、当地域の同時代とそれ以降の古墓にあっては通常であるから、後の当地富裕層の資力の域にすでに達していたのかもしれない。ただし近接する河西地域の当時の古墓群の中に見えるレンガ作りの壁画墓と比べれば、前室もなく規模もはるかに小さい。[4] しかし墓室の後壁いっぱいに描かれたその壁画の縦横の大きさは、408号墓が二・〇九メートル×〇・六八メートル、605号墓

北

TAM 408

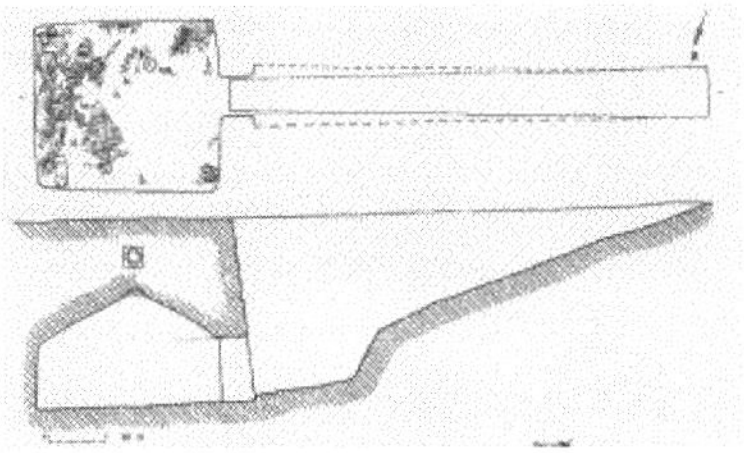

墓室天井の頂部はラテルネンデッゲ（挿３参照）。墓室後壁は「来迎・昇天壁画（挿４a参照）

歩測
12.5歩
約5.7m

TAM 605

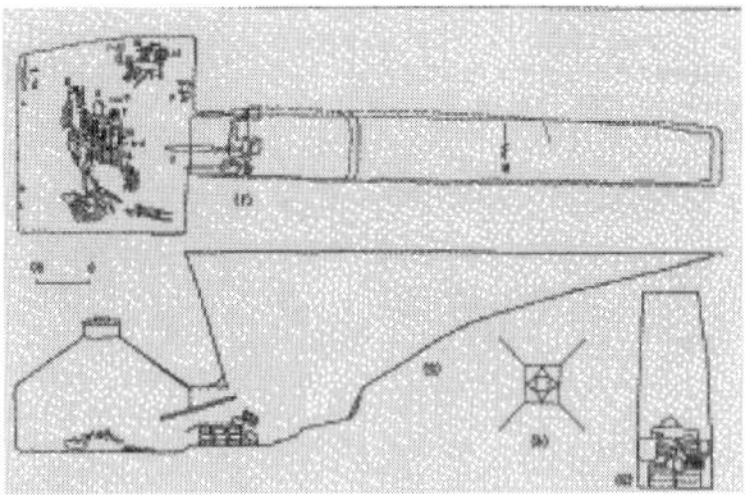

墓室天井の頂部はラテルネンデッゲ。墓室後壁は「来迎・昇天壁画（挿４b参照）

西

歩測
22歩
約10m

（この間に未発掘墓）

TAM 603

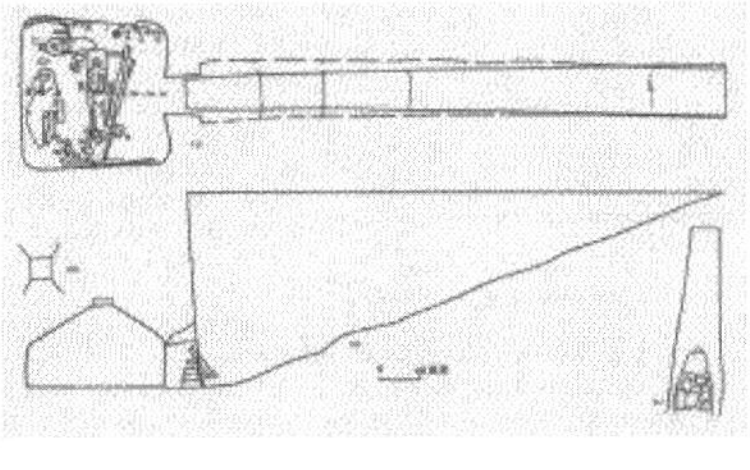

墓室天井の頂部はラテルネンデッゲ。墓室に「木函」。

南

挿2　603号墓と408号墓と605号墓の分布状況とその内部構造。白須2012より。

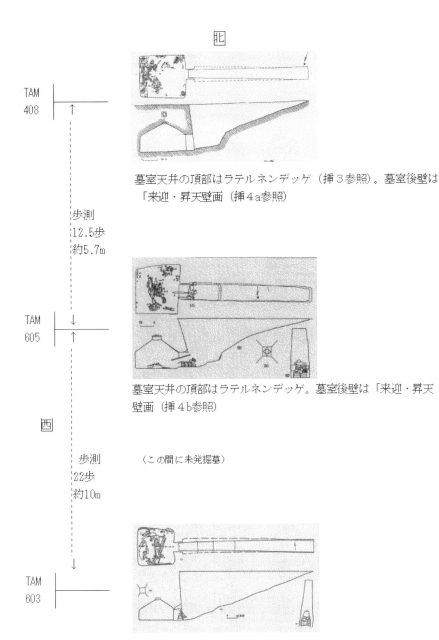

が二・一六メートル×〇・七メートルもあり、四世紀後半期と推定されるその画像からは、壮大な「来迎・昇天」のシンフォニーの響きまでもが聞こえてくるかのようである。

挿3　408号墓の墓室後壁の壁画と墓室天井と墓室最頂部のラテルネンデッゲ
天蓋の下の「黒い台」に乗った墓主は、天井最頂部のラテルネンデッゲ（天極）へと吸い込まれて行くかように「昇天」していく。吐魯番博物館展示パネルより（許可済み）。

二、アスターナ古墓群二区の408号墓と605号墓の壁画の概要

さて酷似する二つの壁画（挿4a、挿4b）は、発掘を担当された李肖氏などの報告によれば、中央と左右の三場面に区切って検討が進められた。(5)「左右」とは、壁画に向かっての左右である。私もこれに従うが、その際、留意しなければならないのは、縦・横・高さからなる空間の遠近を表現しきれないままに人物や事物を三場面に散在させていることである。遠近法未確立期の絵画なのである。したがってこの壁画の各場面を正確に理解するためには、こうした絵画技法の発展段階を熟知して、どれが水平方向の、どれが垂直方向の描写なのかを承知しておかなければならない（挿5）。加えて、時の流れも一場面に押し込める「異時同時画法」を採用していることも見逃してはならない。(6)つまり時の凝縮化を念頭に置きながら、そのなかにある遠近混在空間を正確に掌握することが大切である。こうした諸点を踏まえて、まず、壁画中央場面から検討を開始しよう。

挿4a　408号墓の「来迎・昇天」壁画（上）とその模写（下）　李肖2006、947頁、吐魯番地区文物局2006、4頁より。

挿4b　605号墓の「来迎・昇天」壁画　祁小山・王博編著2008、123頁より。

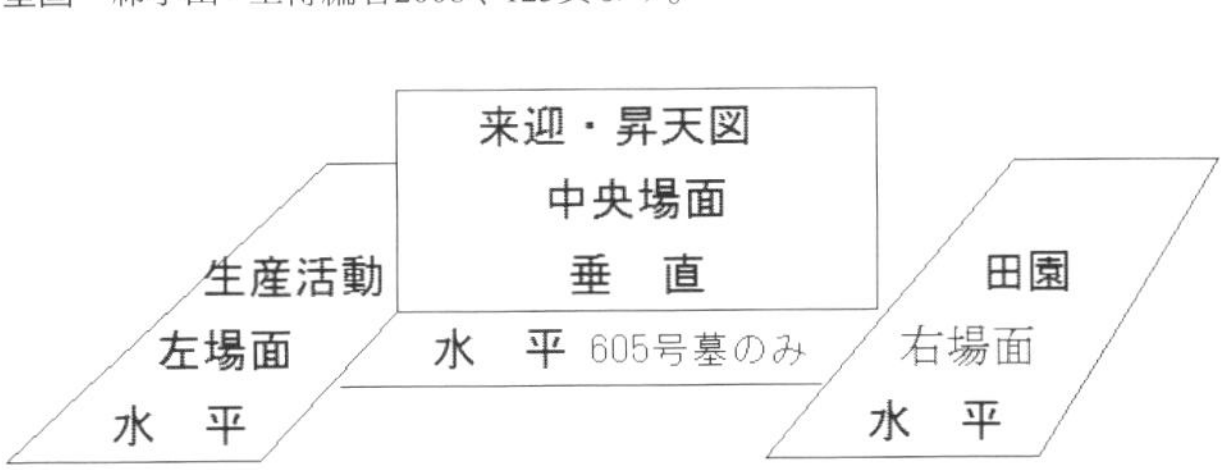

挿5　408号墓・605号墓壁画の遠近・異時混在空間の構成

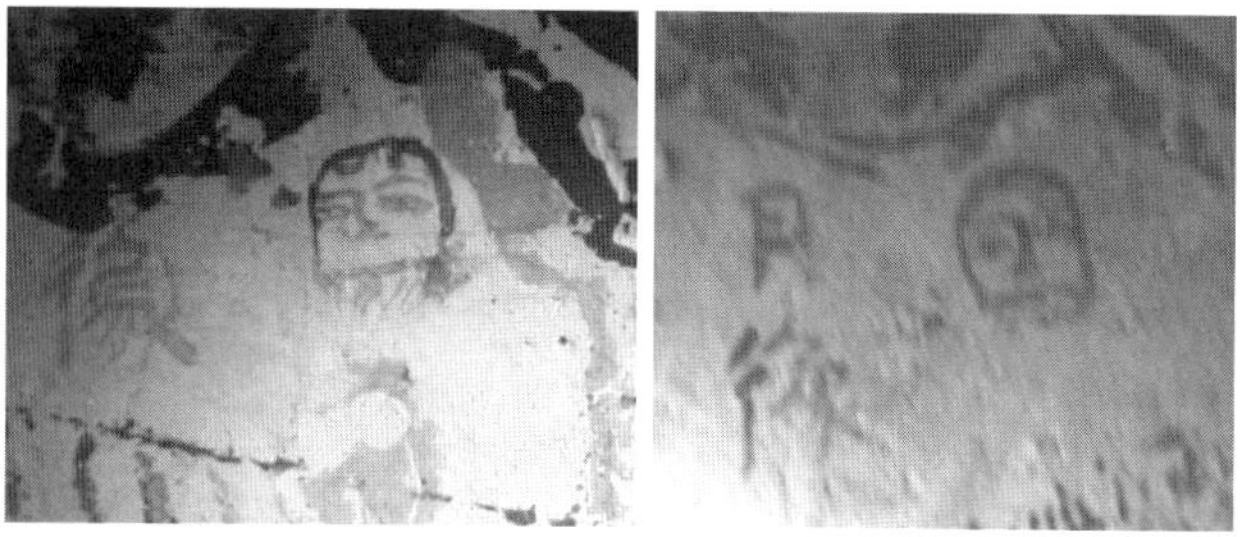

挿6a　胡人の顔で描かれた408号墓の日像と月像　左が日像、右が月像

挿６ｂ　胡人の顔で描かれた605号墓の日像と月像　左が日像、右が月像

三、壁画中央場面の検討

（ａ）漢化の浅い胡人の墓か

中央場面最上部の両端には、二つの壁画ともに「日像」（右）、「月像」（左）とわざわざ漢字を添えた円形の画像が描かれている。拡大して示してみよう（**挿６ａ、挿６ｂ**）。ともに髭を生やした男の顔である。「日像」には三足烏や伏羲や東王父、「月像」には蟾蜍《せんじょ》や女媧や西王母あるいは桂木、兎を描くような古代中国の伝統的な図像はまったく見いだせない。[7]「日像」や「月像」を墓室の壁画や画像石、あるいは副葬品に描くことは漢文化の普及した地域では一般的であるとしても、人の顔そのものを当てることは珍しく、もし「月像」・「日像」と添えられていなければ、そのように認識することは難しい。しかし二つの古墓そのものの構造も、埋葬された副葬品も漢文の副葬品リスト（「随葬衣物券疏」）（**挿７**）を付すことも、漢文化の土壌の中にあった他の当地有力者層のものと大差はない。408号墓に埋葬された老年男性の頭部には、白髪交じりの頭髪ともに「胡須」、つまり口ひげと顎髭がよく残っていたというから、[8]「日像」や「月像」をともに胡人で描いた408号・605号両墓は、胡人の墓であった可能性は極めて高い。また中央場面には、「日像」と「月像」以外にも、「北斗」、「三台」、「馬」、「車牛」、右場面には「田」、「樹」、「葡萄」などとそれぞれの画像に漢字が添えられている。[9]長らく漢文化に浸っているのであれば、あまりにも分かり切っている対象物に、漢字をわざわざ当ててここまで注記する必要性はないように思える。[10]しかしその必要性があったとすれば、この壁画を残したのは漢化の浅い当地在

住の胡人だった、そうした推定も可能となろう。珍しい象の木製明器（副葬品）（挿8）などには、西方の胡のイメージを強くさせる。しかし、漢文で書かれた副葬品リストを添え、耳杯など漢文化の長い伝統を踏まえた副葬品を見るとたとえ「日像」や「月像」に胡人の顔を描いたとしても自己の民族性や文化の固有性だけを強く意識する胡人であったとも言い切れない。四世紀後半に遡る当地に多様な胡人の活動実態を踏まえ、彼らの固有埋葬観念と彼らが吸収していた漢文化との重層性を正確に見抜いて行くことが求められよう。(11)

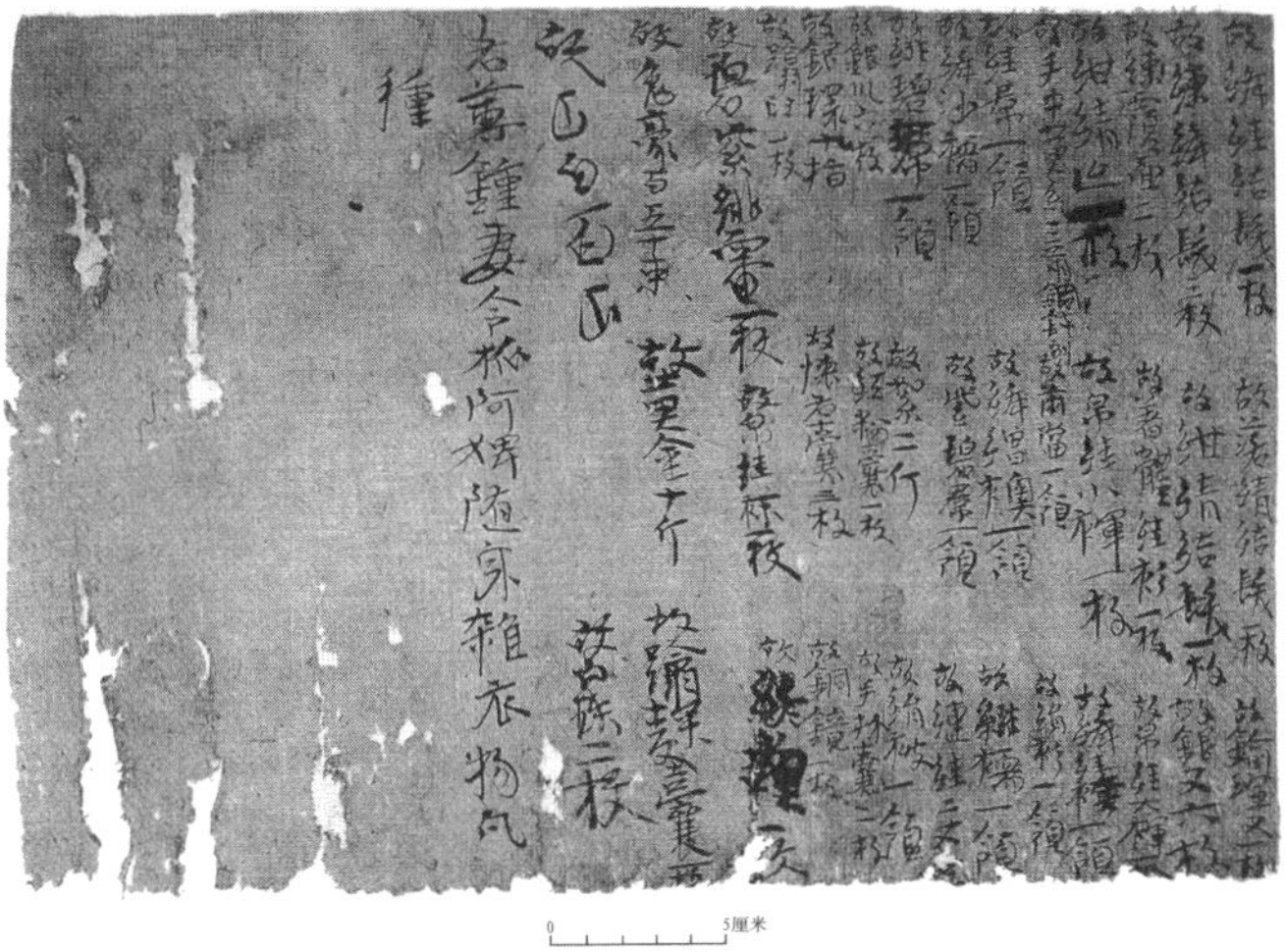

挿7　408号墓出土の漢文副葬品リスト　吐魯番地区文物局2006、10頁より。

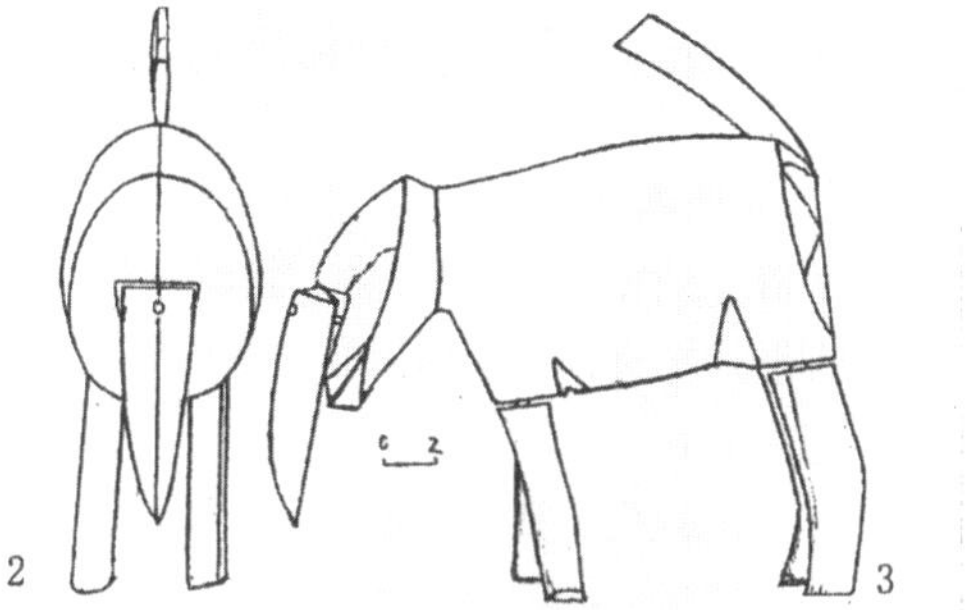

挿8　605号墓出土の「象」の木製明器
新疆維吾爾自治区博物館考古部・吐魯番地区文物局阿斯塔那文物管理所2007、23頁より。

(b)墓主はどこに描かれているのか

さてそれでは、胡人らしき墓主は、壁画のどこに描かれているのであろうか。408号墓と605号墓の壁画はともに、中央場面の巨大な「天蓋」の下の「曲がった脚を附した黒色の台」(12)（以下、「黒色の台」）の上に、三人の人物を描いている。この三人に対する従来の見解は多様で一致を見ていない。墓主とその妻、さらには侍女を加えているとの見解もある。しかし私はこの三人のすべてを「人」とは見ない。三人のうちの一人だけを墓主、つまり「人」と判断する。残る二人は、「来迎」に際してこの「黒色の台」に乗って天界から飛来した天界の者つまり、天人の類とみなす。(13)理由は明快である。「黒色の台」の下に置かれた「鞋」が二つ、つまり一足しかないからである（挿4a、挿4b、挿17の拡大図も参照）。それは、その台に上がる時、履いていた鞋を脱いだ者がまさしく一人であったことを示す。二つの壁画が相違するのではなくともにそうであることは、三人の三足を象徴する一足でもなく、二足を描き落としたのでもなく、もとより一足であることを示す正確な描写なのであろう。したがって私は、その鞋を墓主が履いていたとみなす。墓主は、後述するように右手の車から降りて「黒い台」へと移動し、鞋を脱いで台に乗り、天界から迎えに来た二人の天人とともに昇天したのであろう。したがってこの「黒色の台」は、地上世界では用意できない天界の清らかなものとする認識があったに相違ない。日常生活に用いる通常の机などとは相違する曲がった複雑な脚は、玉串案《たまぐしあん》（榊《さかき》の枝に紙をつけて神前にささげる玉串を乗せる台）のようにわが国で今も神へのお供えや儀礼に用いられるものや、あるいは仏教儀礼に用いる礼盤《らいばん》（導師が座して礼拝・読経する仏前の高座）や経机の脚を想起させる。日常の家具と峻別する歴史的畏敬観念の継承であろう。清らかな天界の台に上がる、だから墓主は鞋を脱いだのである。

人は自ら死を決意せざるをえない時、投身（身投げ）という手段を選ぶことがある。その際、鞋を脱ぐことは、わが国にあっては珍しいことではない。断定は不可能としても、「死」や「来世」に対する無意識にも共有されてきた観念がそうさせるのであろうが、それは中国にあっても見受けられる。冒頭の一句を取って「孔雀東南に飛ぶ」と題された「古楽府」なかで、投身を前にした焦仲卿の妻はこう詠う。(14)

我命絶今日　　我が命《いのち》今日《こんにち》に絶《た》つ
魂去尸長留　　魂《たま》去《さ》りて尸《かばね》長《なが》く留《とど》まらん
攬裙脱絲履　　裙《もすそ》を攬《と》りて糸履《きぬぐつ》を脱《ぬ》ぎ
擧身赴清池　　身を挙《おど》らせて清《す》める池に赴《な》ぐ

内田泉之助によれば、六朝人の増補があるとしても「この詩の発生が漢末魏初にありと見るのが、定説に近い」(15)という。とすれば、この壁画と時代はさほどかけ離れてはいない。「清《す》める池」に身を投げる前に「糸履《きぬぐつ》を脱《ぬ》」ぐ行為を、清浄な来世に赴くためと広く理解すれば、(16)その事例は「漢末魏初」に遡って見いだせたことになろう。

出土したこうした絵画資料を、文献によって直接的に裏付けていくことは難しい。したがって墓主とともに描かれた二者を特定していくことは困難性をともなうが、二つの壁画を比較しながら思案してみよう。「黒色の台」の先頭、すなわち墓主の前に立ち、大きな耳らしきものをぴんと立て、(17)なにやら持っているかのような動作をする者（挿4a、挿4b、挿

17の拡大図も参照）は、天人の一人であろう。ひときわ大きく描かれているのは、来迎した天人の長をイメージしているのであろうか。そしてその墓主の後ろに続くのも天人とみれば、「黒色の台」に乗った墓主は二人の天人に前後を護られて昇天したことになろう。想定である。

（c）異時同時画法

先に触れたようにこの408号墓と605号墓の二つの壁画を正確に理解するためには、「異時同時画法」の理解が必要である。この画法をよく示す「紙画」が、同じアスターナ古墓群13号墓から出土しているので取り上げてみよう（以下、「13号墓紙画」）（**挿9**）。

この紙画は、一九六四年に発掘され、一九七五年に『新疆出土文物』という図録によって初めて公にされた。[18] 縦横の大きさは、一・〇六メートル×〇・四七メートルであり、二つの壁画と比較すればやや小さい。「紙画地主生活図」と題されれ「晋」の時代と見なされていたこの紙画の本格的な研究は、一九九四年の王素氏に始まる。氏は、描かれた墓主は、当地を内包する州クラスの一級の軍政首脳と推察し、トゥルファン地域に一郡、すなわち高昌郡が設置されるほどに充実度を高めていた頃のものと推察された。[19] とすれば四世紀前半、前涼時代ということになる。[20] しかもこの紙画は、墓室の後室に貼り付けられていたと推定されるだけでなく、問題とする408号墓と605号墓二つの壁画とその「昇天」に係わるテーマとも類似する。[21] 出土地、時代、内容も近く、比較には大変に都合がよい。

私が、この「13号墓紙画」に最初に言及したのは一九七八年ことであるが、[22] その時にすでに気に掛かっていたことがあった。紙画上部の天空に描かれた二つの北斗七星がそれである。北斗七星は、なぜ同一画面内に二つも必要なのであろうか。同様な墓室天井壁画も公にされているので（**挿10**）この疑問はすでに解決をみているのかもしれないが、私案を提示してみたい。

まず注目したいのは、「13号墓紙画」（**挿9**）の「天蓋の下の墓主」[23] と、王素氏の表現を借りれば「馬の後の従者の傍らにある節や麾や幢など」[24] との中間にある大きな樹木である。この樹木は、大地から天空にまで伸び切って、紙画の上限を示す画面最上段の波状線にまで到達する高木として描かれている。[25] しかもそれは、天空に描かれる日月、北斗七星を越えているのであるから天空の最高部、すなわち天極への到達するほどの高さを持つ樹となろう。したがって、地表より天極に到達するこの高木は、まさしく天地の距離と等しいことになろう。

挿9　13号墓出土紙画　新疆維吾爾自治区博物館1975、29頁より。

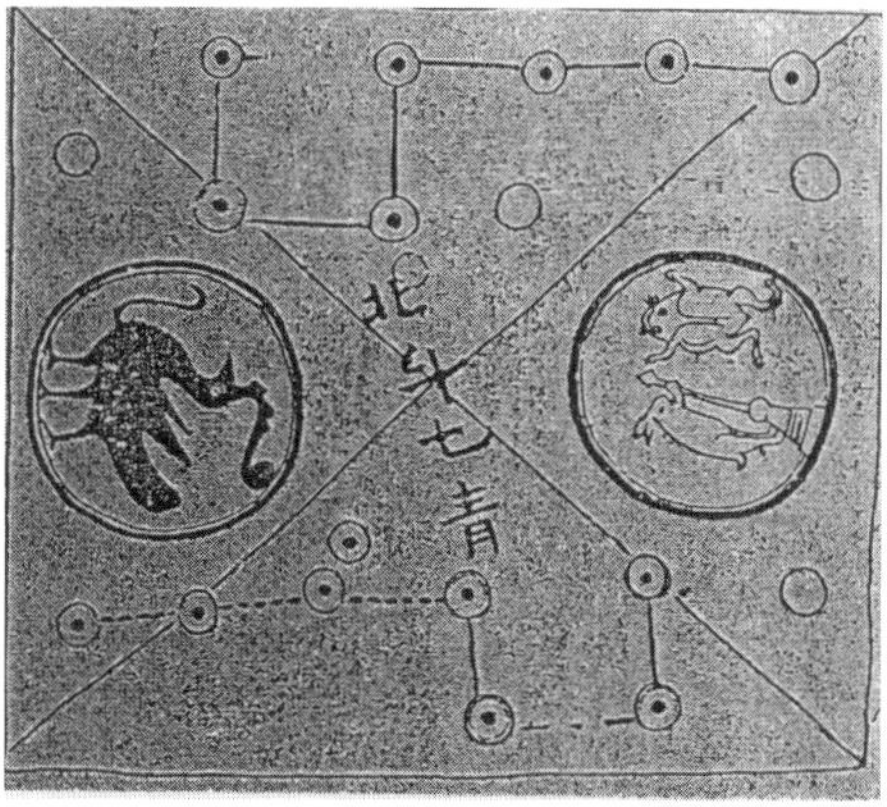

挿10　二つの北斗七星を描く天井壁画の類例
長川一号墓、集安博物館模写。

先に述べたように、北斗七星は二つ描かれている。しかも、高木の枝に掛かるかのように左右対称となっている。なぜ左右対称の二つなのであろうか。言うまでもなく北斗七星は、天空の中心である天極を周っている。したがって北斗七星は、天極に近接する位置関係とそのわかりやすい回転の様相から、古来より、天極ないしは北極星を示す指標であるとともに、天空の回転（時計の針と反対。言うまでもなく当時は地動説）を示す象徴的な存在であった。また一日で天極を中心に一周する日周運動から、時の指標ともされた。とすれば現実には一つしか見えない北斗七星を二つ天空に描くことは、天極を中心として天空が回転していることの表示であり、左右対象に描くことは約十二時間という時の経緯が凝縮されていることになろう。いずれにせよ異なる時、つまり時の経緯を一画面内に表示すれば北斗七星は二つとなる。[26] これが「異時同時画法」なのである。また大地から天極へと向かうその高木が、左右対称の北斗七星の対称軸に位置していることは、回転する天空の軸となっていることも想定可能である。後に再度触れていく。

さてこのように「13号墓紙画」を整理し、問題とする二つの壁画の中央場面を解析してみよう。

(d)「北斗」と「三台」

二つの壁画の中央場面の左側の天空には、「北斗」と漢字を添えた柄杓形の七つの星と、「三台」と漢字を添えた六つの星がともに描かれている。「北斗」が「13号墓紙画」にも見た北斗七星であることは言うまでもないが、「三台」とはどのような星座であろうか。

李肖氏がすでに言及されたように、「三台」は、『晋書』巻一一天文志によって説明するのが妥当であろう。その天文志によれば、

三台の六星は、両両して（二つづつ）居し、文昌より起りて、太微に列なり抵《いた》る。一に天柱という。三公の位なり。人にありては三公といい、天にありては三台という。徳を開き符（天がたれる恵み）を宣ぶるを主るなり。西の文昌に近き二星を上台という。司命なり。寿（人の寿命）を主る。次の二星を中台という。司中なり。宗室を主る。東の二星を下台という。司禄なり。兵を主る。徳を昭らかにし違を塞ぐゆえんなり。また三台をいいて天階となす。太一躡《ふ》みて以て上下す。一に泰階という。[27]

とあるように並列する二星を三組（上台、中台、下台）に配置する集合体、つまりその星座が「三台」である。「文昌」という星座に始まって「太微」（後述するように紫微とも言う）という星座にまで列なり抵《いた》っており（挿11）、その並列する二星の三組、すなわち三台は、「天階」（天の階段）であり、「太一」がその階段を躡んで上り下りをするのだという。この壁画にあっても、北斗七星の右側に上台、中台、下台（上から下方向）を配置しており（挿4a、挿4b）、北斗七星との位置関係は誤ってはいない。

さてここに見える「三台」を上り下りする「太一」とは、同じく『晋書』の天文志によれば、「天帝の神」とされている。[28]『晋書』の記載を遡る『淮南子』の天文訓[29]や『史記』巻二七天官書[30]によれば、その「太一」は、天帝のいる天極にある星座群、つまり「紫宮」（紫微、紫微宮、紫微垣）の中にある星と認識され、また「天極星なり。その一に明るきは太一の常居するところ」とされているように、その「太一」の居るところが「紫宮」である。とすれば『晋書』が「天帝の神」とする「太一」は、天の中心に位置する天の至高神、つまり天極星、北極星、北辰、ひいては天帝そのものと理解されていたことが承知されよう。

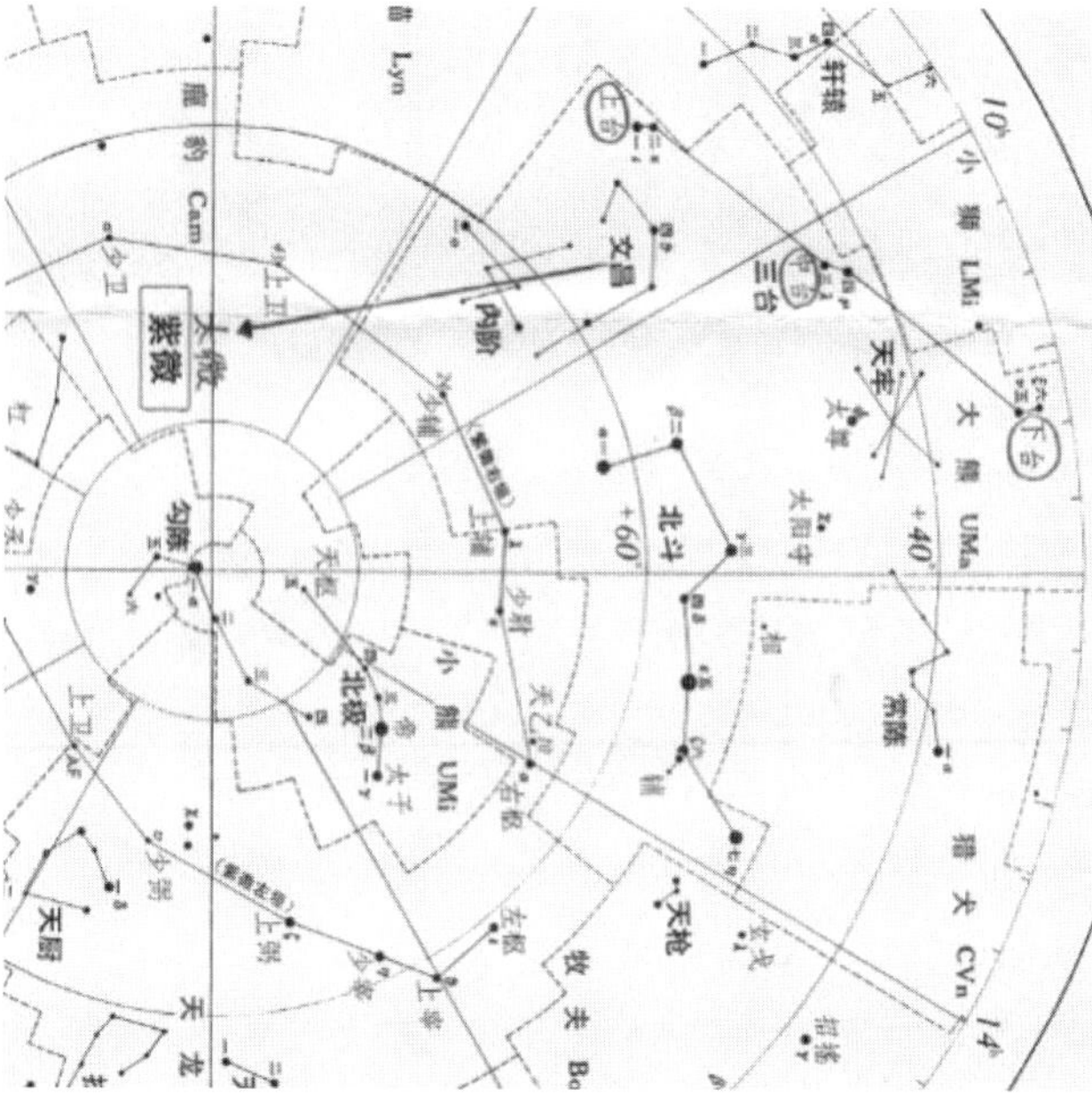

挿11　三台と文昌と太微（紫微、太一、天極、天帝）　伊世同1975の《天文図》より。

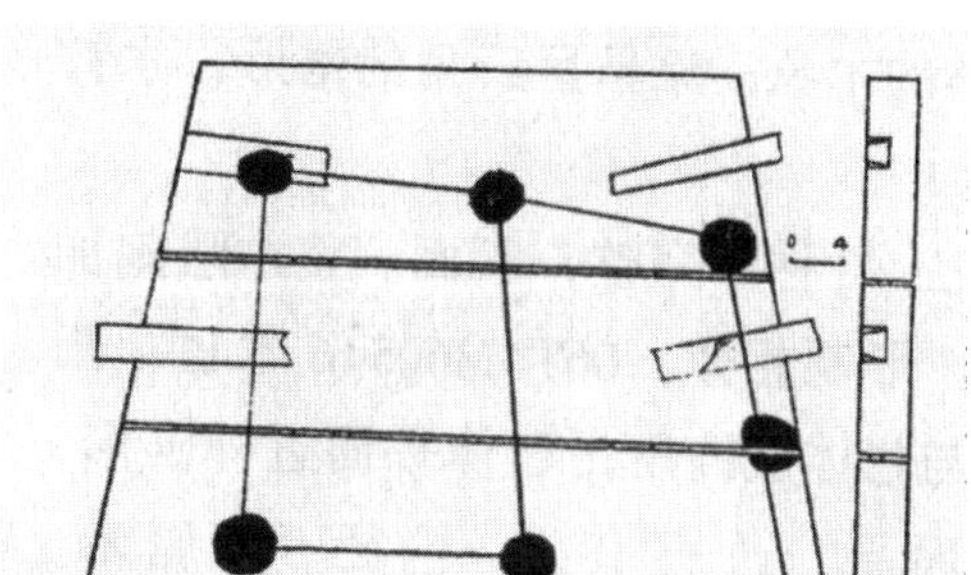
挿12　605号墓出土の木棺に描かれた北斗七星
新疆維吾爾自治区博物館考古部・吐魯番地区文物局阿斯塔那文物管理所2007、23頁。

このように整理すれば、二つの壁画に「三台」と注記して描かれたのは、天の至高神「天帝」が上り下りする天の階段を強く意識してのことに相違ない。したがって私は、二つの壁画の中央場面を、天界から二人の天人とともに飛来した天蓋付の「黒色の台」に、鞋を脱いで上がった墓主が、二人の天人に前後を夾まれて、天空の階段である「三台」を過ぎ、「北斗」が指し示す天極へ向かって「月像」と「日像」の間を通過して天空深く極へと上昇している様相と理解する。垂直方向性と時間的連続性を同時に凝縮した「異時同時画法」による「来迎・昇天図」なのである。「天蓋」については後に詳しく触れていくが、「黒色の台」と一体化した昇天ための乗り物である。

墓室内に残存していた木棺にも、北斗七星を描くものもあった（挿12）。[31] 昇天への強い願望は、木棺にも表されてい

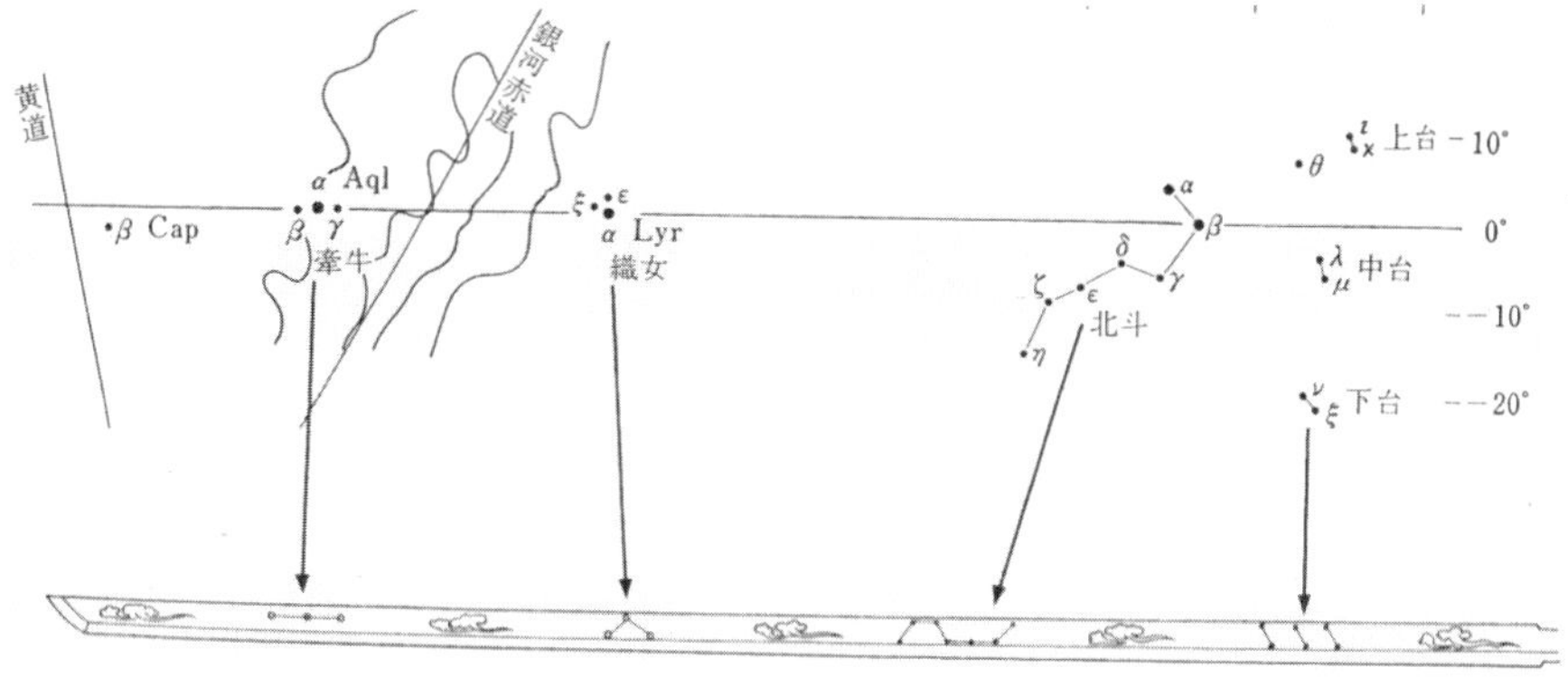

挿13　正倉院呉竹鞘刀杖に見える上台・中台・下台（三台）と北斗
杉原たく哉「七星剣の図様とその思想」『美術研究』1984-3より。

たのである。また北斗七星の指し示す先は、天の至高神である天帝のいる天極である。先に述べたように壁画のさらにその上、すなわち天井の最頂部ラテルネンデッゲがそれを象徴化するとみなしておきたい（挿3）[32]。

蛇足ながらこの三台・北斗七星・天極との相関は、わが国に見出される七星剣のうち正倉院呉竹鞘刀杖にも見いだせる（挿13）[33]。

四、壁画右・左場面の検討

さて壁画三場面のうちの中央場面は、垂直方向への広がりを示すものであった。それでは他の二場面は、どのような場面を設定しているのであろうか。右場面から検討しよう。408号墓の壁画の右場面を主として検討し、これに605号の検討を加えていく。

(a) 右場面は墓主の荘園の田園風景

中央部と接する右場面の端は、二列となって並列する方形が壁画の上下に連なっている。この連なりは、「田」字の書き込みによって田圃の表現であると確認できる。とすればこの図像は大地の広がり、すなわち水平方向を示すことになる。またその田圃に隣接する右上部には、「樹」という字の書き込みをともなう三本の木が見える。李肖氏は、この「樹」を

「桑樹」と理解する。[34]とすれば田圃の右手は桑畑ということになる。またその桑畑の下、つまり水平方向で言えば手前側に密集した「つる」で表現されるのは、「蒲萄」という字の書き込みによってブドウ畑となろう。したがってこれらを総合すれば、右の場面は、中央場面の垂直方向性とは異にして水平方向への広がり、すなわち田園風景を描いていることになる。この描かれた田園が、亡くなった墓主の現世における最も重要な経済基盤であり、桑・ブドウの他、広い田圃を所有する大地主であったことを強調しようとしたものであろう。[35]中国の研究者が二つの壁画に、「地主生活図」、「荘園生活図」という類の呼称を与えたのもそのためであろう。

なお605号の場合は、「田」、「樹」、「蒲萄」という書き入れもなく、樹木は三本ではなく四本を描くなど描き方は少し相違する。しかし大きな差異はない。したがって408号墓の右場面とほぼ同様とみなしてよく、これも水平方向への広がりを持つ田圃・桑畑・ブドウ畑であるとみてよい。

(b) 左場面は葬送儀礼と墓主の荘園の作業風景

次に左場面の検討に移る。その上部には、李肖氏が「門楼に類似するもの」と表現した日本の鳥居にも似た「井」字形の立柱の図像がある。[36]これに対応するかのような木製副葬品が、408号墓からも605墓からも出土している。408号墓のものを「扶棺」(高さ四二センチメートル)[37]605墓のものを「木扶」[38]と発掘担当者は呼称する。それには弓が立てかけられ、弓の側には弓矢を納めた箙も描かれている。[39]弓や箙を壁画や紙画を描くことは、当時の当地の古墓にも類例があり、[40]葬送儀礼に係わるものであろう。[41]さらにその右前には、長い棒状のものを両手で持って水平にかまえて立つ人物が見える。またその下には、二瘤のラクダと馬、その下には井戸とその水をくむ人物、山羊と犬と家禽、そして様々な道具を駆使して働く人々が描かれている。これらの道具も動物も人も、水平方向の広がりの中に散在していると見なしてかまわない。したがって「井」字形の立柱、弓、箙、そして両手で長い棒状のものを持つ人物を除外すれば、大地主の荘園からの収穫された農産物加工と家畜の飼育などを表象するものとなろう。

このように整理してよいとすれば408号墓の右場面も、田園と左場面の農産物加工や家畜の飼育の様相も、垂直方向性を示す中央場面と異なって水平方向性を持つことになる。したがってこの二つの壁画の三場面の解析から、墓主が、豊かな荘園を去って、天蓋に覆われた台に乗って天空へと向かう様相が明確に浮かび上がったことになる。つまりこの二墓の壁画の特色を、昇天した後の来世の様相(来世における墓主の生活)をまったく描かない、現世の地上世界から昇天するその様相を主要テーマとする「来迎・昇天」壁画と見なしてよい。(42)「荘園生活図」、「地主生活図」、「荘園日常生活」という従来の呼称を採用しないのは、そのためである。

(c)二つの壁画の左場面の相違

田園風景を描く右場面は、二つの壁画ではほとんど変わりがないが、左場面は多少の相違が見受けられる。408号墓の左場面にあって605墓にないものは、408号墓の「左場面右肩」に集中している「長い棒状のものを両手で持って水平にかまえて立つ人物」と「馬」と「犬」である。李肖氏はその人物の持つ長い棒状のものを武具と見られたのであろう、甲冑を纏って馬に乗っている人とみなし、「荘園主の戎馬の生涯」(43)の表象と認識された。地主である墓主は、武人でもあったと想定された。またその武人の乗る「馬」の手前のU字形と見えるものは、装着されていない鐙なのだという。(44) 発掘担当者の言であるから慎重にならなければならないが、私のつたない観察では、その人物は馬に乗っているのではなく馬の向こう側に立っているのではないかと見えた（挿14）。しかしいずれにせよ408号墓のこの「左場面右肩」に描かれた「人物」、U字形見えるもの、乗っていると見なされた「馬」、馬の斜め前に描かれていた「犬」のすべてが、消えたかように605墓には描かれていない。ほぼ同じに見える二つの壁画の中では、大きな相違である。

挿14　408号墓の「左場面右肩」に描かれた「人物」の拡大図

ただしそのなかにあって留意しておくべきは、「馬」であろう。今述べたように605墓の左場面には馬は見えないが、中央場面には一頭の馬が見える。しかしこの馬は、605墓の左場面に描かれなかった馬が中央場面に登場したものではない。というのも408号墓と605号墓の天蓋の下には、それぞれもとより馬が描かれていたからである。そのもとよりの馬は、ともに、馬の頭（両耳あいだ）から「細い羽状の線」が生え出ている（挿4a、挿4b）。これは「13号墓紙画」の鼻先に羽状物（冠羽？）を描く馬（挿9）と同類と見なすべきで、このような馬は地上の一般の馬と峻別されなければならない。(45) つまり天蓋の下にいる馬は、地上世界の馬とは異なる「来迎・昇天」に係わる天界の馬なのである。(46) つまり天蓋の下は、地上世界とは異なる異次元世界なのである。「長い棒状のものを持つ人物」の手前に画かれていた408号墓の馬には、もちろん「鼻先に画かれた羽状物」や「細い羽状の線」はない。408号墓の左場面は、すでに見たように墓主が所有していた荘園なのであり、再確認とはなるが、そこに描かれた馬は、言うまでもなく地上世界の馬である。

五、605号墓中央場面の最下部

すでに触れたように605号墓の中央場面の最下部は、408号墓の中央場面と相違して、垂直方向への広がりとして描かれた「来迎・昇天」図のその下に、水平方向の細長い広がりを設定したものである(挿5)。そこには、一人の「人物」と向かい合うかのような一匹の「犬」が描かれている。その人物は、408号の「左場面右肩」の人物のように、「長い棒状のものを両手で持って水平にかまえ」えてはいないが、右手に棒状の物を持って立っている。酷似する408号と605号墓の二つの壁画のどちらが先きに描かれたのか判断しがたいが、中央場面の最下部の水平方向の細長い広がりが新たに付け加えられて細分化したとみれば、605号墓の方が後であり、408号墓の「左場面右肩」の画像を分離して独立させたものと見なせよう。

その水平場面の右手に棒状のものを持って立つ人物について、かつて次のように推定したことがある。この棒状のものは短剣であり、その人物は、一九五九年アスータナ303号墓から出土した符録に画かれていた「天帝の使者」(挿15)の類であり、死者のもとにやって来てまさしく「解注」(生者への祟りを消す儀礼)を行っているのではないかと。(47) もし、408号の「左場面右肩」の「長い棒状のものを両手で持って水平にかまえ」える人物が分離して独立し、中央場面の下のこの水平場面に移動したと見なせば、408号墓の「左場面右肩」の図像は、葬送儀礼を集中させたコーナーだったのかもしれない。文献資料ではなく図像からのこうした想定が、どれだけ説得力を持つのか解らない。しかし、「解注」のような確かめにくい葬送儀礼の様相を知るには、思い切って試行錯誤を繰り返していくしか方法はなかろう。

またこの「人物」に向かい合うかのように画かれている「犬」もまた、408号の「左場面右肩」にありながら、605墓の左場面には描かれず消えた犬ではなかろうか。しかもこの犬は、壁画に描かれるすべての人と動物と向きが逆である。中央場面下に設定された「解注」のような葬送儀礼を行う場と関連するとすれば、通常の飼い犬ではなく特別な犬なのであろう。犬と墓葬とについてはいくつかの事例が知られているが、(48) 605墓の中央馬面下のこの「犬」に係わっては、まだ納得しうる見解には到達していない。

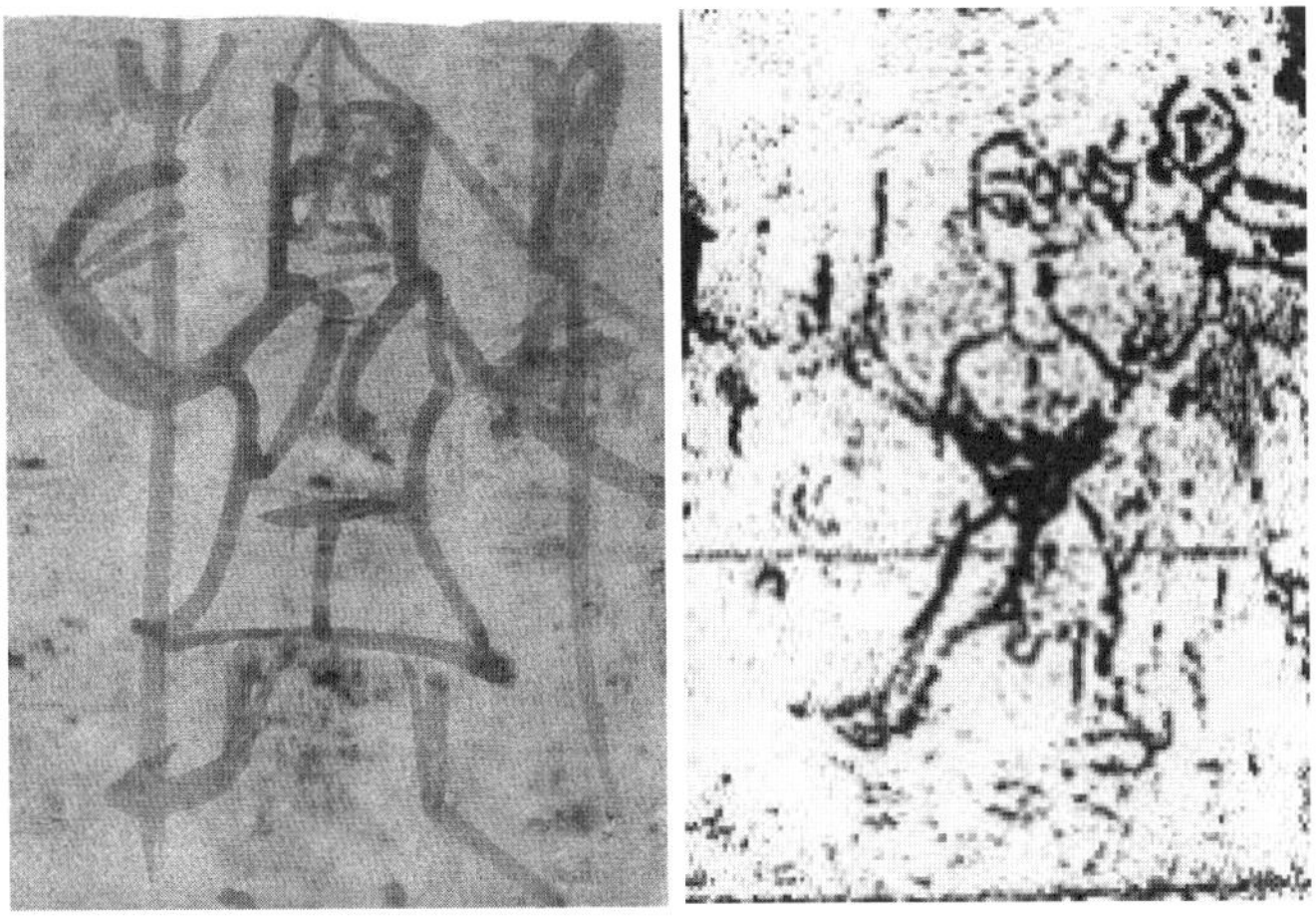

挿15　「天帝の使者」(左) と605号墓壁画の中央場面最下段の人物 (右) の拡大図
左、唐長孺主編1992、巻頭図版より

六、天と地を結ぶ柱

さて残された最大の課題は、中央場面と左場面の境界に描かれている特異な図様である。この境界の図様は408号墓と605号墓にともに見えるものであるが、なぜか今まで取り上げて論議されたことはない。手がかりらしきものも思い当たらなかったからであろう。しかし私は、この図様を中央場面と左場面を区切る単なる境界などではなく、中央場面の側に直属してこの壁画にとって最も大切なモチーフを象徴する重要なものと判断する。すでに述べたようにこの中央場面は、天空へ伸びる垂直方向への広がりを描くものであったから、この図様も水平方向への広がりではなく天地を結ぶ垂直の方向の中に存在することとなる。私はこの図様を「天と地を結ぶ柱」と仮称し、その想定理由を順次述べていこう。

まず408号墓から取り上げる。この図様は、壁画の下限あたりから上限いっぱいまで、黒点や小さな円を組み込んだ菱形状の文様を連続させながら、北斗七星も三台も、さらには「月像」を越えて天空へと伸びて描かれている。菱形のなかに円や点を囲い込み連続させる文様の意味するところは分からないが、漢代の画像石墓によく見える文様が崩れたもののようにも見える。(49) しかし、その下部は上部より明らかに太く、大地から天に伸びる柱のようであることは、確実視してよかろう。この柱としての想定も、先に参照した「13号墓紙画」に求めたものである。すでに述べたようにこの紙画の二つの北斗七星は、高木を中心に対象化されていることから、天極を中心に回転する北斗七星は、この高木を中心として回転しているようにも画かれていることになる。この高木は、地上の大地から天空の中心とされる天極に到達すると観念されるのであるから、回転する天空から見れば回転の中心となる軸であり、その軸は大地から伸びて天界の中心である天極へと繋がっていることになろう。(50) とすればその高木が立つ木の根元は、自ずと天空の中心・天極の真下という大地の特別な一地点となる。「天と地を直接結びつける軸」としてのこの高木は、天空の中心と天極の真下の大地の一地点、その双方を結節しているのであろう。もしこのように整理することが許されるのであれば、『淮南子』巻四墜《ち》〔地〕形訓に見える「建木」との相関が浮上しよう。

扶木は陽州にあり、日の曊す所。建木は都広に在り、衆帝のよりて上下する所。日中景〔影〕なく、呼べども響きなし。蓋し天地の中なり。若木は建木の西にあり。末に十日ありて、その華下地を照らす。(51)

これによれば「建木」は、大地の東の「扶木」、大地の西の「若木」の間にあって、「衆帝のよりて上下する」、つまり行き来する「天地の中」である。この「天地の中」の「建木」を、天空の中心の天極とその真下の大地の一地点を結節する中心軸としても理解すれば、(52) 問題とする「13号墓紙画」の高木に相当することになろう。またこの「建木」を説明する『淮南子』に見える一句、すなわち「衆帝のよりて上下する」は、先に引用した『晋書』巻一一天文志の「また三台曰いて天階となし、太一躡《ふ》みて以て上下す」とある「太一」が上り下りする「三台」との類似が想起されよう。『淮南子』はこの「太一」を「衆帝」としているだけである。この「衆帝」と「太一」の重複は、先に述べた天極の「天帝」と「太一」の概念的重複（「太一」が天の中心に位置する天の至高神、つまり天極星、北極星、北辰、ひいては天帝と理解されていた経緯のあったこと）へとさらに重なっていく。それは『淮南子』「墜〔地〕形訓」のこの「衆帝」前後の文脈に即して読むと、さらに補強されることとなる。「衆帝」は「天地の中」の「建木」によって「太帝の居」である「上天」へ登り降りするのだと読めるからである。とすれば「太帝の居」こそが天の中心となることを示すことになる。しかも後漢の高誘の『淮南子注』は、この「太帝」を「天帝」と注記する。(53) したがってこれによれば「太帝の居」を、「天帝の居」と置き換えても問題はない。

とすればこの「建木」は、大地から伸びて天界の中心である天極、すなわち「天帝」の居所へと繋がることになる。これを天地の回転軸ともなっている「13号墓紙画」の高木に援用しても矛盾は生じない。したがってこの紙画のこの高木を、『淮南子』に記されるような「建木」伝承を背景の一つとして取り込んだ天極とその真下の大地の一地点を結節する中心軸、そのようにみても大過はなかろう。(54) とすればその高木の根元は、大地の中心と観念される特別の聖なる地点となろう。ここが天帝のいる天極に到達する昇天の起点となるのである。

さてこのように天と地を結ぶ高木を整理すれば、今問題としている408号墓と605号墓の大地から天空へ向かう垂直場面の中にあるこの柱状のものを天と地を結ぶ巨大な柱と類推することは、あながち無謀とは言いえないであろう。先に見た菱形の文様の連続は、漢時代の棺や画像石墓の文様にもよく似ているように思える。またこの天地を結ぶ柱状のものを呼称する「天柱」という語があったことは、前漢の東方朔の作とされる『神異経』の「その高きこと天に入る」と表現された崑崙山の銅柱（崑崙之山有銅柱焉、其高入天、所謂天柱也）となどにも窺うことができよう。(55) したがって、「建木」から類推した「天と地を結ぶ巨大な柱」も「天柱」の類と見なしたいのである。

したがつて私は、中央場面と左場面の境界にあるこの図像を柱と見なし、単なる境界ではないと考える。これは自ずと605号墓にも適応されるが、605号墓の場合は、小さな黒円を組み込んだ菱形の文様の連続する柱の左に、寄り沿うような「つる状」の文様の連続が、さらに加わっている。これも天空へ伸びる「つる」状のものと見れば、大地と天を繋ぐ意味合をさらに強調するものと思われる。(56)

七、天と地を結ぶ柱に附属する大きな天蓋

壁画中央場面の中心が、「黒い台」上の墓主にあることは明らかであるが、だれの目にもまず飛び込んでくるのは大きな三角状の天蓋であろう。(57) まず408号墓のそれから解析していこう。

三角状の天蓋は、多くの波状線の集合で構成され、風にたなびいているように感じられる（挿4a、挿4b）。天界への上昇によって巻き起こる風にあおられた絵画的表現なのであろう。また天蓋の上部は、縦縞の幅広い帯状の靭帯で最上部の壁画界線にしっかりと結びつけられているように見える。重たい天蓋を吊り下げているかのようである。そしてその幅広い靭帯の左右には、連続する波状線が画かれ、その左側は

先に述べた「天地を結ぶ柱」の最上部と接続している。これが何を意図する表現なのか正確には分からないが、天蓋の天極への上昇というモチーフの中で考えうる一つは、「天地を結ぶ柱」から水平に伸びる波状線をともなう横棒が、天蓋全体を上へ上へと引き上げているのかもしれない。[58] 605号と比較すれば、連続する波状線は垂れ幕であろう。ただ「13号墓紙画」（挿9）に見える紙画を縁取るような波状線と同じ意味合いを持つのか否かは判断に迷う。

また天蓋の下の縁には半円状の連なりで表現される垂れ幕が付されている。この垂れ幕は、古くは著名な長沙馬王堆墓帛画の墓主を覆う天蓋から（本誌「総論」の挿5を参照）、この二つ壁画に近い「13号墓紙画」の天蓋に至るまで類例は少なくはない。[59] わが国の日本の社寺にあっても今も神事や仏事の際には使用する。つまり「幕」は特別の儀礼を示すもので、この壁画に画かれる「幕」もその例外でないはずである。

また天蓋の頂部には、円形の縁の中に一羽の鳥が画かれている（挿9）。この鳥は、一見すれば「日像」の中によく画かれる三つの足を持つ「烏」のようにも見えるが、即断はゆるされない。古代中国にあっては「烏」を内に持つ円形は「日像」であるが、すでに指摘したようにこの壁画の天蓋の右上には、胡人の顔をした日像が別に画かれている。「月像」と対比して正確な位置に画かれているこの「日像」の他にも、「日像」の象徴としての鳥をさらに付け加える必要性はない。しかも画かれる鳥は三足にも見えない。とすればこの天蓋頂部の鳥はどのように理解すればよいのであろうか。

おそらくこの鳥についても参考となるのは、「13号墓紙画」の鳥である（挿9）。この紙画の鳥は、天極の真下にある中心軸と推定した高木の枝に、墓主が座している家屋の屋根に最も近接して描かれている。[60] 長く大きな尾羽とともに頭部から後にはねる冠羽を持つ鳥がそれである。この類の鳥は「朱雀」との区別が難しいが、[61] この紙画が設定する墓主の昇天というシチュエーションから、「昇仙図」と称される古墓の画像に頻出する「鳳凰」に類する鳥とみたい。[62] 長沙馬王堆一号墓から出土した帛画の墓主の乗る台を覆う天蓋の上に向き合って止まっている鳥や、[63] 江蘇北部山東石棺画像の対面する人物を覆う屋根の上に止まる一羽の鳥など[64]にその源流はたどり着く。鳳凰は、「常に天帝の左右」にあって「天帝の使者」となる鳥である。[65] とれば墓主の側から見れば、この天から来迎するこの鳥は、天界の天帝からのお迎えの使者と見なせばよかろう。ただ、この天蓋の頂に画かれる鳥を鳳凰の類と強調しても、その形状はやはり「烏」に近い。あまりの付会との批判も招きかねないが、この種の来迎の鳥と現時点ではとらえておきたい。

さてこのように推察を重ねると、この天蓋は天極から大地へ向かう中心軸に沿って墓主の待つ大地へまず降り来たったと考えるべきであろう。[66]「来迎」である。そして墓主を「黒い台」に乗せると、一挙に上昇していく。つまり「天蓋」と「黒い台」は一体化した「空飛ぶ乗り物」なのである。[67]したがって天蓋の頂部にシンボル化されたこの鳥は、この天蓋が天に所属するものであって地上世界のそれでないことも示すのであろう。

ところで先に墓主は、「来迎」に当たって「黒い台」に乗って昇天すると推定した。とすれば、台の右側に画かれている車牛とはどのように関連するのであろうか。この車牛も、先に触れた「田」、「樹」などと同様に漢字で「車牛」とわざわざ書き込みが添えられている。しかも天蓋の下に画かれている。先ほど言及した天蓋の下の馬も、地上世界の通常の馬ではなく天界に所属することを示した。こうした視点と並行させれば、この「車牛」も日常で通常使用されない特別な車牛の可能性も浮上しよう。つまり昇天する墓主が台の近くまで乗って来たものなのである。墓主は、この車牛から降り、「黒い台」へと乗り換えたと推定するのである。とすればこれも「同時異時画法」による絵画的表現である。

なお「車牛」と漢字で添え書きされたこの乗り物は、車台が幌に覆われているだけでなく前部まで突き出た黒色の覆いを付けている。日常生活に使用する「車牛」と区別されているのであろう。なお当地のトゥルファンの後の時代（麹氏高昌国時代）の事例とはなるが、「蚪《きゅう》（蛟）車」と呼ばれた車があった。それは、同地域の古墓群から出土する「墓表」に頻出する葬送儀礼用の車（挿16）であり、比較が必要であろう。[68]

さてこのように解析して、605号墓の場合も検証しておこう。まず大きな三角状の天蓋における408号墓との相違は取り立てて存在しないが、小さな違いはいくつか見られる。たとえば、

挿16　麹氏高昌国・延和八（609）年、孟子墓表
5行目に「以蚪車霊柩」と見える。黄文弼がトゥルファンのヤールホト古墓群で発掘したもの。解説は、「蚪車」を尸体を負載せる車とする。侯燦、呉美琳2003、275～278頁。

挿17　「天と地を結ぶ柱」の根元の「聖地点」の器物と糸状の物
上は408号墓、下は605号墓。

天蓋をつるす帯状の靫帯は垂れ幕の下に見え隠れする水平に伸びる梁のような太い棒に接続し、その棒も天と地を結ぶ柱に繋がっている。また天蓋頂部の円形の中には鳥は画かれず、代わって空気を巻き込むような曲線が画かれている。興味深いのは、408号墓と異なって垂れ幕が左場面の最上段にもも伸びていることであろう。もし天蓋が、天地を結ぶ柱を中心に回転しながら上昇するとすれば、垂れ幕が左へ伸びることが理解可能となるからである。

また408号墓の天蓋の下、「天と地を結ぶ柱」の根元には、脚の曲がった台の上に乗せられた器物が見える（挿17の上）。これも先に述べたように特別の台であるから、その器物も日常に用いる物ではなく儀礼用の特別なものであろう。しかも「天と地を結ぶ柱」の根元という特別な位地を意識すれば、「天界と人界の交点」として「来迎・昇天」に係わる「聖地点」と見なしてよい。とすればその器物は、「鬲」などに類するものではなかろうか。推察である。

ところで605号墓の同じ場所にも注目してみよう。そこに「鬲」のようなものではなくなにやら束ねて積み上げた糸状の物が見える（挿17の下）。

これはいったい何であろうか。

八、天へよじのぼる糸

先ほど中央場面を整理した際、触れなかったものがある。今述べた「儀礼用の聖なる器物」と「なにやら束ねて積み上げた糸状の物」のその上部に描かれた「波状の糸らしきもの」である（挿4a、挿4b、挿17）。408号墓と605号墓の壁画の双方に確認できる。「天蓋」と「天と地を結ぶ柱」を連結しているかのようである。それは波状の糸らしきもの数を増やしながら天蓋へ向かって伸びているようでもある。これは「天蓋」と墓主が乗った「黒い台」、すなわち昇天の乗り物を「天と地を結ぶ柱」に沿って天極へと押し上げる働きをしているように思えてくる。それがまっすぐに垂直方向なのか、よじれながら、あるいは先に述べたように回転しながらなのか、想像は尽きない。この「波状の糸らしきもの」は、私には、単なる絵画的装飾的表現ではなく墓主昇天に欠かせない重要なアイテムのように感じられる。

ところでトゥルファン地域の古墓群を特色付けるほどに出土例が多いものがある。それは、「随葬衣物券疏」と呼ばれる漢文で書かれた葬送文書で、副葬品リストとそれに多様な付加文言をしばしば加えて遺骸に添えられたものである。それは古代中国の葬送儀礼の中で発展し、その発展の過程に波状的に当地へ伝わっただけでなく、当地の葬送儀礼の特色をなすほどに定着化したものである。[69]

ところで六世紀中葉以降、それら「随葬衣物券疏」のなかに、極めて特異な随葬物が記載されるようになる。それは七世紀中葉までの間に三十余例を越えて見出せる「攀天絲（糸）万万九千丈」などと記載される随葬物である。これを「天によじのぼるいと万万九千丈」とその意味を正確にとらえて最初に紹介したのは、中国古代の随葬衣物疏の総合的研究を促すことになった池田温氏であった。[70] 一九六一年のことである。「随葬衣物券疏」の出土例がまだ極めて少ない中で示されたこの見解は、「随葬衣物券疏」に関わる諸見解ともどもまさしく卓見であった。しかし不思議なことに、このように数多くの記載があるにもかかわらず、これこそが「攀天絲万万九千丈」の実物なのだと確定しうる出土品そのものはない。糸の束などをそう見なしているに過ぎない。したがってこうした状況下に、一提案をしてみたい。「天と地を結ぶ柱」から天蓋の右端へと伸びて「天蓋」と墓主の乗る「黒い台」をともに天に押し上げる「波状の糸らしきもの」が、まさしく「攀天絲万万九千丈」ではないかと（挿4a、挿4b、挿17）。それは壁画の一図像からかってにイメージした単なる推定にすぎない。先ほど言及した605号墓の「天と地を結ぶ柱」の根元、「波状の糸らしきもの」の下の「なにやら束ねて積み上げた糸状の物」もその推定に加わる。しかしそれを裏付ける文献的根拠も見出していない。しかも先にも述べたように、「攀天絲万万九千丈」が「随葬衣物券疏」に確認できるのは、当地にあっては六世紀中葉以降であり、問題とする408号墓と605号墓の壁画の推定年代四世紀後半とは、大きな隔たりがある。課題の残るままの提案であることは十二分に承知である。ただ当地・トゥルファン地域出土「随葬衣物券疏」に三十余例、出土総数の七割を越えて数多く見出せる「攀天絲万万九千丈」に、何等の手かがかりもつかめない、そのこと自体が不思議でならない。もしその糸が墓主の乗り物を天極へと押し上げたとすれば、たとえ「随葬衣物券疏」に明記はされていても墓室に残されるはずはない、つまり出土品として残りようもないというのも、こうした想定をかきたてるのである。

厳密な証左を積み上げる実証史学こそが是であるとする研究者には、妄想だと思えよう。しかしもとより根拠なき虚構世界を理解しようとしているのである。厳密な実証が重要であることは十二分に承知しているが、書かれていないことは想像もしないという思考的硬直も避けたいと思う。その硬直から一時だけでも自由になろうとしている、そう察知していただければ有難い。

九、富貴は上りて昇天す

以上で多岐にわたった二つの「来迎・昇天」を主たるテーマとする壁画の解析を終える。その解析結果は、何をどこまで語っているのであろうか。

二つの壁画の三場面の左右は、墓主の生前の豊かな様子を葡萄園から鶏一羽に至るまで事細かく詳細に描いたものであった。墓主にとって、この生前の豊かな生活をわざわざ墓室の中に描いてもらう、それがメインテーマである「来迎・昇天図」と、どのような必然的相関を持っていたのか、この解答なくしては、二つの壁画を読み解いたことにはならない。しかしその答えは、単純である。豊かであることこそが「来迎・昇天」の最も肝要な条件だったと見なすからである。これが私の結論である。来世に赴くに当たって、現実の貧富や身分の差異を無関係とみるのではなく、豊かな者、それに呼応する社会的ステイタスの髙いものだけが昇天できる、それを躊躇なく語ったのがこの壁画なのである。現実的価値観や社会意識を来世に当然のごとく投射しているのである。

こうした露骨な来世観と「来迎・昇天」とを直結するような言葉としての資料は存在しないのであろうか。長らく求めていたが、「箜篌《くご》謡」と題される次の「楽府《がふ》」に出会った。

逆説的ながらもそれに答えているように思える。


〔ほんとうの〕つきあいは〔心の底から〕相知り合うことにある。　結交在相知。

〔どんな時・場合でも〕肉親が必ずしも親しいとはかぎらないではないか。　骨肉何必親。

甘言〔を好めば〕忠実な〔人は身の回りには〕いなくなってしまう。　甘言無忠實。

世は薄情で、〔戦国時代の縦横家の〕蘇秦のような〔口の甘い〕者が多いではないか。　世薄多蘇秦。

〔風吹けば〕風に従い暫く靡く草、　従風暫靡草。

〔そのように〕**富貴も上りて昇天す。**　**富貴上昇天。**

〔君には〕見えないのか、山の巓《いただき》の〔あの〕樹が。　不見山巓樹。

摧《くだ》き抓《うご》かされ〔山から引きずりおろされて〕薪となっていくではないか。　摧抓下為薪。

〔私めは〕井の中の泥にこそ甘んじたい。　豈甘井中泥。

〔時流に迎合して〕上に出てまえば、塵埃となってしまうではないか。　上出作埃塵。(71)


この「箜篌謡」は、『太平御覧』巻四〇六の「古歌辞」、『文苑英華』巻二一〇の「詩」などに収録されている古詩である。西方伝来の古代の楽器・箜篌《くご》（竪形ハープ）の調べに乗せて吟じられていたから「箜篌謡」と題されたのであろう。血縁を越え人としての深い交わり求め、山の巓《いただき》の樹のような出世や時風に乗って富貴となることを求めず「井戸のなかの泥に甘んじ」て清貧な日常を送ることを良しとした厭世的雰囲気を漂わせる内容である。編纂詩集には漢代に配置されるが、その流布は、後漢末から魏晋にわたった価値観の錯綜した動乱期であろう。そのなかで巧みに時流に乗じる者への嫌悪感を窺わせるとともに、作者の孤立感を同時に感じさせるからである。したがってその内容を逆説的に捉えれば、時風に乗って富貴となり、その富貴によって昇天できるとするのが、当時の中国社会の時流であったことになろう。またこの期の「昇天」は単に天に昇るという意味に加えて「白日昇天」、「羽化昇天」という語と併用されるように神仙となって不死の幸せを求める語としても使われたが、急に富貴になることもその意味合いに内包されてこうした言い方が生まれたのであろう。いずれにせよ、昇天すること、天に昇ることが富と結びつけられていたことは見逃せない。昇天すらもそうしたの社会的風潮の中にあったのである。混乱を極める中原に見切りをつけ、繰り返す波のように波状的に河西に流入した人々によって、後漢後期以降のこうした社会風潮が、安定を保った河西地域へと流入していたことは疑いない。それはかつて取り上げたことのあるこの地の魏晋期の巨大塼室墓の造営意識にもよく投影されていよう。(72) こうしてこの地域に定着した漢文化が、十六国期、河西を基盤とした漢人政権・前涼の西方発展の波に乗って、四世紀後半期のトゥルファン社会にも到達し、冨貴こそが昇天するという考え方がトゥルファン社会に確実に根を下ろしていたとしても不思議はない。

四世紀前半、トゥルファンの地には、前涼の勢力が直接この地に及び、高昌郡の新設という新たな段階に入っていた。言うまでもなく前涼は、十六国期の数少ない漢人政権の一つで、河西の胡漢を統治しながらその基盤を河西に確立し、その力は直接トゥルファンの地にも及んだ。前涼の全盛期を導出する張駿の時代である。咸興元（三三五）年、西域に楊宣を派遣して亀茲・鄯善を征討し、西晋の涼州を発展的に解体して、涼・河・沙三州へと改編したころである。(73) その新設沙州の三郡（敦煌・晋昌・高昌）の一つが、トゥルファンの地に設けられた高昌郡であった。そしてその後十年を経て、高昌郡には沙州刺史が統括する戊己校尉営も設置されてさらに充実度を増す過程に、政権に組み込まれた当地の在地勢力層は、河西に温存されてい古い漢文化や宗教の強い影響を受けることになった。先に触れた四世紀前半と推定できる「13号墓紙画」は、まさしくこうした時代の在地勢力であったことになろう。とすれば、この二つの壁画を残した漢化の浅い胡族と推定した墓主の一族は、その前涼統治の後を受けた前秦、それをさらに継承した呂光の後涼政権期の高昌郡の在地勢力の可能性が推察されよう。こうして四世紀後半に着実に冨を蓄え、漢文化を効率的に吸収した彼らは、それに彼らの来世観を重ね合わせて「冨貴」を誇示する「来迎・昇天」壁画を残したことになろう。(74)

人たる者、冨貴やその対極さえも問わず無条件のままに誰でも「来迎・昇天」にあずかれる、誰もがあの世では平等になれるというより開かれた来世観に到達することさえも随分と時を要しただけでなく、このようないびつな来世観を経由しなければならなかったのである。まさしくその一端が、シルクロードの四世紀後半の古墓壁画によって絵画として浮かび上がったと言えよう。

注

（1） 大阪大学文学研究科の荒川正晴氏の「東ユーラシア出土文献研究」（科研）よる調査である。機会を与えられた同氏、ご協力をいただいたトゥルファン博物館の李肖（現在は中国人民大学）、張永兵両氏、館員の方々に厚く謝意を表する。これら古墓を四世紀後半と推定する最大の理由は、605号墓から出土した「咸安五（三七五）年隗田英随葬衣物疏」によるものである。吐魯番地区文物局二〇〇四、一〇頁。同二〇〇六、一〇頁。この605号墓を基準として、408号墓の壁画や古墓の構造と出土品、603号墓の古墓の構造と出土品と対比すると、三古墓間に大きな年代差を見出しにくい。したがって四世紀後半が妥当との判断である。なお本稿は、白須二〇一一と「中央アジア学フォーラム」（二〇一一、七、三〇、於、阪大）の発表を改稿したものである。

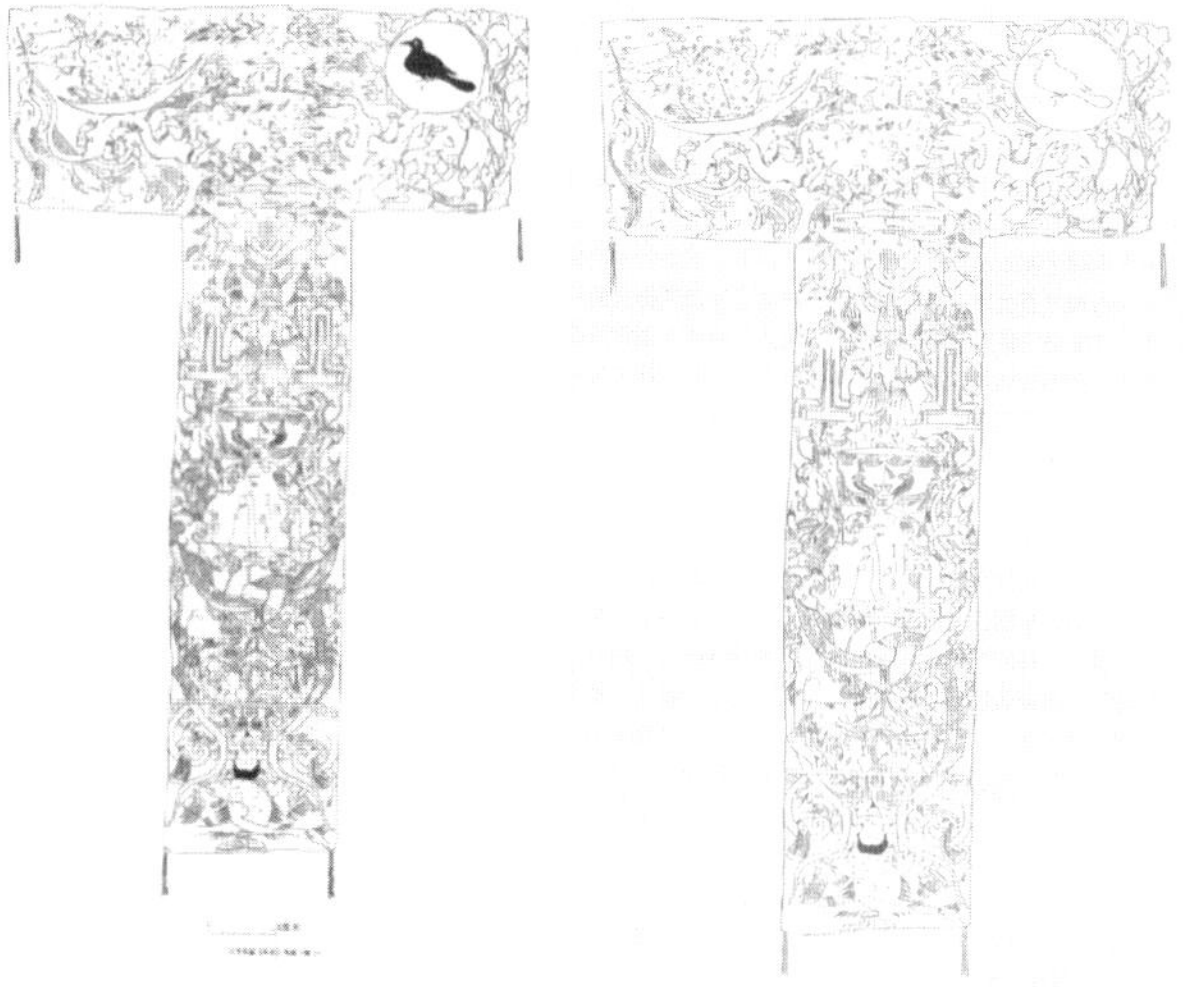

挿　酷似する長沙馬王前漢墓の非衣

(2)　二つ壁画がなぜ酷似するのか、理由は一つではなかろうが、隣接し、造営年代が近い同族墓であることが、やはり最大の理由であろう。同時代の同族が同じような来世観を共有していたことは、自然なことであろう。こうした事例は、崑崙山への昇仙をテーマを描いて木棺を覆った極めて類似する前漢期の二つの絵画（非衣）にも見出せる。近接する長沙馬王堆前漢墓一号墓（利蒼の妻）と三号墓（利蒼の夫婦の男子）からの出土であり、被葬者は、母子という近親関係にあった。**挿図**の右が一号墓、左が三号墓のものである。ずいぶんと時も地域も隔たっているが、トゥルファンのこの二つの壁画が、こうした点においても中国古代の葬送伝統と無縁でないことを示すようで興味深い。何介鈞主編二〇〇四より。

(3)　かつて整理した「アスターナ・カラホージャ古墳群の墳墓とその変遷」。白須一九九〇、八～九頁。

(4)　例えば、河西・酒泉丁家五号墓。甘粛省文物考古研究所編一九八九、四頁。

(5)　本稿に先行してこの二つの壁画を検討された町田隆吉氏も同様である。氏は、壁画の四角の黒色の台形を、壁面に貼り付けた画布の痕跡（**挿4a**）とする李肖氏の指摘を受け、壁画が一挙に出現したのではなく、画布・紙画からの段階的発展も示唆した。町田隆吉二〇〇七、同二〇一〇。なお私は、氏の論考に気づかず報告をしていた。白須二〇一一、前掲レジメ。ここにお詫びする。ただ氏の壁画内容への理解と私見はもとより相違していたため、本稿では、相違点は註記した。

(6)　わが国の「絵巻物」に見える技法は、「異時同図法」と呼ばれている。時間的推移に従って同一人物の行動を追い、同一画面に同一人物を何度か登場させるものである。しかし対象とする壁画には、同一人物が重複しては登場せずまったく同一の技法ではない。「異時同時画法」と表現を変えてみた。

（7）古代中国における日月に描かれた画像については、劉恵萍二〇一〇を参照した。

（8）吐魯番地区文物局二〇〇四、三頁。吐魯番地区文物局二〇〇六、四頁。

（9）ただし605号墓・挿4bの場合は、「日像」、「月像」、「北斗」、「三台」である。

（10）誤解を招きたくないのは、漢字を図像に添える前例がないと言っているのではない。河北省望都一号東漢墓壁画（二世紀）、内蒙古ホリンゴール東漢墓壁画（二〜三世紀）、甘粛省嘉峪関魏晋墓塼画（三〜四世紀）などにも見られるが、後者二例のように漢文化のフロンティア、胡人の多い世界への広がりのなかに見いだせることを重要視しているのである。北京・外文出版社一九七四。内蒙古自治区博物館文物工作隊編一九七八。甘粛省文物隊等一九八五。

（11）当地トゥルファンで活動した胡人についての論考は少なくないが、四世紀後半前後の様相は明確ではない。ソグド人の場合、敦煌から出土したソグド語書簡は四世紀に遡るが、当地の出土文書では、五世紀後半だという。荒川正晴二〇一四、一〇三頁。赤城崇敏二〇一四、一二一―一二三頁。ただし二つの壁画の胡人をソグド人だと限定できる証左はなく、副葬品（明器）の木俑の様相や出土した随葬衣物券疏に見える通婚関係なども含めて「西域雑胡」という幅広い視点から検討することが必要であろう。

（12）「曲足条案、案面黒色」が、李肖氏の表現である。同二〇〇四、一二六頁（二〇〇六李肖、九四七頁）。この「台」をどのように呼ぶべきなのか適語が思い当たらない。ただ当時の「案」は食案や書案として、また「榻」という語も一人用の坐具としてのイメージが強いと思われ、ともにしっくりしない。したがって本文のような表現としておく。なお「案」と「榻」に関しては、陳増弼「漢、魏、晋独坐式榻初論」『文物』一九七九年第九期を参照。

（13）町田隆吉氏は、605号墓壁画の「黒い台」に乗る者を、「墓主の妻たちというよりむしろ侍女の可能性が高い」と見る。同、二〇一〇、二七頁。

（14）書き下しは田中謙二『楽府 散曲』中国詩文選22、筑摩書房、一九八三、一一三―一一四頁。『玉台新詠』などにも収録されている。「糸履」は「素履」に作るものもあるという。清の呉兆宜注、程琰刪補、穆克宏点校『玉台新詠箋注』上、新華書店、一九八五、五二頁。

（15）内田泉之助『玉台新詠』上、新釈漢文体系六〇、明治書院、一九七四、一二六頁。

（16）こうした観念を明記する資料として「竹取物語」を挙げることが出来る。本誌の白須別稿を参照。

（17）詳細は分からないが、人ではなく異次元世界の異形者への表現なのであろう。

（18）新疆維吾爾自治区博物館一九七五、九九頁の図四七。こうした紙画について整理は、趙華編一九九二、一―九頁。

（19）王素一九九四、九二頁。

（20）孟凡人氏は、四世紀後半頃とみている。同「吐魯番出土十六国時期的墓葬壁画和紙画略説」、趙華編一九九二、趙華編一九九一、三頁。

（21）註46参照。

（22）白須淨眞・萩信雄一九七八、一九六頁。

（23）この「13号墓紙画」の天蓋については、後述する。

(24) 王素一九九四、九一頁。

(25) この画面最上段の波状線は、大地からゆるやかな波状（垂幕、山のようにも見える）となって天空に伸びて壁画全体を囲んでいる「黒い縁」のようである。大地から伸びることに重きがあるのか、「黒い縁」に重きがあるのか迷うところである。

(26) もちろん幾つ描いてもよいが二つで目的は十分達せられる。

(27) 三台六星、両両而居、起文昌、列抵太微。一曰天柱。三公之位也。在人曰三公、在天曰三台。主開徳宣符也。西近文昌二星曰上台。為司命。主寿。次二星曰中台。為司中。主宗室。東二星曰下台。為司禄。主兵。所以昭徳塞違也。又曰三台為天階。太一躡以上下。一曰泰階。

(28) 太一星は在天一の南にありて、相い近し。また天帝神なり（太一星在天一南、相近。亦天帝神也）。

(29) 太微は、太一の庭なり。紫宮は、太一の居るところなり。太微者、太一之庭也。紫宮者、太一之居也。

(30) 中宮は天極星なり。その一に明るきものは、太一の常居するところなり。……みな紫宮という（中宮天極星。其一明者、太一常居也。……皆曰紫宮）。

(31) 新疆維吾爾自治区博物館考古部・吐魯番地区文物局阿斯塔那文物管理所二〇〇七、二三頁の図26。

(32) 肉眼では、ラテルネンデッケには図像は確認できなかったが、光学的調査が望まれる。敦煌莫高窟や同期の他地域の図像と比較すれば、天極であることがより明確化できるかもしれない。

(33) 三台と指摘したのは、杉原たく哉「七星剣の図様とその思想」『美術研究』一九八四―三。

(34) 李肖二〇〇四、一二六頁（二〇〇六李肖、九四七頁）。

(35) なお町田隆吉氏は、「墓主が来世で所有し経営する土地」と理解する。同、二〇一〇、二七頁。

(36) 李肖二〇〇四、一二七頁（二〇〇六李肖、九四八頁）。

(37) 二〇〇四吐魯番地区文物局、六頁。

(38) 二〇〇七 新疆維吾爾自治区博物館考古部・吐魯番地区文物局阿斯塔那文物管理所、二五頁。

(39) 立てかけられた弓の大きさから推察して、門楼のような巨大なものではないかもしれない。

(40) たとえばスタインがアスターナ古墓群（Ast. ii. 1, Ast. iv. 3）から発掘した紙画や、新疆維吾自治区博物館がカラホージャ古墓群（75TKM97, 75TKM98）で発掘した壁画に見える。Stein1928, LVII. 趙華編一九九二、附図四六頁。

(41) なおトゥルファン博物館において「扶棺」、「木扶」と呼称された両墓からの出土品の復元を試みた。しかし組み合わせが難しく復元には至らなかった。

(42) こうした視点に立てば、スタインが発掘した紙画（前註40参照）などに見える饗宴の様相も、来世における墓主の生活の様相と限定してみる必要度は、低くなったと考える。Stein1928, LVII。

(43) 李肖二〇〇四、一二七頁（二〇〇六李肖、九四八頁）。なお町田隆吉氏は、605号墓壁画の左場面には、「矛を持つ騎馬像はない」として、605号墓主は、生前、武職ではなかったかと想定している。同、二〇一〇、二六頁。

(44) 李肖二〇〇四、一二七頁（二〇〇六李肖、九四八頁）。とすれば、鐙を装着せず馬の足下に置いて乗馬していることになろう。

(45) この羽状物（冠羽？）に加えて、馬の体に画かれた大きな円形の二つの文様を神聖視されることの多い巴紋と見なしてよければ、「13号墓紙画」の馬の特別性は、さらに高まる。

(46) 漢代中期以降、竜舟、竜車に変わって馬や馬車などが「昇

仙」の乗り物となっていくことは、その要因とともに曽布川寛氏が指摘している。同一九九三、五〇～五一頁、八一頁。もし描かれた馬を「昇天」の乗り物と見なすと、「13号墓紙画」は、墓主の生前の出行の様を描いたのではなく、天蓋（屋根）の下に座している墓主が、まもなく曲蓋付の馬に乗り、天地を結ぶ高木に沿って「昇天」すると理解すべきであろう。したがってこの紙画では、昇天する様相は図像としては描かれていないことになる。とすれば、昇天の始まりからその様相、つまり「来迎・昇天図」として描かれた408・605号両墓の二つの壁画は、「13号墓紙画」の発展形態ということになろう。本論註60参照。昇天の乗り物としての馬が後退し、大きな天蓋付きの「黒い台」が主役となり、馬は天蓋の下に描かれるだけとなっていることがそれを感じさせる。またこうした様相は、トゥルファン地域の来世観には、崑崙山への昇仙よりも、天界への直接的昇天が強いように思える。それはなぜか、この点も念頭に置きながら検討を進める必要があろう。

(47) これは壁画を実見する以前に抱いた見解である。しかし実見すると、右手の短剣と見たものは鞭の類であり、左手は「車牛」の牛の口から伸びる手綱のようなものを持っているように見え、この人物を「車牛」に付き添う車夫と考えを改めた。白須、二〇一一、五七頁。しかし、右後方に位置する牛のその手綱を、左手で握ることはあまりにも不自然な動作に思えるだけでなく、中央垂直場面の下にわざわざ水平方向の細長い広がりを設定した区分したことも無視すること（「車牛」は中央垂直場面内）にもなり、本稿では再びもとの見解に改めた。したがって、この「人物」を「天帝の使者」に扮した方士の類ではないかする空想も、抱いている。天帝の使者、解注の理解については、小南一郎一九九四、白須二〇一二、三〇～三一頁、三一頁の註66。トゥルファン出土の天帝の使者の図像は、中国文物研究所・新疆維吾爾自治区博物館・武漢大学歴史系一九九二、一二九頁。

(48) 古墓の壁画に見えるこうした「犬」の例としては、中国東北地方吉林省南部の高句麗古墓・通溝の壁画に見いだせる（**左上挿図**）。大樹のもとにうずくまる犬も描かれている。池内宏・梅原末治一九七三、一七頁。ソグド人の古墓から出土した石刻画像の「チンワト」の橋に見られる犬も興味深い。曽布川寛「中国出土ソグド石刻画像の図像学」、曽布川寛・吉田豊二〇一一、二五八頁。

(49) たとえば、曽布川寛一九九三、六九頁の図21の（2）、（3）。

(50) なおこの紙画の左右の端にも、天空へと伸びる高木がそれぞれ描かれている。左角のそれは、その真上に描く丸い天体を抱いているかのようである。この丸い天体は、月の表象であるが、天の際までは到達はしていないから月とこの木との直積的関係の強調であろう。またこの左の高木は、先に見た中央の天地の軸としての高木との位置関係から押せば、大地の西の際から生えていると見なしてよい。また右角の高木は、紙画の左端の高木よりもはるかに小さく、並べられた農具と対をなす畑地の角から天空に向かって生え、太陽と推定される天体と併置して描かれている。確かに天の際に到達してはいるが、先に見た天地の軸となる高木とは相違して、太陽との関係だけを強調したものであろう。それは、月との直接的関係を強調した西の際の高木と対比すれば理解できることであろう。したがってこの太陽と相関するこの高木を、大地の東の際から生えていると見なしてよい。西の際の高木と同じ大きさに描かれなかったのは、その高木の下部に厨房を画かなければなければならなかった、その制約が要因であろう。

（51） 扶木在陽州、日之所曊。建木在都広、衆帝所自上下、日中無景、呼而無響、蓋天地之中也。若木在建木西。末有十日。其華照下地。原文は次より引用。『淮南子注』（台北・世界書局）、一九六二年、五七頁。

（52） 戸川芳雄氏らの『淮南子』のこの箇所の訳出は、「そこから諸帝が天に上り降りする。そこは日が中する時には陰景を生じないし、声をかけても反響しない。思うに、そこは天地の中央なのだ」と見える。おそらくこの「天地の中央」の理解は、太陽の南中による影の消滅の理解から押して、天地の水平方向ではなく、垂直方向の中央であろう。「声をかけても反響しない」ことが何を意味するのか、理解が難しい。これは、『山海経・海内南経』の「建木」では、「其下声無響、立無影也」とされる箇所である。今は、諸帝が天に上り降りする天地の中心軸、その特異性に由来すると理解するしかない。戸川芳雄等訳『淮南子　説苑（抄）』（中国古典文学大系6、平凡社）、五〇頁。

（53） 前掲『淮南子注』、五七頁。

（54） この「13号墓紙画」に対する私見は、町田隆吉氏の見解とは異なっている。同、二〇〇七頁。

（55） 『淮南子』天文訓に「天柱折、地維絶、天傾西北」とみえるのは、有名な「天柱」である。

（56） 菱形の文様とつる状の文様を併置させて縦の柱のように画くのは、漢代の画像石に見出せる。曽布川寛一九九三、一一一頁の図40の（2）。

（57） 後述するように天蓋と「黒い台」は、一セットである。

（58） 垂直に上昇するのか、天地を結ぶ柱を軸に回転しつつ上昇するのか、様々な想定も可能である。

（59） 曽布川寛二〇〇六・図版編二九〜三一頁の一五〜三一。趙華編一九九二附図参照。

（60） この「13号墓紙画」に見える天蓋は、408号墓と605号墓二つの壁画と天蓋と同一の機能を持つ同様な天蓋であるとは言い切れない。かつては同様に考えたが、「曲がった脚を附した黒色の台」がこの天蓋とともに上昇すると見なすには、風に靡くような様相もなく、この天蓋は地上の家屋の屋根と理解するのがよい。ただしその屋根の軒下にもにも幕が張られ、墓主は脚の曲がった黒い台の上に座しているのであるから、通常の生活の家屋ではなく葬送儀礼に係わるものなのであろう。すでに述べたように、墓主は、高木の下に曲蓋を付して待つ馬に乗って昇天するのである。

（61） 林巳奈夫「鳳凰の図像の系譜」『考古学雑誌』第五二巻一号、一九六六、二四頁。

（62） 町田隆吉氏は、「金烏」と推定する。とすれば同一画面上に二つの「金烏」があることになる。もう一つは、画面右上の太陽の中である。同二〇〇七、三二頁。

（63） 曽布川寛二〇〇六、図版編二九頁の15と17。

（64） 曽布川寛二〇〇六、図版編五一頁の（5）。

（65） 蛇足ながら「鳳凰」の射程は意外に長く、浄土からの来迎を説く十世紀（平安時代中期）以降のわが国の浄土教へと及んでいる。宇治平等院・阿弥陀堂（鳳凰堂）の棟の上に向かい合う鳳凰はあまりにも著名である。東山・知恩院の鎌倉期の「阿弥陀二十五菩薩来迎図（早来迎）」（本誌「総論」**挿3**を参照）も、見逃しやすいが来迎する阿弥陀如来と諸菩薩の乗る雲の側らに鳳凰を描いている。

(66) 中心軸が大地の中心と接していると正確に考える必要性はどの程度か図りかねる。矛盾ではあるが死者のいる場とすればよかろう。

(67)「車蓋」と呼んでもよいかもしれない。

(68) 肉体と霊魂の分離を強く意識する古代中国では、棺車と魂車が分けられていたようで、「蒿里の曲」を歌って人が曳くのが棺車であった。こうした区分が、トゥルファン地域のこの時代の「虯車」まで厳密に適応されのるかは分からない。しかしこの「車牛」が墓主の霊魂を運ぶ魂車であった可能性は強い（墓主の霊魂は、台上には人の姿として図像化されているのであるから、人が車牛に乗るように霊魂としての墓主が「車牛」に乗っても矛盾ではない）。小南一郎一九九四、一三頁。五〇頁。

(69)「随葬衣物券疏」の残存が多いのは、トゥルファン地域が極度の乾燥地であっただけでなく、この定着度の高さも理由である。この「随葬衣物券疏」については、本誌の門司尚之の論考、『シルクロードの古墓の副葬品リストに見える「天に昇るための糸」』を参照。

(70) 池田温一九六一、五七頁。私は、「攀天絲万万九千丈」の「万万九千丈」は、虚構世界に頻用された極数を背景として、地と天までの垂直距離に援用されたと理解する。したがって、この点からも天界へ直接的昇天をイメージする。先に述べたように、トゥルファンでは、崑崙山への昇仙の影は薄いと思われる。

(71) 引用は、逯欽立輯校『先秦漢魏晋南北朝詩』中華書局、一九八三、二八七頁より。

(72) 白須一九八〇参照。なお、先般、河西の古墓から出土したと推定される西晋の涼州の発展的解体前の衣物疏を見出した。白須（裴成国訳）二〇一三。

(73) この見解は、白須二〇一四を参照。

(74) ここに解析した二つの壁画、参考とした「13号墓紙画」の双方には、なぜか、かつて非常に盛んであった漢代の崑崙山への昇仙に係わる信仰が姿をみせない。鳳凰の重複が見いだせる程度であったが、課題としておきたい。

参考文献

《日文》

赤城崇敏「ソグド人と敦煌」（森部豊編『ソグド人と東ユーラシアの文化交渉』〈アジア遊学〉勉誠出版、二〇一四年）一一九～一三九頁。

荒川正晴「トゥルファンにおけるソグド人」（森部豊編前掲書）一〇一～一一八頁。

池内宏・梅原末治『通溝』巻下（日満文化協会刊行、一九三八～一九四〇、復刻・国書刊行会、一九七三年）。

池田温「中国古代墓葬の一考察――随葬衣物券について」（『国際東方学者会議紀要』第六、一九六一年）五一～六〇頁。

小南一郎「漢代の祖霊観念」（『東方学報』京都六六冊、一九九四年）一～六二頁。

白須淨眞・萩信雄「高昌墓塼考釈」（一）（『書論』第一三号、一九七八年）一七七～一九八頁。

白須淨眞「高昌墓塼考釈」（二）（『書論』一四号、一九七九年）一六八～一九二頁。

――「在地豪族・名族社会――一～四世紀の河西」（池田温編『敦煌の社会』講座敦煌3、一九八〇年）三～四九頁。

――「随葬衣物疏付加文言（死人移書）の書式とその源流

——吐魯番盆地古墳群出土の随葬衣物疏の研究1」(『仏教史学研究』第二五巻、一号、一九八三年)七二~九九頁。

——「アスターナ・カラホージャ古墳群の墳墓と墓表・墓誌とその編年(1)——3世紀から8世紀に亙る被葬者層の変遷をかねて」(『東洋史苑』第三四・三五号、一九九〇年)一~七三頁。

——「トゥルファン古墳群の編年とトゥルファン支配者層の変遷——麹氏高昌国の支配層と西州の在地支配者層」(『東方学』第八四輯、一九九二年)一一一~一三六頁。

——「十六国期(三〇四~四三九年)、内陸アジアの二古墓の壁画——トゥルファン地域・アスターナ墓群二区408・605号両墓壁画の解析試論」(荒川正晴編『東ユーラシア出土文献研究通信』第一号、二〇一一年)一~一七頁。

——『シルクロードの古墓から出土した玉手箱——二〇〇六年発掘・アスターナ古墓群西区(Ⅱ区)603号簿出土の「木函」』(『内陸アジア言語の研究』XXⅦ、二〇一二年)一~四一頁。

——(裴成国訳)「晋建興五年夏侯妙妙衣物疏初探——古陶文明博物館所蔵新資料介紹」(『西域文史』第八輯、二〇一三年)九五~一〇三頁。

——「前涼・張駿の行政区画改編と涼州・建康郡の設置——改編年次に係わる司馬光の見解と考古資料による新見解」(『敦煌写本研究年報』第八号、二〇一四年)一~一八頁。

曽布川寛「漢代画像石における昇仙図の系譜」(『東方学報』京都六五冊、一九九三年)二三~二二一頁。後、同二〇〇六に収録。

——『中国美術の図像と様式 研究編・図版編』(中央公論美術出版、二〇〇六年)一~五三〇頁・一~二五六頁。

曽布川寛・吉田豊『ソグド人の美術と言語』(臨川書店、二〇一一年)一~三三四頁。

竹田晃『中国の幽霊』(東京大学出版会、一九八〇年)一~二三二頁。

町田隆吉「四~五世紀吐魯番古墓の壁画・紙画に関する基礎的検討」(『西北出土文献研究』第五号、二〇〇七年)二七~五八頁。

——「4~5世紀吐魯番古墓の壁画・紙画再論」(『西北出土文献研究』第八号、二〇一〇年)二一~四〇頁。

《日文外》

伊世同「最古的石刻星図——杭州呉越墓石刻星図評介」(『考古』一九七五年第三期末尾の《天文図》、一九七五年)。

栄新江・李肖・孟憲実主編『新獲吐魯番出土文献』上(中華書局、二〇〇八年)正文一~二二九頁。

内蒙古自治区博物館文物工作隊編『内蒙古和林格爾漢墓壁画』(文物出版社、一九七八年)一~一四七頁。

王素「吐魯番出土《地主生活図》新探」(『文物』一九九四年第八期、一九九四年)九〇~九二頁。

何介鈞主編、湖南省博物館・湖南省文物考古研究所編著『長沙馬王堆二、三号漢墓』第一巻 田野考古発掘報告(文物出版社、二〇〇四年)一~三九四頁+図版。

甘粛省文物考古研究所編『酒泉十六国墓壁画』(文物出版社、一九八九年)一~二二頁+図版。

甘粛省文物隊等『嘉峪関壁画墓発掘報告』(文物出版社、一九八五年)一~一一〇頁+図版。

祁小山・王博編著『絲綢之道・新疆古代文化』(新疆人民出版社、二〇〇八年)一~三〇三頁。

侯燦、呉美琳『吐魯番出土磚誌集注』上(巴蜀書社、二〇〇三年)一~三四八頁。

新疆維吾爾自治区博物館『新疆出土文物』(文物出版社、一九七五年)一~一四一頁。

新疆維吾爾自治区博物館考古部・吐魯番地区文物局阿斯塔那文物

管理所（執筆は、魯礼鵬、馬金城、祖魯皮亜、王博）「二〇〇六年吐魯番阿斯塔那古墓群西区発掘簡報」（『吐魯番学研究』二〇〇七年第一期、二〇〇七年）七～二七頁。

新疆維吾爾自治区文物事業管理局等編『新疆古迹大観』（新疆美術撮影出版社、一九九九年）一～四三九頁。

Stein, A. Innermost Asia, vol.IV (Plates & Plans) 1929.

中国文物研究所・新疆維吾爾自治区博物館・武漢大学歴史系『吐魯番出土文書』〔壱〕（文物出版社、一九九二年）一～四七三頁。

趙華編『吐魯番古墓葬出土芸術品』（敦煌吐魯番芸術叢書、新疆美術撮影出版社等、一九九二年）一～四三九頁。一～一七六頁＋附図四六頁。

唐長孺主編『吐魯番出土文書』〔壱〕（一九九二年）一～四三二頁＋巻頭図版二頁。

吐魯番地区文物局（執筆は、李肖と張永兵）「吐魯番阿斯塔那古墓群西区408、409墓清理簡報」（『吐魯番学研究』二〇〇四年第二期、二〇〇四年）一～一二頁。

――「新疆吐魯番地区阿斯塔那古墓群西区408、409墓」（『考古』二〇〇六年第一二期、二〇〇六年）三～一一頁（吐魯番地区文物局二〇〇四を再掲したもの）。

北京・外文出版社編『漢唐壁画』（北京・外文出版社、一九七四年）一～四七三頁。

李肖「吐魯番新出壁画《庄園生活図》簡介」『吐魯番学研究』二〇〇四年第一期、二〇〇四年）一二六～一二七頁。

――「吐魯番新出壁画《庄園生活図》簡介」殷晴・李肖等『吐魯番学新論』（新疆人民出版社、二〇〇六年）、九四七～九四八頁（李肖二〇〇四を収録したもの）。

劉恵萍『図像与神話　日、月神話之研究』（文津出版、台北、二〇一〇年）。

【II　昇天という来世観】

シルクロードの古墓の副葬品に見える「天に昇るための糸」

——五〜六世紀のトゥルファン古墓の副葬品リストにみえる「攀天糸万万九千丈」

門司尚之

死が、人々にとって大きな関心事であることは古来より変わることはない。したがって死とともに遺骸を納める「墓」には、死後世界への深い思いがダイレクトに表現されることになる。ここに取り上げる内陸アジア・トゥルファン地域の古墓から出土した漢文の葬送文書「随葬衣物《ずいそういぶつ》疏《そ》」もその一つである。この文書は、副葬品のリストを作成し、中国古代の官文書の書式を援用して異界へのメッセージを託した文書である。それは死者のための副葬品が簒奪されないようにという強い願いの所産ではあるがその数ある副葬品のなかに、摩訶不思議な「攀天糸《はんてんし》万万九千丈」と呼ばれるものがある。死者が昇天するための長い糸である。なぜトゥルファン地域の人々は、このような「糸」を死者に添えたのであろうか。本稿が明らかにしたいのはその「糸」と「昇天」の深い関係である。

もんじ・なおゆき——福岡県立門司学園高等学校教諭。トゥルファン出土文書及び大谷探検隊に係わる日本外務省の外交記録を研究。論文に「『中外日報』掲載のヘディンの日本訪問の記録」（白須浄眞編『大谷光瑞とスヴェン・ヘディン　内陸アジア探検と国際政治社会』二〇一四年に収録）、白須浄眞と共筆の「安満星・柱本瑞俊仮年譜（1）1888（明治21）年〜1914（大正3）年」『龍谷史壇』一三八号、二〇一三年などがある。

一、随葬衣物疏とは

随葬衣物疏とは[1]、古代中国において死者の葬送に際して墓室の死者に添えられた葬送文書の一つであり、その淵源は随分と古い。その文書には死者のための副葬品が一点一点、丁寧にリスト化され、それらを奪い取ること（追奪）を禁止する文言が付されるものも少なくない。その文言には、後に例示する「張堅固」や「李定土（吏定杜）」のような異界の神仙の名を連ねたものも登場する（資1・挿1、資8・挿4）。したがって随葬衣物疏は、古代中国の来世観を直接窺うことができる好史料となっている[2]。そこで本稿では、最も出土例が多いトゥルファン地域の随葬衣物疏に依拠して、そこに記された「攀天糸万万九千丈」（天に攀《よ》じ昇るための糸、万万九千丈）[3]という特異な副葬品に注目し、「攀天」と表現された来世観を探ってみよう。もちろんそこから導出される見解は、厳密に言えば内陸アジアのトゥルファン地域だけに限られることは否定できないとしても、中国の古代に淵源を持つ随葬衣物疏を受容し継承していることを踏まえれば、中国との相関はもちろん、日本にも及ぶ広大なアジア漢文化圏との共有性や重層性も考慮しながら広く検討する必要があるだろう。

二、随葬衣物疏と攀天糸万万九千丈

「攀天糸万万九千丈」という副葬品は、随葬衣物疏にみえる固有の品名のようで、現時点では他の資料にはその名を見出していない。この「攀天糸万万九千丈」に最初に言及し、天に攀じ昇る長い糸という理解を提示したのは池田温氏であり、一九六一年のことであった。[4]「中国古代墓葬の一考察——随葬衣物券について」と題する論考である。この氏の論考は、随葬衣物疏研究史の最初期に位置付き、短文ながらもその後の研究にしっかりとした方向性を与えた記念碑的な論考である。「攀天糸万万九千丈」の理解もこのなかで提示されたもので、当然ながら最初の見解であり、以降の言及は、この氏の理解を踏襲したものと言ってよい。また、「攀天糸万万九千丈」に図像的な具体的なイメージを最初に付与しようとしたのは白須淨眞氏であり、二〇一一年のことであった。[5]それはトゥルファン地域の古墓群に描かれた「来迎昇天壁画」の調査からの言及であり、「攀天」を「昇天」という他界観念と結びつけ、それを墓室の図像から求めようとしたものであった。こうしてわが国にあっては五十年という間隔を置きながらも、「攀天糸万万九千丈」への関心がふたたび呼び覚まされることとなったが、その具体的な機能や役割の詳細、さらにはそれを副葬した意図など今後に残され課題は大きい。それはこの副葬品がリストアップされた最も肝要な理由、昇天という来世観に係わる問題を提示しているからである。[6]

さて、この「攀天糸万万九千丈」は、すでに触れたようにトゥルファン地域の古墓群の随葬衣物疏のその副葬品の一つして記載されていた。そこでまずトゥルファン地域出土の随葬衣物疏全体との相関を整理してみよう。

表1によれば、トゥルファン地域古墓群における随葬衣物疏は、四世紀から七世紀にわたって出土し、その総数は六九点にも達する。そのうちの三十五点に、問題とする「攀天糸万万九千丈」の記載を確認することができる。[7]しかし注視すべきことは、四世紀から七世紀の随葬衣物疏に平均的に見ら

表1　トゥルファン地域古墓群出土年代別随葬衣物疏と「攀天糸万万九千丈」の記載

年代	出土随葬衣物疏の総数	「攀天糸万万九千丈」を含む随葬衣物疏の数
四世紀	5	0
五世紀	16	0
六世紀	17	10
七世紀	31	25

表2　「攀天糸万万九千丈」が記されたトゥルファン地域古墓群出土随葬衣物疏一覧

年号	文書番号名	出典[8]
高昌国章和十三年（543）	72TAM170:9	『吐魯番出土文書』第二冊
高昌国章和十八年（548）	72TAM170:77	同上
高昌国建昌四年（558）	72TAM169:32	同上
高昌国延昌二年（562）	72TAM170:88	同上
高昌国延昌六年（567）	67TAM88:12	同上
高昌国延昌十六年（576）	72TAM169:42	同上
高昌国延昌三一年（591）	73TAM517:25	『吐魯番出土文書』第四冊
高昌国延昌三十二年（592）	69TKM38:1	『吐魯番出土文書』第二冊
高昌国延昌三六年（596）	66TAM48:2	『吐魯番出土文書』第三冊
高昌国延昌三七年（597）	13TAM517:24	『吐魯番出土文書』第四冊
延昌四十年（601）	橘文書（大谷探検隊員・橘瑞超将来文書）	『西域文化研究』第三、一九六〇年、図版三一、二五四頁
高昌国延和三年（604）	66TAM48:1	『吐魯番出土文書』第三冊
高昌国延和四年（605）	64TAM23:16	同上
高昌国延和四年（605）	60TAM333:08/1,08/2,08/3,08/4	同上
高昌国延和六年（607）	73TAM520:4	同上
高昌国延和十二年（613）	67TAM370:1	同上
高昌国義和四年（617）	73TAM113:1	同上
高昌国義和四年（617）	66TAM48:3	同上
高昌国延和十八年（619）	86TAM386:19	柳洪亮『新出吐魯番文書及其研究』一九九七年、四七頁。
高昌国重光元年（620）	72TAM151:6	『吐魯番出土文書』第四冊
高昌国重光元年（620）	64TAM31:12	『吐魯番出土文書』第三冊
高昌国重光元年（620）	72TAM205:2	同上
高昌国重光二年（621）	73TAM116:19	同上
高昌国重光三年（622）	大谷4917号文書	前掲『西域文化研究』第三、図版三〇、二五四頁

延壽二年正月（625）	（アスターナ第9区3号墓）	マスペロM・324号文書 “LES DOCUMENTS CHINOIS” THE TRUSTEES OF THE BRITISH MUSEUM, 1953.
延壽五年（628）	同上	マスペロM・323号文書、同上
延壽九年閏八月（632）	大谷4884号文書	前掲『西域文化研究』第三、図版三〇、二四頁
高昌国延壽十年（633）	72TAM173:1	『吐魯番出土文書』第三冊
高昌国延寿九年（632）	TBM245:1	『新獲吐魯番出土文献』上
高昌国延寿十四年（637）	86TAM386:23	前掲柳洪亮一九九七年。
貞観十五年（641）以降	64TAM15:6	『吐魯番出土文書』第四冊
麹氏高昌国期	59TAM302:35/5	『吐魯番出土文書』第五冊
永徽六年（655）	60TAM327:05/1	『吐魯番出土文書』第六冊
唐代	65TAM42:40	『吐魯番出土文書』第六冊
唐顕慶元年（656）	04TAMM102:15 （04TAM102:4＋04TAM102:6）	劉安志「跋吐魯番新出《唐顕慶元年（656）西州宋武炊移文》」『吐魯番学研究』二〇〇六年。

れるのではなく、四世紀から五世紀の間にはまったく見られず、六世紀から七世紀に集中していることであろう。そこで出土例三十五点の個々を、さらに年代順に整理して提示してみよう。

この**表2**は、先に提示したトゥルファン地域出土の随葬衣物疏六十九点中の三十五点という数値よりもさらにその意味は重い。それは「攀天糸万万九千丈」が、六世紀の「麴氏高昌国・章和十三年（五四三）孝姿随葬衣物疏」(9)以降にしか見られないことを示すだけでなく、それ以降の随葬衣物疏出土総数四十六点の七割を超える三十三点であることを示しているからである。したがって六世紀以降七世紀に至るトゥルファン地域では、この「攀天糸万万九千丈」の随葬衣物疏への記載率は、相当度に高いものであったことになる。つまり埋葬に当たって強く意識化された極めて重要な副葬品だったと意識しておくべきであろう。出土したトゥルファン地域のアスターナ・カラホージャ古墓群は、白須淨眞氏が指摘したように麹氏高昌国時代、中央官僚の墓域であったことから、高昌国士人たちには、「墓表」と同様に必要視されたものだったかもしれない。(10)そこで、その記載の一例を次の出土文書で確認しておこう。

資1　麹氏高昌国・延壽十（六三三）**年 元兒随葬衣物疏**（**72TAM173:1**）[11]（**挿1**）

1　朱衣籠冠一具　銀眼籠一具　波斯錦面衣一具　波斯錦被褥一具
2　白綾褶袴一具　細布衫袴一具　銀刀帯一具　□□弓箭一具　一
3　千張　綾練一千匹　金銀錢各一万文　石灰十斛　五穀具　錫人十□
4　奴婢十具　悉是平存所用之物　**攀天糸万々九千丈**
5　延壽十年癸巳歳五月七日　大徳比丘敬移五道大神　佛弟
6　子元兒持佛五戒　ム修十善　永保難老　而昊天不□(遏)　以比月戌日奄
7　喪盛年　幸勿呵留　任意聴過　倩書張堅固　時見
8　李定土　若欲求海東頭　若欲覓海西壁　不得奄
9　□留停　急々如律令

a（1〜4）　b（5〜9）

　この随葬衣物疏の第四行末尾にゴチック体で示したのが、「攀天糸万々九千丈」である。留意を要するのは、この箇所を区切りとして随葬衣物疏が二つに大別されていることである。**資1**のa、bがそれである。aは副葬品リストであり、bはそれに付加された文言（付加文言）である。そのbによれば、「大徳比丘」が「張堅固」や「李定土」という神仙の保障を得て「五道大神」[12]に死者・元兒の冥界への旅路をさまたげないことを「敬移」したもので、「移式」という官文書の書式を援用したものである。したがって、この種の随葬衣物疏は複雑な複合文書の形態をとるものが多い。この書式についての研究は白須浄眞氏に始まり、次いで荒川正晴、劉安志三氏によって進められてきた。[13] ただ三者の見解はすべてにわたって一致をみたものではなくなお検討すべき諸点が残されているが、特異な副葬品を対象とする今は言及の必要はなかろう。

　ここで注目すべきことは、「攀天糸万万九千丈」が第4行の「悉是平存所用之物」（すべて日常に使用したもの）に含められていないことである。副葬品であるから他界後の使用となることは言うまでもないが、生前の生活が「来世」にあってもそのまま続くとみなして生前から使用していたものを副葬品したという意味である。その副葬品リストには、「石灰」、「五穀具」、「錫人」のような葬送儀礼に用いたと思われるものまでも含められているが、それらとさらに区別して「攀天糸万万九千丈」は、副葬品の末尾にあえて配置されているのである。これはやはり重視すべきことであろう。もちろん、こうした明確な峻別のない例もみられるが、今取り上げている「延壽十（六三三）年 元兒随葬衣物疏」（**資1**、**挿1**）の他、当地の随葬衣物疏の「攀天糸万万九千丈」の初出例である「章和十三年（五四三）考姿随葬衣物疏」（**表2**の最初）も副葬品の末尾に記されていることは重要で、この点、つまり最初期からの事例であることは無視は出来ない。原初の配列の反映と見なすからである。

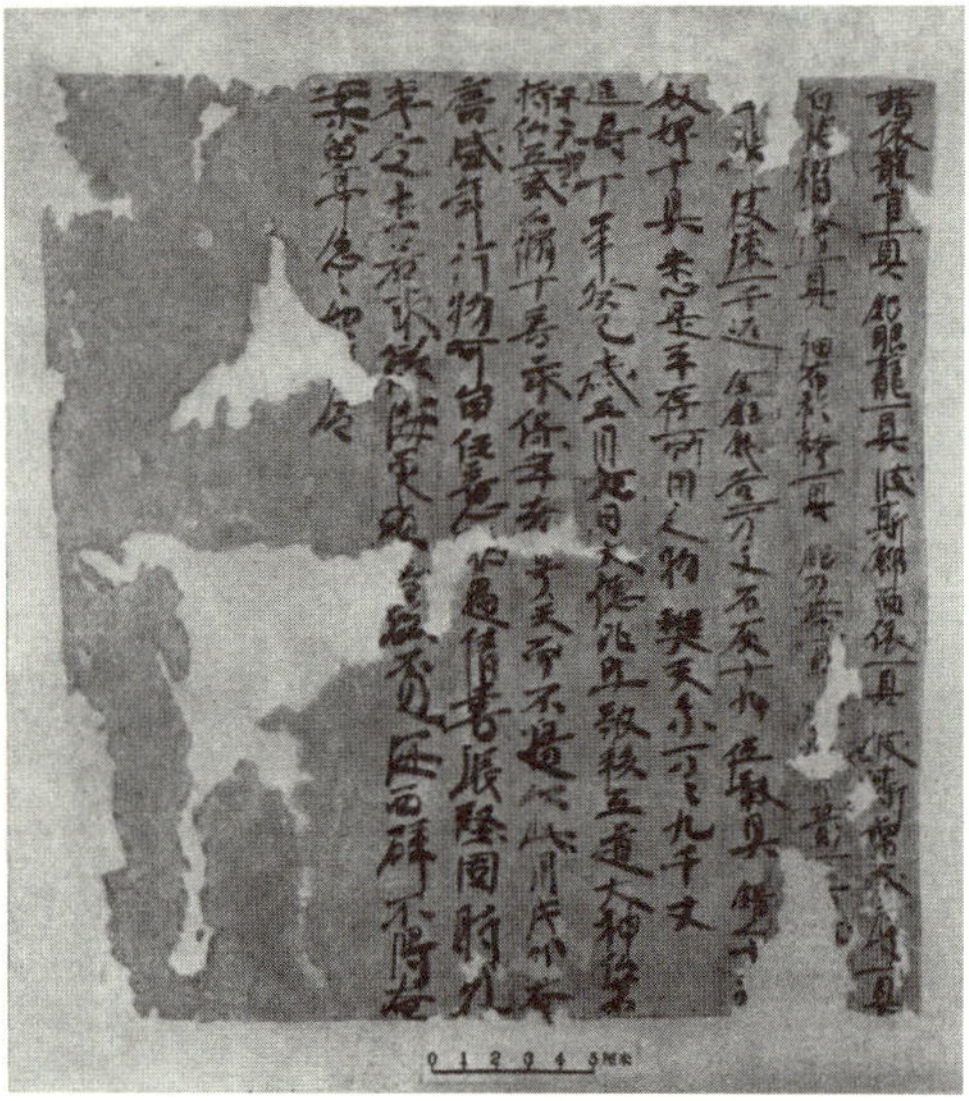

挿1　麹氏高昌国・延壽十（633）年元兒随葬衣物疏
唐長孺主編『吐魯番出土文書』図録版、第壱冊、1992年、421頁。

それではこのような特色を持つ「攀天糸万万九千丈」は、どのように理解すればよいのであろうか。それを文字通りに解釈すれば、すでに述べたように「天に攀じ昇る糸」である。またその長さは、一丈を三・三三メートルとして単純化して換算すれば、およそ三〇億キロメートルという桁外れの長さとなる。そのような糸が実際に墓室へ納められるはずがないことは自明であり、虚構に重ねての誇張表現であることは疑いない。それでは、なぜこのような不可解な副葬品が必要だったのだろうか。さらに追ってみよう。

三、「攀天糸万万九千丈」とは何か

随葬衣物疏に列挙される副葬品は、基本的には「物」、「材質」、「数」で示され、その用途が明確なものは少なくない。しかし、「攀天糸万万九千丈」が「天に攀じ昇る糸」であることは想定されてもその具体的な用途は曖昧でわからない。そこで「万万九千丈」という長さに注目してみよう。「九」という数字は古代中国において様々な場面で多く用いられてきた。例えば、神仙との架空の土地契約を記した買地券にはその代価として「九十九千九百九文」を支払ったという諸例を見つけることは容易である。[14] これは「九」を用いた架空の誇張表現が決して随葬衣物疏に限ったものではないことも示している。

それでは、この果てしもなく長い糸は何に使ったのだろうか。その長さの根拠はどこに求めればよいのであろうか。敦煌から見出された「敦煌変文」のなかの次の二点の資料を参照してみよう。一つは、孔子がとても賢い「頂託」という小児と問答して感服した話を記したものであり、もう一つは、梁国に使いした春秋時代の斉の政治家の「晏子」が、梁王の

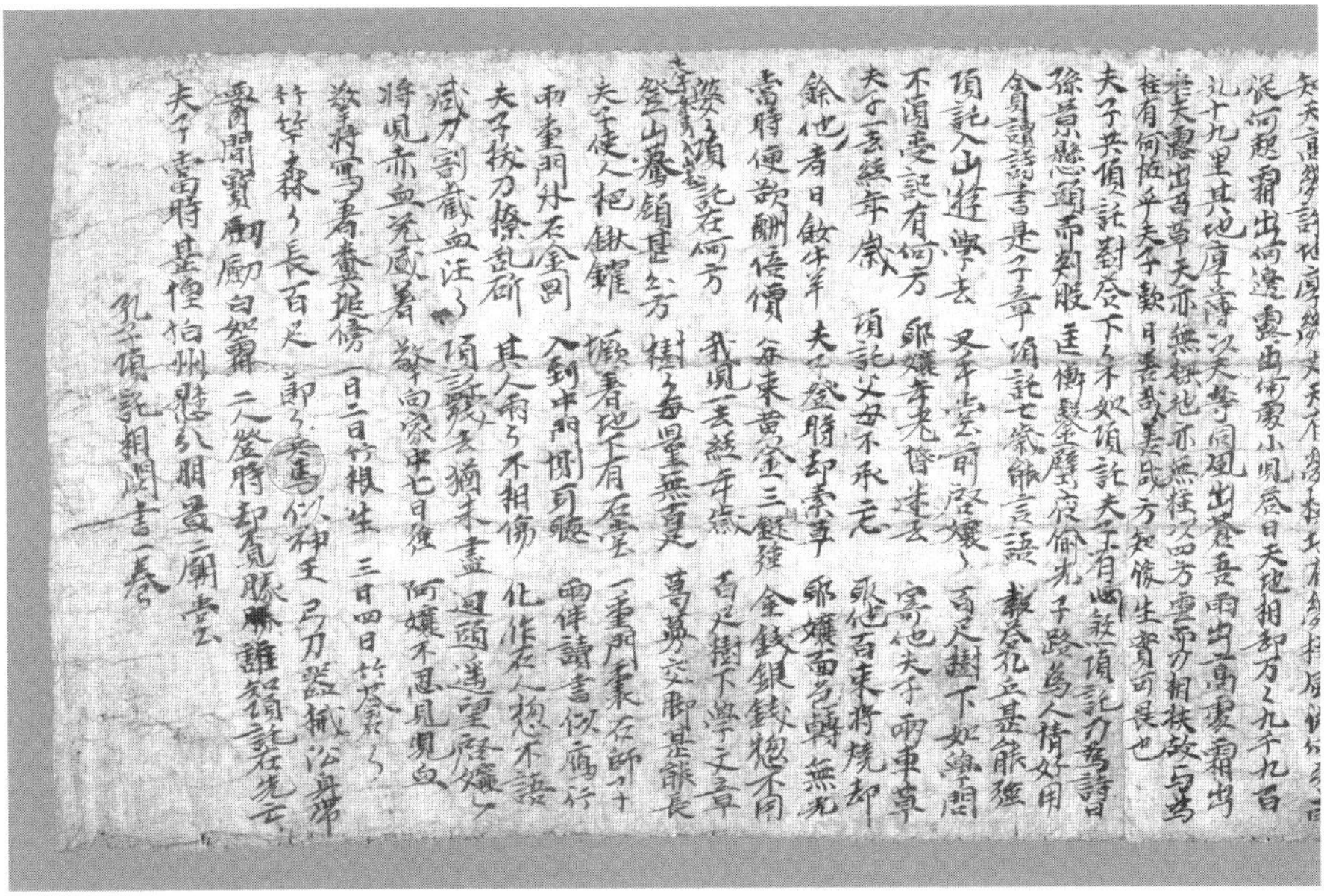

挿2　孔子項託相問書　P.3883。IDP参照。

問に答えたことを記した賦（韻文）である。

資2　孔子項託相問書

夫子〔孔子〕小児に問いて曰く、「汝は知るや天の高さ幾許かを？　地の厚さ幾丈かを？　天、幾梁《いくはり》有りや？　地、幾《いく》柱有りや？　風、何より来たるや？　雨、何より起こるや？　霜、何辺より出ずるや？　霜、何処より出ずるや？」と。小児答えて曰く、「天地、相い却ること万万九千九百九十九里、その地の厚さは、天と等しく同じ。風は蒼吾より出で、雨は高所より出づ。霜は天において出で、露は百草より出づ。天また梁なく、地もまた柱なし。……」と。

夫子嘆じて曰く、「善きかな！　善哉きかな！……」と。

夫子問小児曰、「汝知天高幾許？　地厚幾丈？　天有幾梁？　地有幾柱？　風従何来？　雨従何起？　霜出何辺？　霜出何処？」。小児答曰、「天地相却万万九千九百九十九里、其地厚薄、以（与）天等同。風出蒼吾（梧）、雨出高処、霜出於天、露出百草。天亦無梁、地亦無柱。……」

夫子嘆曰、「善哉！　善哉！……」(15)

資3　晏子賦

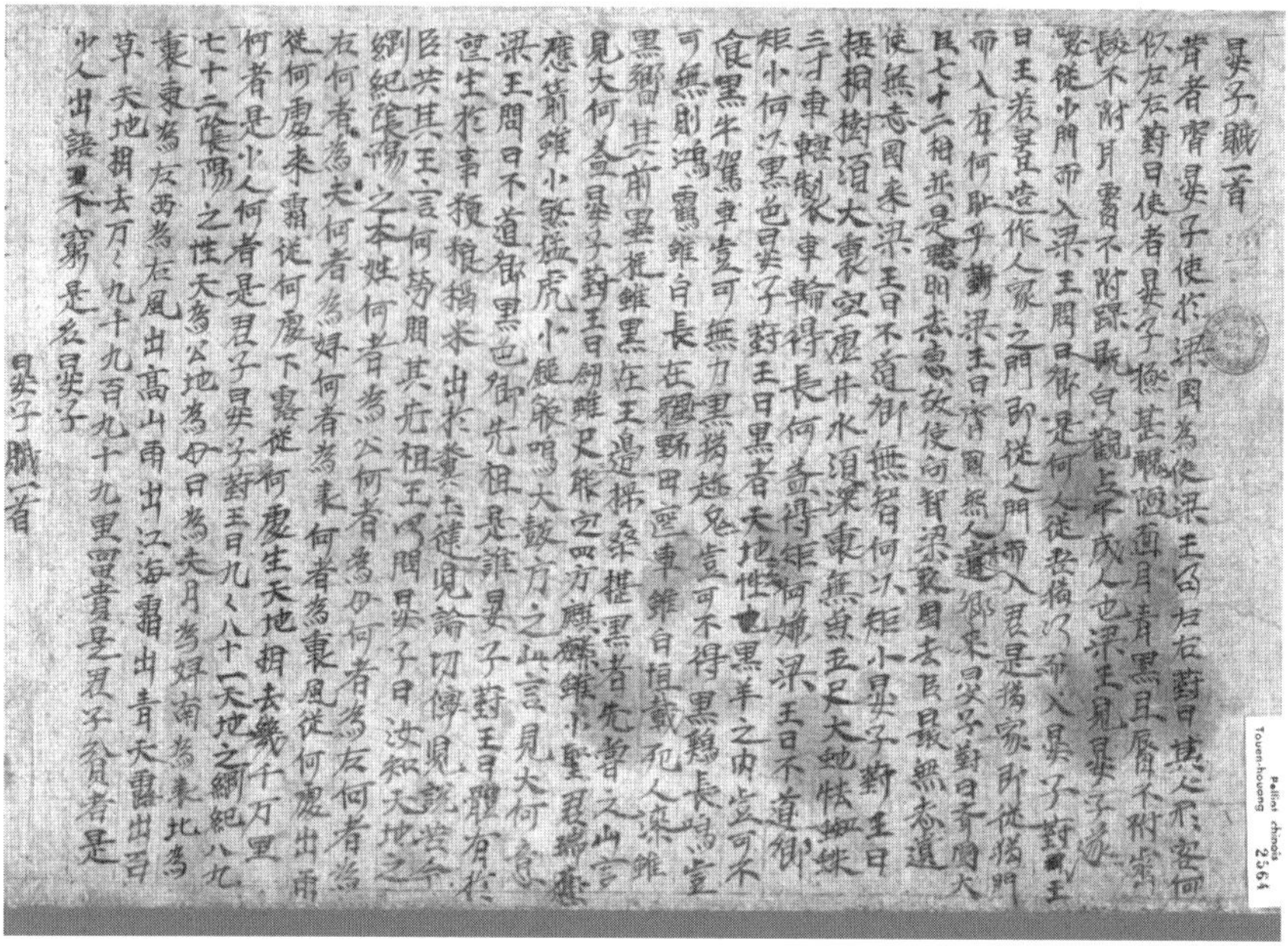

挿3　晏子賦　P.2564。IDP参照。

王〔梁王〕、乃ち晏子に問いて曰はく、「……何をか公となし、何をか母となし、何をか左となし、何をか右となし、何をか夫となし、何をか婦とし、何をか表となし、何をか裏とすや。風何処《いずこ》より出づ、雨何処《いずこ》より来たる、霜何処《いずこ》より下り、露何処《いずこ》より生ずる。天地相い去ること幾千万里か……」と。晏子、王に対して曰はく、「……天を公となし、地を母と為す。日を夫となし、月を婦となす。南を表となし、北を裏となす。東を左となし、西を右となす。風は高山より出で、雨は江海より出づ。霜は青天より出で、露は百草より出づ。天地は相いはなることと万万九千九百九十里なり。……」と。

王〔梁王〕乃、問晏子曰、「……何者為公？　何者為母？　何者為左？　何者為右？　何者為夫？　何者為婦？　何者為表？　何者為裏？　風従何処出？　雨従何処来？　霜従何処下？　露従何処生？　天地相去幾千万里？　……」　晏子対王曰「……天為公、地為母、日為夫、月為婦、南為表、北為裏、東為左、西為右、風出高山、雨出江海、霜出青天、露出百草。天地相去万万九千九百九十九里。……」(16)

資2と**資3**はともに「敦煌変文」からの引用ある。双方とも天地の距離が「万万九千九百九十九里」としていることは重要で、それは天地の間の長さだったのである。したがって、「万万九千丈」とは、「万万九千九百九十九里」という果てしもない長さ、つまり極数でしか示されないほどの長さや距離の援用なのである。したがってそれに「攀天糸」を相乗させれば、天と地とを結んで攀じ昇っていくための糸の長さは、「万々九千丈」が必要と考えられたのであろう。[17] したがって、古代中国の死生観の基底をなすかのようにしばしば登場する現実世界（地上）と天界を結ぶ虚構世界に構築された観念との相関が重要となろう。たとえば、後漢の王充が著した『論衡』に、「升天之人、宜従崑崙上（昇天の人は宜しく崑崙より上がるべし）」[18] とあり、漢代の『龍魚河図』には「崑崙山天中柱也（崑崙山は天中の柱なり）」[19] とみえる崑崙山はその一例であろう。これまで多くの研究者が指摘してきたように、崑崙山とは現実と来世との接点であり境界であり、現世の地上界から天界への結節点として強く意識されてた。[20] 確かにこの随葬衣物疏だけでなく当地トゥルファンの数多い随葬衣物疏にも、崑崙山との繋がりを直接明示するものはない。しかし、人は死後、地上界を去って天界に昇っていくのだと幅広くしかも蔓延化していた来世観の一つの集約形が崑崙山であったととらえれば、その周辺には類似する様々な伝承が流布していたはずである。その外縁的来世観の一つが、「万万九千丈」の副葬された糸によって、埋葬された墓主の魂は昇天できるという来世観であろう。それがトゥルファンの五～六世紀の随葬衣物疏に集中して残っていたことになろう。[21]

四、日本の浄土教の臨終儀礼にみえる「糸」

中国仏教の大きな影響を受けたわが国では平安時代中期になると浄土教が浸透し、極楽浄土への往生を願う浄土信仰が盛んになった。それは、天台僧の源信（九四二―一〇一七）が寛和元年（九八五）に著した『往生要集』として結実したことはよく知られている。[22] 源信は極楽浄土には十種の楽があり、その一つに「聖衆来迎の楽」があると説き、もし極楽浄土への転生を望むならば臨終の際に阿弥陀の聖衆が迎えに来ることを想起せよというものであった。この来迎の様相は[23]「来迎図」として図像化され、この期のわが国の時代的特色をなすほどであった。

ここにトゥルファンの随葬衣物疏中の「攀天糸万万九千丈」と並置して、わが国の浄土教の臨終儀礼を取り上げるのは、平安時代の往生伝に「糸」に関する記述を数多く見出すことができるからである。寛和年間（九八五～九八七）、慶《よし》滋保胤《しげのやすたね》によって成立したとされる日本最初の往生伝、『日本往生極楽記』に、次のような記述を見出す。

資4　『日本往生極楽記』にみえる「糸」

言訖りて右脇にしてもて臥す。枕の前に弥陀・尊勝の両像を安じ奉りて、糸をもて仏の手に繋けて、我が手を結び着く。(24)

これは延暦寺の座主であった僧正・延昌（八八〇～九六四）の臨終の様子である。延昌は死に際して、仏と結び繋がった「糸」を手に取って往生したのである。また、天永二（一一一一）年ごろ成立した三善為康《みよしためやす》の『拾遺往生伝』にも元慶寺の僧阿闍梨聖金の往生が次のように伝えられている。

資5　「日本往生極楽記」にみる「五色の糸」

闍梨五色の糸をもて、尊像の手に繋けて、平生立つるところの三種の願文と、ともにもて取り副へつ。面は西方に向ひて、手は定印を結び、端坐して気絶えぬ。(25)

これによれば、仏とつながったその「糸」は「五色」であった。この「五色の糸」は、『往生要集』には、次のように「幡」として登場する。

資6　『往生要集』にみえる五綵の「幡」

一の立像を置けり。金薄にてこれを塗り、面を西方に向けたり。その像の右手は挙げ、左手の中には、一の五綵の幡の、脚は垂れて地に曳けるを繋ぐ。当に病者を安んぜんとして、像の後に在き、左手に幡の脚を執り、仏に従いて仏の浄刹に往く意を作さしむべし。(26)

ここでは臨終の行儀に用いられた五綵の幡《ばん》（仏を荘厳する五色の布）は、五色の糸と同じく浄土への往生を強く意識した往生へのアイテムであったと理解してよい。よく知られているようにかの藤原道長も、法成寺《ほうじょうじ》の阿弥陀如来の手に五色の糸を結びつけて往生した。

関口力氏によれば五色の糸は「青・黄・赤・白・黒の五色の糸を一本としたもの。往生思想の浸透に伴い、臨終の人々が自己の手と阿弥陀如来像の手とをこの糸で結びつけることにより極楽往生を願った。五色の糸を阿弥陀如来像と結ぶことで往生を遂げるという思想は、浄土信仰の形式化を端的に示すものといえる」(27)と説いている。

また「糸」に関していえば、わが国の神社に見える「鈴緒」も五色である。「緒」には、そもそも魂を繋ぐという意味があるように、「鈴緒」は異なる世界にある神と参拝者を繋ぐ役割を果たすものである。これは仏ではなく臨終行儀にも当たらないが、発想としては共有化されるべきものであろう。したがってわが国の古代にあっても、臨終に際し、阿弥陀仏が来迎して浄土へと誘う際のアイテムが「糸」だったということになる。

ところで、この「五色」は『九暦』に見える承平六（九三六）年の灌仏会の記録にも「五色の水」として見出せる。

資7　灌仏会にみる「五色の水」

承平六年四月八日、丙寅、天陰《そらくもる》、小雨なり。御灌仏のことありて、その儀は常の如し。ただ導師は前例独身にて唄・散花奉仕するのみ。而《しか》るに此の度は唄・散花仕《つかまつ》らず。また五色の水は一つの鉢に混ぜ合わせ、三度灌仏す。而して混ぜ合わせず、鉢ごとに三度灌仏す。

承平六年四月八日、丙寅、天陰、小雨、有御灌仏之事……其儀如常、但導師前例独身奉仕唄・散花。而此度不仕唄・散花、又五色水於一鉢混合、三度灌仏、而不混合、毎鉢三度灌仏……。(28)

これによれば、源信の『往生要集』以前の承平六（九三六）年の灌仏会（花祭）において、「五色水」が用いられていることが知られる。灌仏会とは釈迦生誕を祝う法会であるが、そこで用いられた「五色水」とは現行の甘茶を指す。釈迦生誕の際に天から八大竜王があらわれて、産湯として甘露の雨を注いだ伝承によるものである。この水は「五色」、すなわち「青・黄・赤・白・黒」を意識したものであろう。広くインドや中国の仏教儀礼にもみられるこうした風習を想定させるのが「五色」なのである。その「五色」は、トゥルファン出土の随葬衣物疏にも見出せる。次に提示してみよう。

資8　高昌国・延寿十四（六三七）年張師兒妻王氏随葬衣物疏（八六 TAM 三八六：一三）(29)

1 脚靡一具　靴一両　紫羅尖一顔　中依汗衫一具
2 白綾大小衫一具　錦襦黄裙一具　紫綾褶
3 波綾褶一具　白綾裙褶一具　叙髻一具　胭脂
4 胡粉具　剪刀　尺一具　銀牡文刀子一口　細針百
5 枚　并針氈具　**五色糸線各百両**　鳥牙梳十　黄陽
6 梳十　被錦五十張　細錦一百匹　雑彩一千段　金銀
7 銭各二萬文　錫人十枚　石灰五斛　五谷具　玉豚両只
8 攀天糸萬萬九千丈　右上数調　悉是平生所用之物
9 延寿十四年丁酉歳　四月廿七日　大徳比丘果願敬移
10 五道大神　佛弟子清信女ム甲等　持仏五戒　専修十
11 善　宜向遐齢永保難老　不圖一旦奄然殞逝　経渉五
12 道　幸勿呵留　任意聴果　時見　張堅固
13 倩書　吏定杜
14 若欲求海東頭　若欲覓海西壁　不得奄謁留
15 停　急急如律令

第5行目のゴチック体で示した「五色糸線各百両」がその例である。(30)一両＝四十尺（一尺を約二五センチメートルとして）として換算すると百両はおよそ一キロメートルにもなる。もとより誇大表示であろうが、確認したいのは、第八行に「攀

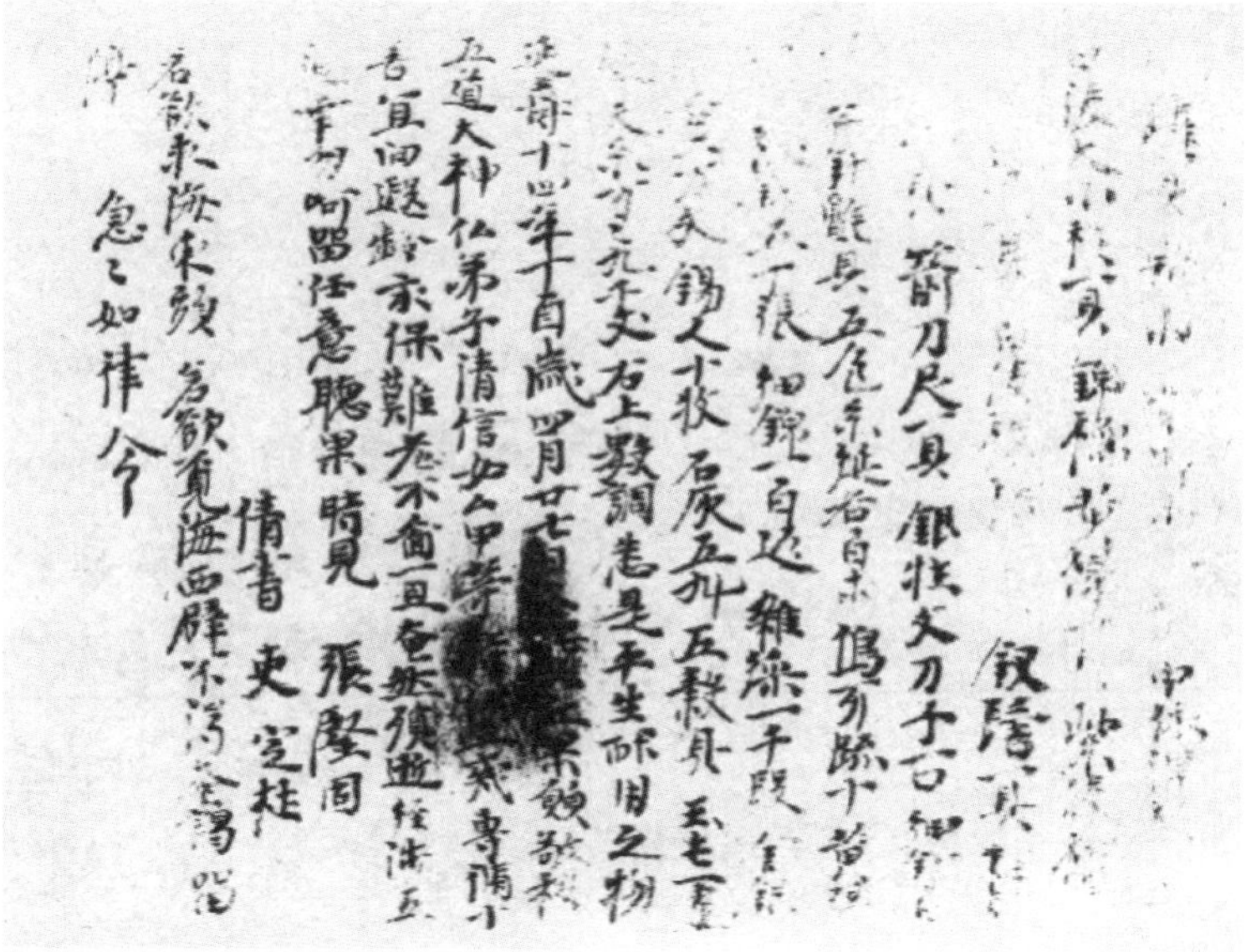

挿4　高昌国・延寿14年（637）張師兒妻王氏随葬衣物疏（86TAM386:23）
柳洪亮『新出吐魯番文書及其研究』1997年、416頁より。

天糸萬萬九千丈」が記載された上で、「五色糸線各百両」と記載されていることである。これは両者の機能を異にすることを示すものであろう。「五色糸線各百両」に「攀天」は結びつきにくい。また、「攀天糸万万九千丈」に色を記した随葬衣物疏はない。しかし、両者がともに随葬衣物疏という葬送文書のなかに記されていることは忘れてはならない。

ところで、晋の張華の撰した『博物志』によれば、

資9　『博物志』にみる天地の観念

崑崙山広萬里、高萬一千里、神物之所生、聖人仙人之所集也。出五色雲気、五色流水。(31)

崑崙山広さは萬里、高さは一千里。神物の生ずる所、聖人、仙人の集まる所なり。五色の雲気、五色流水出づ。

とみえように、現世と来世、すなわち現世と来世との接点とみなされていた崑崙山は、「五色雲気」、「五色流水」という五色に満たされていたという。このように現世と来世の接点であり、天に通じる神聖な崑崙山が五色にまつわるものであったことは、やはり無視できない。臨終儀礼に使用された五色の糸とも通じ合う発想が、その基底に横たわっているのであろう。聖人や仙人が集まる「聖」なる場が昇天の起点となるであるから、臨終、そして聖衆を従えた阿弥陀如来の来迎、さらに浄土往生へとつながっていくわが国の浄土教の一連の臨終の様相と、決してかけ離れた場の設定ではなかろう。

したがって、トゥルファン出土の随葬衣物疏における「五色糸線各百両」も「攀天糸万万九千丈」も、こうした昇天の場を設定する長い流れの中に位置づけることも選択肢の一つとしてありえるはずであろう。

五、昇天のアイテムとしての「攀天糸万万九千丈」

以上のように推論を重ねてみると、トゥルファン出土の随葬衣物疏中に記される特異な副葬品「攀天糸万万九千丈」は、次のような特色を持つことになろう。

当地トゥルファン地域の人々も、来るべき「死」という難解な異次元世界と現世の結節を古代中国の来世観を受容して「糸」という具体的にアイテムによって繋ぎ、それを真実性をもつ現実と理解しようとしていた。それが「攀天糸万万九千丈」であったと。死しては天に昇る（昇天）という古代世界の普遍的意識が、天に昇る「糸」を登場させたのかもしれないが、古代中国世界に固有であったそれが当地に伝わった所産であるかは、今は確認できていない。しかしわが国の浄土教に臨終儀礼に登場する「糸」との類似性に思いをはせれば、トゥルファン地域固有のものではないと見るのが妥当であろう。

さて、最後に根拠なき想像を一つ。「攀天糸万万九千丈」が墓主昇天のアイテムであったとすれば、昇天後、つまり使用後は、どうなったのであろうか。もし墓主ともに天界に引き上げられたとすれば、墓室には残らないはずである。虚構世界という限定された世界に厳密性がどこまで持ち込めるかは疑問としてても、墓室に残された「糸」の類いを容易に「攀天糸万万九千丈」と比定することは慎重でありたい。こうした想像をすることもまた楽しい。

注

（1）この葬送文書をどのように呼称すべきか確定しているわけではないが、「随葬衣物券」よりも「随葬衣物疏」の呼称がより妥当性が高いと判断している。「随葬衣物券疏」という呼称もあるが、本稿では「随葬衣物疏」を採用する。甘粛省張掖市高台県駱駝城出土の随葬衣物疏には、大きく墨書で「衣物疏」と記されている。二〇一一年中央アジア学フォーラムにおける発表（於、阪大）レジュメ『〝随葬衣物疏〟研究の現状と課題――その呼称問題を中心として』を参照。

（2）池田温「中国古代墓葬の一考察――随葬衣物券について」『国際東方学者会議』第六、一九六一年。白須淨眞「随葬衣物疏付加文言（死人移書）の書式とその源流――吐魯番盆地古墳群出土の随葬衣物疏の研究（一）」『仏教史学研究』第二五巻第二号、一九八三年。

（3）出土する随葬衣物疏には、「樊天思」、「攀天思」など多様に記載されて、必ずしも「攀天糸」となっているとは限らない。

しかし同一の糸を指すことから、ここでは「攀天糸」で統一して記述する。

(4) 前掲池田一九六一年。

(5) 白須浄眞「十六国期（304～439年）、内陸アジアの二古墓の壁画――トゥルファン地域・アスターナ古墓群二区408・605号両墓壁画の解析試論」『東ユーラシア出土文献研究通信第一号』日本学術振興会科学研究費補助金基盤研究（A）シルクロード東部の文字資料と遺跡の調査――新たな歴史像と出土史料学の構築に向けて、二〇一一年。なお本誌収録の白須浄眞氏の二つの論考は、拙稿と深く関連している。

(6) なお、本稿は広島大学大学院教育学研究科の白須ゼミにおける先生の講義やゼミ生の発表からも多大な被益を受けている。記して謝意を表する。

(7) 表1 拙稿「随葬衣物疏研究の諸課題――呼称・変遷・書式を中心として」広島大学大学院教育学研究科修士論文、二〇一二年。

(8) 文書写真は、古墓番号を付した文書番号によって、唐長孺主編『吐魯番出土文書』図録版の文書写真と対応できる。

(9) 「高昌章和十三年孝姿随葬衣物疏」唐長孺主編『吐魯番出土文書第』二冊、一九八一年、一四三頁。

(10) 白須浄眞「高昌門閥社会の研究：張氏を通じてみたその構造の一端」『史學雜誌』八八編一号、一九七九年。同「アスターナ・カラホージャ古墳群の墳墓と墓表・墓誌とその編年（一）」『東洋史苑』三四、三五号、一九九〇年。同「トゥルファン古墳群の編年とトゥルファン支配者層の編年――麴氏高昌国の支配者層と西州の在地支配者層」『東方学』八四号、一九九二年。

(11) 唐長孺主編『吐魯番出土文書』第三冊一九八三年、二六七頁。なおここでは、その随葬衣物の内容をわかりやすくするため、『吐魯番出土文書』の理解をもとに「諸依蘢官」（第1行冒頭）を「朱衣籠冠」と移録したように一部原文を置き換えてある。御了解をいただきたい。

(12) 五道大神に関しては荒川正晴「トゥルファン漢人の冥界観と仏教信仰」『中央アジア出土文物論業』一一六頁、二〇〇四年。

(13) 白須浄眞前掲論文、一九八三年。前掲荒川論文二〇〇四年。劉安志「跋吐魯番新出《唐顕慶元年（六五六）西州宋武歓移文》」『魏晋南北朝隋唐史資料』第二三号、二〇〇六年。

(14) 唐元和九（八一四）年九月土地売買文書。池田温「中国歴代墓券略考」『東洋文化研究所紀要』八六、一九八一年。仁井田陞『唐宋法律文書の研究』第三篇第六章一〇八頁、一九三七年。

(15) 移録文は楊家駱主編『敦煌變文』上などに数多く提示されているが、引用テキストは、諸本を勘案した黄征・張涌泉校注『敦煌変文校注』中華書局、一九九七年によった。同書三五八頁。なお敦煌抄本は多数存在するが、**挿2**として示したのは、P.3883である。なお挿図の選択に当たっては、林生海氏（広島大学大学院総合科学研究科博士課程後期）の協力を得た。記して感謝する。

(16) 前掲黄征・張涌泉校注三七〇～三七一頁。挿3も前掲註に同じ。

(17) 党燕妮、翁鴻涛「从吐魯番出土随葬衣物疏看民間宗教観念的変化」『敦煌学輯刊』二〇〇一年、七九頁。なお「攀天糸万々九千丈」を「天上界へ昇りやすいようにという、生き残った人々の故人に対する追福の念を表しているもの」といった理解も示されている。小田義久「中国中世の庶民信仰」『龍大論集』三八九・三九〇号、二七二頁。ただこの「追福」を「追善供養」のような葬儀後の儀礼を指して使用されているのであれば、随葬衣物疏は葬送時に作成されるとみる私見とは理解が異なってくる。

(18)「論衡（上）」『新釈漢文大系六八』四九〇頁、一九七六年。

(19) 欧陽詢『芸文類聚（上）』一三〇頁、一九七二年。またここには「崑崙月精。水之霊府。惟帝下都（崑崙は月の精なり。水の霊府なり。ただし、帝の下都なり。）」とも記されている。前掲欧陽詢一九七二年、一三一頁。

(20) 小南一郎「漢代の祖霊観念」『東方学報』一九九四年、一八頁。曾布川寛『崑崙山への昇仙——古代中国人が描いた死後の世界』中公新書、一九八一年。「漢代画像石における昇仙図の系譜」『東方学報』一九九三年、二〇〇頁。

(21) 島根県出雲市斐川町併川二五八には、「攀天糸万万九千丈」を想起させるような「万九千《まくせ（まんくせん）》神社」も存在する。二〇一一年五月、白須ゼミにおいて調査したが、接点は見いだせなかった。神社においては錦田剛志氏に大変お世話になった。記して謝する。

(22) 源信著、石田瑞麿訳注『往生要集』（上）（下）、一九九二年。

(23) この「来迎」と類義なものに「引接（いんじょう）」があるが、「来迎図」があり「引接図」がないのは「来迎」が衆生の願望であり、「引接」は阿弥陀仏の行為に重きがあるためだと考える。

(24)「日本往生極楽記」『往生伝 法華験記』日本思想体系7、二八頁、一九七四年。

(25) 拾遺往生伝」『往生伝 法華験記』日本思想体系7、三八七〜三八八頁、一九七四年。

(26) 前掲源信著、石田瑞麿訳注、三〇頁、一九九二年。

(27) 関口力『平安時代史事典』本編上、八九五頁、一九九四年。この例として関口氏は禅林時の国宝「山越阿弥陀図」と金戒光明寺の重要文化財「山越阿弥陀図」を挙げ、糸を通した孔と糸の切れ端をそれぞれ指摘している。

(28)「九条殿御記年中行事」『大日本古記録』九暦、東京大学史料編纂所、九一頁。

(29) 柳洪亮『新出吐魯番文書及其研究』一九九七年、図版は四一六頁、録文は四七頁。

(30) その他に「高昌義和四年（公元六一七年）六月欠名随葬衣物疏」[66TAM48：3]には「糸七色各十一両」という記載が見られる。前掲唐長孺主編『吐魯番出土文書　第一冊』一九八一年、三三六頁。

(31)『世説新語 博物志』巻一、台湾中華書局、一九六五年。

シルクロードの古墓から出土した不思議な木函

――四世紀後半期、トゥルファン地域の「昇天アイテム」とその容れ物

白須淨眞

輝く竹のなかから見つけられ美しく長じた「かぐや姫」は、天界からお迎えを受けて昇天していった。その時、雲に乗って天界から来迎した天人は、持参した一つの箱の中から昇天のアイテム、すなわち「天の羽衣」と「不死のくすり」を取り出し、かぐや姫に手渡した。あまりにもよく知られた日本の『竹取物語』の一節である。復元すればそのような箱となるに相違ない「木函《きばこ》」の破片を考古資料のなかに見つけた、そう言えば驚かれるかもしれない。そらごとを歴史学の場に持ち込むなというご批判は重々承知であるが、その「木函」の破片を一副葬品として形態的説明に留め置くことだけが、求められる学問的態度だとは思わない。その「木函」は、四世紀後半のシルクロードのトゥルファン地域の一古墓の墓室に残されていた。しかもその一古墓は、先ほど別稿「シルクロード古墓壁画の大シンフォニー」において紹介した来迎昇天の様相を詳細に描いた壁画墓と同形式の同時代の同族の古墓であったばかりでなく、その壁画墓に近接して造営されたものであった。その不思議な「木函」のなかには、どのようなアイテムが容れられていたのであろうか。

一、「不思議な木函」の出土墓と「来迎・昇天」壁画墓との位置関係

私は、四世紀後半期と推定されるトゥルファン地域のアスターナ古墓群西区（II区）の408・605・603号墓とその出土品を詳しく調査する機会を与えられた。先ほど本誌別稿「シルクロード古墓壁画の大シンフォニー」において紹介した「来

迎・昇天」を描いた壁画墓、すなわち408、605号両墓と、ここに述べる「不思議な木函」を出土した603号墓がそれである。408号墓が北に、605号墓がその南あって並列し、その605号墓の南に、歩測二十二歩、約十メートルほどの位置に603号墓がある。605号墓とこの603号墓の間にはもう一つ墓未発掘墓が存在するから、北から南方向に、408号墓、605号墓、未発掘墓、603号墓の四墓が、ほぼ五メートル間隔で順次並列していることになる（別稿の**挿2**を参照）。しかも並列する408・605・603号墓三墓は、墓道の向き、その大きさ、構造もほぼ等しいだけでなく、墓室天井は、十六国期のトゥルファン地域の墳墓の特徴をなすラテルネンデッケもすべてに確認できる。[1] したがってこれら三古墓を、同時代の、墓区をともにする極めて近しい関係にある同族の古墓群として一括することは問題はない。

二、「不思議な木函」の復元

さてここに「不思議な木函」と呼んだ603号墓の出土品は、発掘報告書（以下、報告書）が「木函蓋」と「木簡」と呼ぶ二つの木製の副葬品の組み合わせたものである。[2] 報告書が、この二つを挿図と解説において一括して掲載するのは、「木函蓋」と「木簡」の両者を一体と見なし、これに失われた「木函」の側板を補って一つの函とみなすからであろう。そこで実見の成果を加えて、まず「木函」の復元を試みてみよう。

報告書が「木簡」と呼ぶのは、長さ一一・六センチメートル、寛さ一〇センチメートル、厚さ〇・九センチメートルの方形の板であるが、これは、木函の底板に相当する（**挿1**）。この底板には三行の墨書が確認されるが、墨書の内容については、後述する。この底板の四方に、朽ちて失われてしまった四枚の側板（**挿2**のe、f、g、h）を復元して囲めば、一つの「木函」となる（**挿2**）。それは、底板の左右両端の断面にそれぞれ二つづつの小さな穴があり（**挿2**のa、b、c、d）、そのうち三つには「木釘」が残存（●印）していることから側板の存在は間違いはない（**挿2**）。ただし「木簡」、つまり底板の表裏面には下（底）から上へと打ち込んだ「木釘」の痕跡が確認できないことから、木簡の左右両端の断面に打ち付けた左右の側板の間に、前後となる側板をそれぞれ差し挟み、その接合部に「木釘」を打ち付けて一つの「木函」としたのであろう。

そしてその後に、「木函」の四面を形成する四枚の側板（**挿2**のe、f、g、h）の上に「木函蓋」をかぶせれば、蓋付の「木函」となる。報告書が示す断面図に見える「木函蓋」の背面の四周の縁の切り込みと四面の側板は、蓋をかぶせた時、隙間なくぴったりと接合するはずで（挿3）、こうして一三・六×一三・四センチメートルの蓋で覆われた方形の「木函」の復元が可能となる（挿2）。(3) ただし「木函」の高さは不明である。

なお、トゥルファン博物館には「木函蓋」は保管されていない。他の博物館の所蔵となっている。発掘当時の事情なのであろう。したがって今回実見できたのは、この「木簡」（底板）だけである。

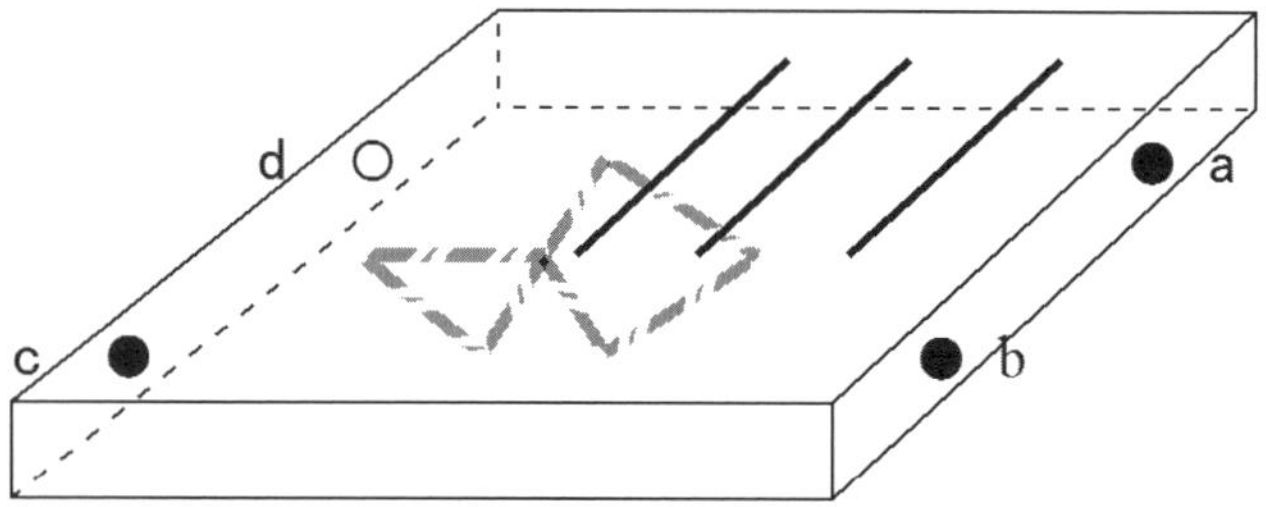

挿1　「木簡」、すなわち木函の底板　――は墨書。●は「木釘」が残存した穴。○は「木釘」が抜けた穴。底板下の破線の内側は変色。

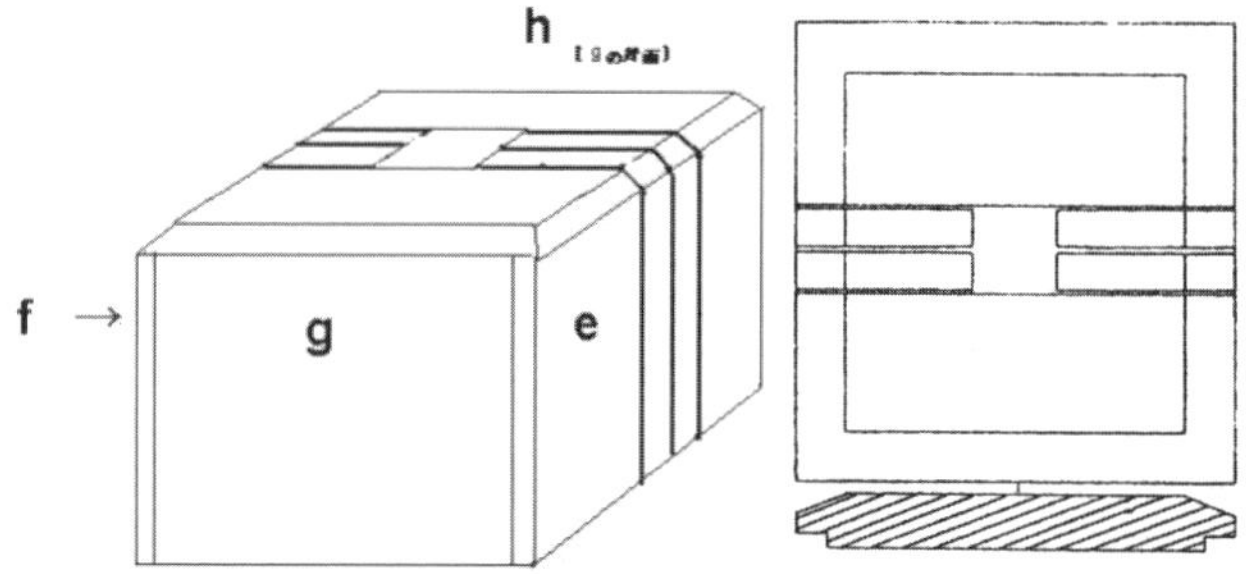

挿2　「木函」の復元図と「木函蓋」の実測図[18]

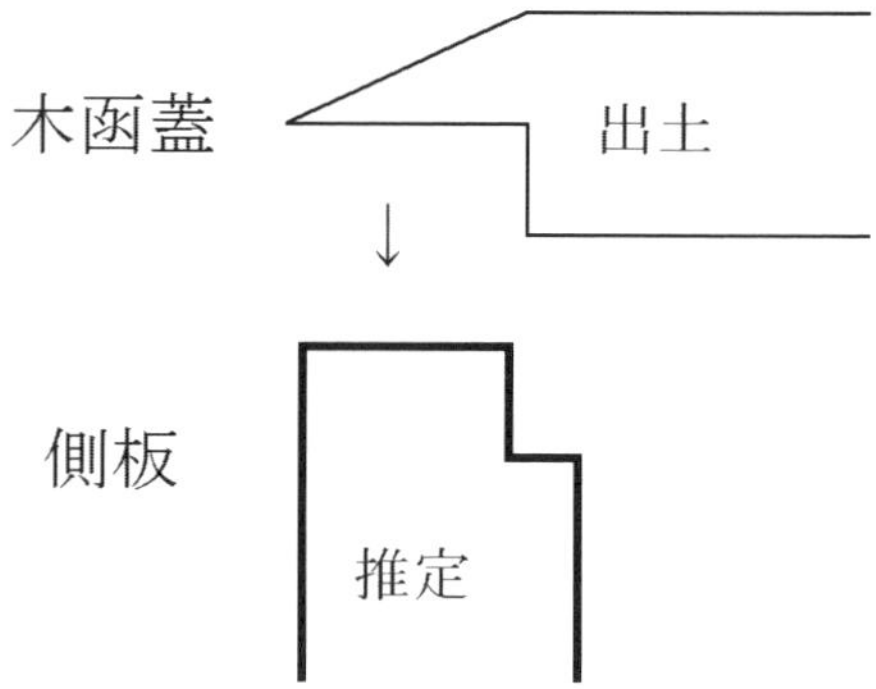

挿3　木函蓋と側板の接合

三、603号墓の出土の「木函蓋」は「検」と呼ばれる蓋

実見することはかなわなかったが、「木函」を覆っていた一三センチメートル余の方形の「木函蓋」は、報告書に掲載された挿図と説明によって、その様相を正確に知ることできる。

「木函蓋」の中央部には二・五センチメートル前後の正方形の坑（穴）が彫り込まれており、その中には「封泥」（粘土）が残存していたという。またその正方形の坑の左右と中央を通過するように鋸で切り込んだような三本の溝が走り、一三センチメートル余の方形の上下左右の四方は、一・五センチメートル前後の幅で斜めに削って縁とし、全体としてほぼ正方形の薄い台形状の仕上げとなっている（**挿2**）。なお報告書の挿図は、「木函蓋」の上の三本の溝の走る方向を上下として配置しているが、**挿2**の右に示したように、溝は左右に走る向きに配置するのがよい。その理由は後述することになるが、この「木函蓋」を、漢代から魏晋期に至る木簡（居延や楼蘭などから出土）に多くの諸例がある「検」と見なすからである。

　さてそれでは、その「検」とはどのようなものなのであろうか。木簡に精通されている方々には不要の説明となるであろうが、二十世紀初頭の王国維の「簡牘検署攷」[4]以降の豊富な研究蓄積に依拠して[5]、一応の確認をしておこう。

　「検」とは、木簡に書写した文字の全面をぴったりと覆う木の蓋《ふた》を指す。木簡に書写した文面を、その文面を宛てた人以外が見ることができないように「禁閉」するためである[6]。木簡は紙と異なって削れば文字の書き換えは容易であるから、容易に見られることを防ぐほかにも文面の書き換えを防ぐことも「検」で覆う重要な目的であった。しかしたとえ「検」で覆っても「検」をはずして文面を見み、あるいは書き換えて再び覆ってしまえば機密は保持できない。したがってそれを防ぐ手だても当然考えられていた。それが「歯」という「検」に切り込まれた溝と、その溝の通過点の中央部に彫り込まれた「封泥匣《こう》」と呼ぶ方形の坑を作ることである。文面を書いた木簡を「歯」と「封泥匣」のある「検」でぴったりと覆い、「歯」の溝に沿って丈夫な紐で文面を書いた木簡と「検」を重ねて縛るのである。そして方形の坑、すなわち「封泥匣」のところを通過する紐の上に軟らかい粘土を押し当て、その粘土の上に陰刻の印章を押し付けて印文を浮き出させるのである（**挿8**）。これが封泥である。封泥が壊れていたり、紐が切れていればすでに開封されたものと分かるからである。

　こうして文面を保護された木簡は、文面を伝えたい受信側へと発信されることになる。その際、上蓋となる「検」には、発信側が受信側、すなわち宛先を記入するが、それは「歯」の上下の余白面が利用される。いわゆる表書きである。「封泥匣」が「検」の中央部に設けられている場合は、表書きは「封泥匣」の上下（それは「歯」の上下ともなる）に、「封泥匣」

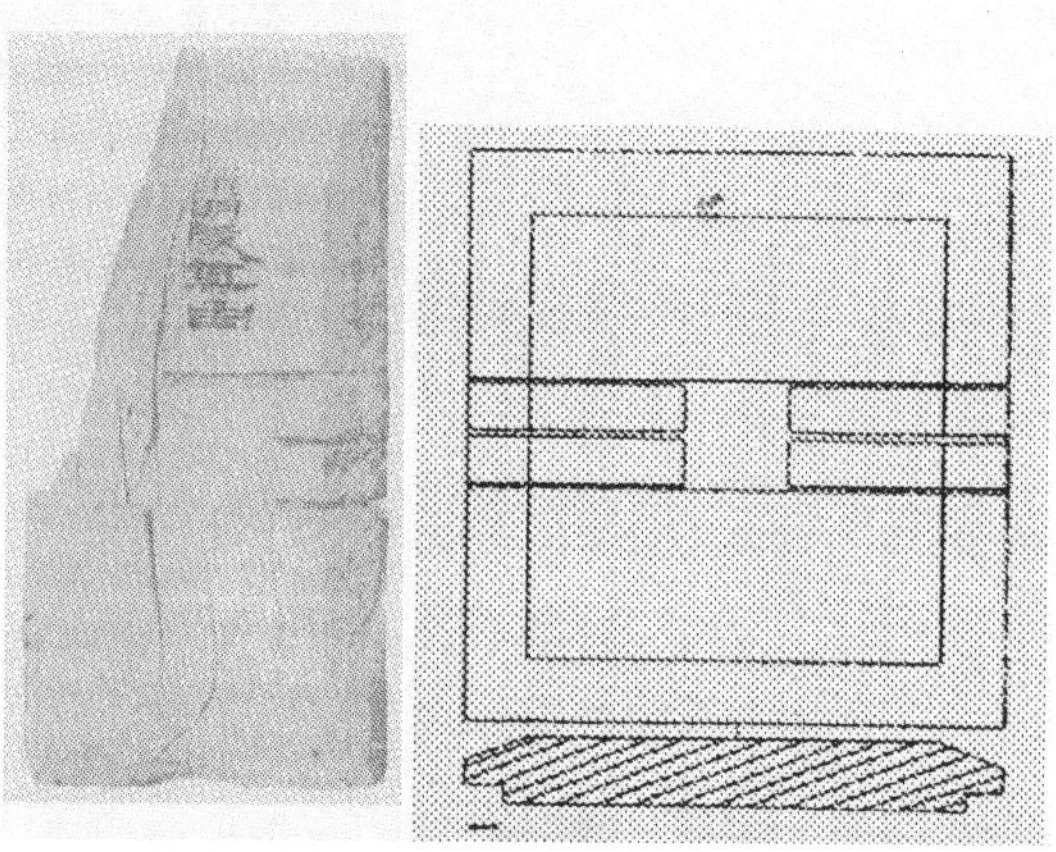

挿4　敦煌T.Ⅷ出土の「顕明燧薬函」（左）と603号墓出土の「木簡蓋」
新疆維吾爾自治区博物館考古部・吐魯番地区文物局阿斯塔那文物管理所2007、17頁の図21。右側下の断面図（斜線部）にみえるように左右の端に〈冂の形〉の切り込みがある。

が下部に設けられている場合は上に、逆であれば下に表書きが書かれることになる。これが「題所予者官号」(7)である。先に報告書の「木函蓋」の挿図を、三本の溝を上下・縦ではなく左右・横に来るように配置するのがよいとしたのは（**挿2**の右図を参照）、この表書きの書き方からの提案である。

さてこのように整理すれば、問題とする一三センチメートル余の正方形状の「木函蓋」も「検」の形態を取っていることは疑いない。しかし、「木函蓋」を「検」とみればすべてが解決したわけではない。すでに述べたように「木函蓋」が覆うのは、類例の多い通常の細長い木簡でなく、高さは不明ながら縦横一三センチメートル余もある「木函」なのである。はたしてこうした「木函」を覆うような「検」は実在していたのであろうか。

それは、間違いなく実在していた。魏晋期の楼蘭出土の木簡群や魏晋期の文献の整理検討した籾山明氏が、「書信を封緘した小箱」、あるいは「書を入れた函《はこ》」としてすでに見出し報告している小箱がこれに該当しよう。(8) この時代、書信（書）は、こうした「検」の形態を持つ書函によって発信、配達、受信されたものが存在していたことは、疑いはない。

それではこのような「函」を封じた「検」は、書信だけに限定されたものだったのであろうか。次に示すのは、一九〇七年、スタインが第二次中央アジア探検時に、敦煌の北西の漢代長城の烽燧の一つT・Ⅷ(9)から発掘した木簡（T・Ⅷ・5）(10)である。甘粛省文物研究所の編号は、1823番である。(11) 何度も言及されよく知られているものであるが、(12) その図を今問題とする「木函蓋」と縮尺を同じにして並列させ示してみよう（**挿4**）。

スタインが発掘したこの木簡も、間違いなく「検」である。大きさは、縦一七六ミリメートル、横九〇ミリメートルの長方形で、一三・六センチメートル余の方形の「木函蓋」とは形態をやや異にしている。しかし縦横の大きさに多少の違いは見られるものの、中央に「封泥匣」と三本の「歯」を設けて、さらに上下左右の四方を一・五センチメートル前後の幅で斜めに削って縁を取っていることまでがまったく一致している。[13]

また両者は、「封泥匣」と三本の「歯」のある「検」の背面となるその淵に沿って、〈「状〉の切り込みを入れていることまでがまったく等しい（挿2の断面図）。これが上蓋として函を隙間なくぴったりと覆うための「合わせ蓋」の細工であることは、容易に想定されよう。[14] その函自体は、敦煌T・Ⅷ、603号墓ともに失われて出土しなかったが、その上蓋がともにそれぞれ函を覆った蓋としての「検」であったことは疑いない。

ところで敦煌T・Ⅷ出土の「検」の上部の書写面には、「顕明燧薬函」[15]と記されていた。つまりこの「検」は、顕明燧の備品であった「薬函」のその蓋だったのである。顕明燧とは、敦煌の西湖の西方に位置する敦煌郡下の三都尉府の一つの玉門都尉の管下の玉門候官、その玉門候官の管下の玉門候が統轄した前漢時代の烽燧、つまり「のろし台」である。[16] 烽燧には、一人の燧長のもとに三〜五人の兵士が配属されていた。[17] 先に示したT・Ⅷとはスタインがその烽燧に付した編号である。

ということは、「函」の部分は現存はしないもののすでに前漢時代に「薬函」の蓋に「検」を使用したものがあった、つまり「書信を封緘した小箱」以外にも「検」を使用した「函」の存在が想定できたことになる。問題とする603号墓出土の「木簡蓋」の類例は、間違いなく前漢時代から確実に存在していたのである。トゥルファン地域にあって突如出現したものではないのである。

四、「木函」底板の漢文疏記（箇条書き）は、副葬品のリストではない

「顕明燧薬函」と書かれた敦煌T・Ⅷ出土の「検」によって、その上蓋とされた「検」が覆っていた中味が薬であったことは、疑問の余地がない。前漢時代、薬が貴重品であったこと、辺境の烽燧にあってはなおさらそうであったことは、改めて言うまでもない。[18]

とすれば、同じ形態を取る603号の木函も、この薬函に類するような貴重品が入っていたに相違ない。[19] 幸いにも朽ちずに残っていた底板（報告書の言う木簡）の三行の漢文がそれを語っている。まず報告書の提示する移録を示してみよう（挿5）。

挿5　603号墓の木函の底板
新疆維吾爾自治区博物館考古部・吐魯番地区文物局阿斯塔那文物管理所2007、17頁の図21より。

一　柴桂　一枚
二　緋　二丈
三　絳　五

この移録のうち、一行目の「柴」字は「紫」字と類似するもので、「紫」を「柴」のように書写した例も吐魯番出土文書には見いだせる。(20) また三行目の「絳五」も、このままでは意味が取りにくく、他の二行との関係もつかみにくいように思える。「絳」の下の漢字は、「五」ではなかろう。この点は後に触れることとし、まず一行の「柴桂　一枚」から検討しよう。「柴桂《さいけい》」とはいったい何を指す用語なのであろうか。それを「紫桂」と読めばどのようになるのであろうか。先にも触れたように当地トゥルファン地域は、漢文化の波及地域の中にあっても、随葬衣物券疏が大量に出土する地域であった。随葬衣物券疏とは、随葬衣物（副葬品）を一点ずつ「箇条書き」にしたリスト、すなわち「疏」に、その随葬衣物を他者が奪うことを禁止する付加文言などを添えた葬礼文書を言う。(21) しかし数多い当地の出土のその副葬品リスト（疏）の中に、「柴桂」も「紫桂」も一例も見出すことはできない。この点は、当地外から出土した随葬衣物券疏の疏にあってもまったく同じである。ということは、この「柴桂」を「紫桂」と移録しても、ともに随葬衣物券疏のリスト（疏）に記して墓室内に納められるような通常の副葬品ではなかった、その可能性が極めて高いことになる。したがってこの木函の底板（報告書の言う木簡）は、随葬衣物券疏のリスト（疏）に類似して見えても決して同じには扱えないことになろう。この点は重要である。

　そこで、「柴桂」あるいは「紫桂」という名称そのものを追い、通常の随葬衣物には含められない「柴桂」あるいは「紫桂」それ自体を明らかにする必要があろう。私はそれらを、桂皮、肉桂、紫油桂、柴桂、紫桂、油桂、桂肉、桂枝など多様な語が当てられている中国の雲南やブータン、ネパールを含む北インドに分布する樟《くすのき》科肉桂（ニッケイ）属の常緑高木を指すと推察する。学名はシナモンタマラ（Cinnamomum tamala、タマラニッケイ）である。[22] つまり「柴桂」を「紫桂」と写しても結果的には同類の異称との推察が可能なのである。「柴桂」あるいは「紫桂」が、これほどに一括しにくいほどの多様な呼称に内包されるのは、その樹皮や枝や根を乾燥させたものが中国医学で用いる薬物（漢方薬の素材、すなわち生薬《しょうやく》）となるからで、処方名までも呼称として流布しているからであろう。蛇足ながら、その樹皮や根からは漢方薬だけでなく香辛料も作られる。その代表的呼称が著名なニッキ（肉桂）である。したがって「柴桂　一枚」の「柴桂」あるいは「紫桂」は中国の桂類薬物、桂類香辛料に内包される一つとして認識したい。[23]「枚」という薄く平らなもの数える助数詞を添えるのは、樹皮や枝や根を乾燥させ素材として小片に加工されているからであり、この助数詞とも整合して矛盾はない。なおその移録は、実見した際のメモに従って「柴」とし、「紫」である可能性を内包させておきたい。

それではなぜ、このような「柴桂」を墨書してまで墓室に納めたのであろうか。「柴桂」が薬や香辛料で間違いないとすれば、通常の感覚からすればそれは生者には必要であっても墓室に埋葬される死者には不要のはずである。だからこそ生前の使用の品々を墓室に納めることを主たる目的として作成された随葬衣物券疏のその疏にも、薬の類は見出せないのであろう。とすれば「柴桂」はいっそう不可解とはなるが、さらに検討してみよう。

先に見たようにこの「柴桂」は、桂皮、肉桂、紫油桂、紫桂、油桂、桂肉、桂枝などと多様に呼称されたように、「桂」それ自体を母体とする用語である。そこで「桂」そのものに焦点を当て、「桂」の持つ固有性から墓室の「柴桂」を探っていこう。[24]

中国世界における「桂」は、現実世界の「桂」だけを指しているのではなく、天空・月の架空の「桂」と重ねられていることに大きな特色がある。「桂」は、天界と下界、異次元空間と現実世界の双方にまたがる語なのである。月を「月桂」とも呼ぶように、月に「桂」の木が生えているという根強い伝承が広く流布していた。よく引かれるのは、晩唐の文人・段成式（803-863）の『酉陽雑俎』巻一、天咫に収録された次の一文であろう。

> 旧に言う、「月の中に桂あり、蟾蜍《せんじょ》あり」と。ゆえに異書は、「月の桂は高さ五百丈。下に一人ありて、常にこれを斫るも、樹の創《きりあと》は随いて合う。人の姓は呉、名は剛、西河人なり。仙を学びて過《あやまち》あり。謫せられて樹を伐らし

めらる」と。

旧言、月中有桂、有蟾蜍。故異書言、月桂高五百丈、下有一人、常斫之、樹創随合。人姓呉、名剛。西河人。学仙有過、謫令伐樹。(25)

月には昔から「桂」と「蟾蜍《せんじょ》」（ヒキガエル）がいると書き出し、その「桂」について、五百丈もある巨木であり、切っても切っても創《きりあと》はすぐに合わさって元に戻ってしまうという異書の記述を紹介する。それは不死に匹敵するような再生力の強さを持つ樹木という意味あいなのであろう。しかもその木を切らされているのは、仙（仙術）を学んで過失のあった西河（西河郡、山西省）の呉剛という人で、そのため月に流されたのだという。際限のない伐採は処罰なのであろう。おそらくこの話は、月に逃れた弓の名手・羿《げい》の妻の姮娥《こうが》が、蟾蜍とされたという別の伝承と重層化させたものであろう。(26)蟾蜍とされたのは、夫の得た不老不死の薬を盗んで独り占めにしようとして月に逃れたからである。その咎である。奇っ怪な伝承が複合されて複雑化したもののようであるが、墓室の死者のための桂類薬物、桂類香辛料である「桂」を検討するなかで強く関心を抱くのは、架空の樹木としての月の「桂」が、その「対」と認識される「蟾蜍」ともに不老不死やその薬、あるいは仙（仙術）との相関のなかで語られていることである。(27) そしてさらに、月にあって玉兎（白兎と併用される）が、若木(28)の端から取った神薬を搗《つ》いて作る「蝦蟆《がま》丸」（蝦蟆は、ガマ、ヒキガエル、先に姮娥に係わって触れた蟾蜍に同じ）という不老不死の薬に連鎖的に重ねられていることも、追加しておく必要があろう。(29)

さてこうした中国古代の伝承の重層的連関を重視すると、日本の平安前期、九世紀の終わりに編纂された都良香《みやこのよしか》の漢文集、すなわち『都氏文集』巻第三のなかにみえる「紫桂」という「桂」が気に掛かることになる。良香が「対策（方略試・秀才試・文章得業生試）」という官吏登用試験に及第した時の対策文（解答）のなかに、

芝英（霊芝）の五色は、春雨が洗いてさらに鮮やかに、松蓋《まつかさ》の千尋は、暮煙が扶《たす》けていよいよ聳《そば》だつ。奇犬が花に吠え、〔その〕声は紅桃の〔咲く〕浦（川辺）へと流る。驚風（強風）は葉を振いて、〔紅桃の〕香は〔さらに〕紫桂の林へと分れる（流れゆく）。(30)

芝英五色、春雨洗而更鮮、松蓋千尋、暮煙扶而彌聳、奇犬吠花、聲流於紅桃之浦。驚風振葉、香分於紫桂之林。

と記した「紫桂」である。これは「神仙世界をどのように認識するのか」という設問に対する良香の解答の一節であるこ

とが重要で、この「紫桂」もまた神仙世界の桂を指していることは疑いない。強風が紅桃の葉をあおって紅桃の香をさらに紫桂の林へと流し分かっているという光景は、異域としての神仙世界である。[31] しかしその様相は、良香の個人の空想の所産ではなく、彼自身が、

これみな彤《とう》編に光りて、余映は尽きることなし。義は翠簡に茂りて、遺靄は探るべし。

斯皆事光彤編、餘映靡盡。義茂翠簡、遺靄可探。

と追記しているように、典籍（彤編、翠簡）に依拠したものなのである。その典籍が中国のそれであることは疑いないが、その一つは、後秦の王嘉が撰した『拾遺記』であると指摘されている。[32] 四世紀に成立したとおぼしきその『拾遺記』の一節には、

闇河の北、紫桂ありて林をなす。その実は棗のごとくして、群仙（多くの仙人）はこれを餌べる。韓終（秦の始皇帝の命を受けて徐福とともに不老不死の仙薬を求めて旅立った方士）の「采藥」という四言詩に、「闇河の桂、実は大きく棗のごとし。得てこれを食べれば、天に后《おく》れて老ゆ。」という。

闇河之北、有紫桂成林、其實如棗、群仙餌焉。韓終采藥四言詩曰、「闇河之桂、實大如棗。得而食之、后天而老。」[33]

とあるように「紫桂」の語が確かに見えている。神仙世界の闇河の北の紫桂の林のその紫桂の大きな棗のような実を食べると、「后天而老」、つまり天よりも后れて老いるのだという。奇妙な表現であるが、この句は、「不死」である「天」が万一にも老いて死を迎えるようなことはありえないであろうが、神仙世界のこの紫桂の実を食べたものは、その「天」よりも後に老いるのだと理解すべきであろう。天にも等しい不老不死、つまり永遠性と同義なのである。とすれば、「紫桂」、紫の桂になる実は、神仙世界においてのみ手に入れることが可能な不老不死の仙薬なのである。なお紫桂の「紫」は、「紫微」や「紫宮」の用例にも伺えるように聖なる至高の色としての「紫」に通じるのであろう。

四世紀に成立したとおぼしきこの『拾遺記』は、その様に語っているのである。したがって「桂」には、桂類薬物の素材という意味に加えて、神仙世界の不老不死の仙薬の意味も付会されているとみなしてよかろう。

とすれば、問題とする十六国期の603号墓の出土の「木函」の中に入っていた推定される「紫桂」も、単なる桂類薬物・香辛料の素材でなく、不老不死の仙薬の実をつけるような神仙世界の「桂」との関係が深い、そのようにみなすことも可

能となってくる。死者の精神が墓室に閉じこめられて終わるのではなく不老不死、つまり永遠性を持つ神域としての天界へ昇るのだということになれば、仙薬としての「桂」は、不老不死の仙域や天上界に昇天する死者にとっては必需品となろう。(34) それは、すでに触れておいたこと、この「木函」を出土した603号墓が、同時代の同族のしかも極めて近接する408・605号両墓の壁画と密接な関係にあったことを浮上させる。408・605号両墓の壁画は、天界が墓主を地上界まで出向いて迎え、そして天界へと誘う「来迎・昇天」をまさしく主題とするものであったからである。死者が単なる死に終わるのではなく来迎されて昇天するのだとすれば、不老不死の仙薬を得ることは道理にかなうことになる。もし603号墓の「木函」の底板に書かれた「柴桂」をこうした来迎昇天という特別な場と並行させれば、墓室の桂類薬物という不可解ななぞも、解けたことになろう。それは、まさしく仙薬の類だったのである。とすれば仙薬に係わって頻出するした「紫桂」のほうが、「柴桂」よりもふさわしいことになろう。したがって「柴桂」は「紫桂」である可能性はより強まったと言えよう。

さてそれでは、残る二つ「緋　二丈」と「絳　五」は、どのように考えればよいのであろうか。「紫桂」と、「緋」と「絳」を一括しての木函に入れたのはなぜであろうか。これらもまた難問であるが、「柴桂」、「緋」、「絳」という三点セットをだれがもたらしたのかという課題と平行させつつ、次に、日本の説話を援用してさらに追ってみよう。

五、「木函」と日本の説話「竹取物語」の「箱」と「不死のくすり」と「天の羽衣」

日本には、「物語の出《い》で来はじめの祖《おや》」（紫式部『源氏物語』の絵合巻）とされる「竹取物語」という説話がある。作者は不明ではあるが、その成立は十世紀初め（平安初期）に遡るものと推定されている。竹の中から見出された小さな女の子が美しく長じて、貴公子だけでなく帝の求めも拒みつつ、月へと帰っていく異域の人・かぐや姫の物語である（**挿6**）。それは死による人の昇天とは異なって、「罪をつくり」天界から下界へ落とされた天界のかぐや姫が「罪の限り果て」たことによって、天からの迎えによって月の都へ還っていったものである。しかし天界からの下界への「来迎」、下界からの「昇天」であることは、死による人の昇天とよく相似する。そこで「来迎」時における、その様相に注目してみよう。

天人の中に持たせたる箱あり。天の羽衣入れり。又あるは、不死のくすり入れり。一人の天人いふ、「壺《つぼ》なる御くすりたてまつれ。きたなき所のもの、きこ

挿6　昇天するかぐや姫　国立国会図書館デジタルコレクションより。

しめしたれば、御心地あしからむ物ぞ」とて、持てよりたれば、わずか嘗め給ひて、少し形見とて、脱ぎ置く衣に包まむとすれば、ある天人、包ませず。(35)

さてこの天界からの来迎に当たって最も注目したいのは、「雲に乗りて降り来て」天界から来迎してきた天人の一人が持参していた「箱」である。その中には「天の羽衣」と「不死のくすり」が入っていたからである。(36)まず「不死のくすり」から考察しよう。

かぐや姫の昇天に際して、天界からもたらされた「箱」に入れられていた「不死のくすり」は、先に見た「柴桂（柴桂）」と驚くほどによく重なりあう。不老不死の天上界に昇天する死者にとっては必需品であったと見たこと、「函」に入れられいたことまでが類似するのである。確かにかぐや姫は罪を償い切ったことによる来迎昇天であって死によるものではない。しかし、下界にあって人と共に生活していたことは重視されなくてはならない。天界からもたらされた「不死のくすり」の効能は、下界、すなわち「きたなき所」（穢土）で「きこしめ」した（食べる敬語）によって醸し出された「あしからむ」（悪と思われる）「心」を精算することである。清浄の不死の世界としての天界へ下界から昇天するかぐや姫は、昇天に先だってそれが求められていたのである。(37) したがってその来迎昇天は、人のような死を機縁とするものではないとしても、下界にあったものが昇天するには、「不死のくすり」によって不死の天界にふさわしい清浄が求められていたことになろう。それが「不死のくすり」の効能なのである。とすれば、仙薬の類と推察される「柴桂（紫桂）」もまた、墓主の天界への昇天には清浄不死になるために欠かせないものだったことになろう。

さて「柴桂（紫桂）」をこのように「不死のくすり」と対比させてよいとすれば、「不死のくすり」と同様に「箱」に入れてもたらされた「天の羽衣」も当然考察の対象となろう。

天人の中に持たせたる箱あり。天の羽衣入れり。又あるは、不死のくすり入れり。……〔ある天人〕御衣《みぞ》をとり出《いで》て、着せんとす。その時に、かぐや姫、「しばし待て」と言う。「衣《きぬ》着せつる人は、心異《こと》になるなりといふ。物ひと言《こと》、言ひをくべき事ありけり」と言ひて、文書《か》く。

この「天の羽衣」は、同文中に「御衣《みぞ》」、「衣《きぬ》」とも呼んでいることから同じものだと理解される。この天からもたらされた「箱」に入っていた「天の羽衣」（「御衣《みぞ》」、「衣《きぬ》」）を着ると、「心異《こと》になる」という。それは、

〔天人〕ふと天の羽衣うち着せたてまつりつれば、翁を「いとおしく、かなし」とおぼしつる事も失せぬ。此衣着つる人は、物思ひなくなく成りにければ……

という続く文面から推察可能である。天人が、かぐや姫に天の羽衣をうち（さっと）着せてしまえば、人の心、感情を失ってしまい、「物思ひ」がなくなるというのである。これが下界に住む人と天界に住む者の相違であり、心の平安、清浄、さらに言えば不老長寿という永遠性の所産なのであろう。それが下界と「心異《こと》になる」という表現なのである。この「天の羽衣」は、先に触れたように「御衣《みぞ》」、「衣《きぬ》」と同じである。「衣《きぬ》着せつる人は」、古本では、「きぬきつる」、内本では「きぬきせつる」と見えるという。(38) それを素材としての「きぬ」に来源を求めていると理解すれば、「きぬ（衣）」としての「天の羽衣」と「緋　二丈」との相関が次の課題となろう。

「緋　二丈」が、身の丈の二倍の長さの「緋」を指していることは問題はない。とすれば、それは緋衣のような衣装の形態を取って完成されているような一品ではなく、むしろ布という素材の形態をそのまま指していることになろう。緋は、濃い赤、紅深紅の色の形容であるから、「緋　二丈」は、赤く染められた身の丈の二倍の長さの細長い絹織物となろう。

これを、かぐや姫が身につけて昇天した「天の羽衣」と見なすことは、想像に難くない。[39]

とすれば「絳　五」とは何を指しているのであろうか。先に触れたようにこの報告書の移録する「五」では、この箇所は意味が通らない。しかし赤色を形容る「絳」[40]の下のこの文字は大変に読みにくい。私はこれを「一枚」と移録した。それは前二行の「柴桂　一枚」と「緋　二丈」と対応させれば、「絳」字の下は「一」と助数詞で構成されるべきだと考えたからである。そう読めば、「枚」は、薄く平らなもの数える助数詞としても用例があることから、[41]濃い赤色の小さな布類を候補の一つとしてとして推察した。[42]しかし後に、中国の武漢大学における講演でこの移録に言及したところ、この文字は、「匹」の異体字ではないかとの提言を受けた。「匹」は「疋」と同じで、布地二反を数える助数詞であるから、「絳一匹」は、赤い布地二反となる。布地二反は、巻き込んで一巻きとするように一人分の衣服が作れる布地である。この提言にしたがって「絳　一匹」と見れば、「濃い赤色の布地」となる。やや大きすぎて一三・六センチメートル余の方形の「木函蓋」には入りきれないようであるが、虚構世界にそこまでの厳密性は要求すべきではないかもしれない。しかしいずれにせよ同じ「木函」に入れられるのであるから昇天に必要な品であり、昇天に必要な天衣のような理解が妥当かもしれない。

さて以上のように考察すれば、「木函」の中に入っていたのは、「絳　一匹」の曖昧性を残しながらも、「不死のくすり」、つまり仙薬としての「柴桂」、天の羽衣としての「緋二丈」、「天衣の類い?」の「絳　一匹」として三点セットだったと想定することができよう。

六、「木函」は、「来迎・昇天」という他界観念の所産

さて、『竹取物語』によれば、「天の羽衣」と「不死のくすり」の入っていた箱は、「大空より」「雲に乗りて降り来た「王とおぼしき人」[43]に率いられた天人がもたらしたものであった。とすればこの日本の物語を援用して、昇天のための三点セットとおぼしき品々を入れたと推定した603号墓の「函」もまた天界からもたらされたと観念されていた、そのように見なしたとしても無謀ではなかろう。それを先ほど本誌別稿「シルクロード古墓壁画の大シンフォニー」に示した408号墓と605号墓の「来迎昇天壁画」に即して言えば、「天蓋付の曲がった足のついた黒色の台」に乗って天界から降りて墓主を迎接した二人の天界からの使者がもたらしたものとな

ろう。(44) したがって問題としている「木函」の底板の三行の漢文は、昇天のための三点セットとおぼしき品々を記した、天界からの墓主への贈呈リストと見なすべきものとなろう。とすれば、先に「柴桂」を取り上げた時に触れたように、これを近親者や友人などの現実世界の人々が作成して墓室に納めた「随葬衣物券疏」(45) のその疏（リスト）とは混同はできないことになる。また当地トゥルファンの古墓群にあって、随葬衣物券疏の疏に記されたような物品を、特別に「木函」に入れて別扱いとしたような事例があったという報告は目にしたことがない。

　さてこのように整理して、「木函」そのものを検討しよう。昇天のための三点セットとおぼしき品を入れた「木函」は、天界が墓主に贈る極めて大切なものであるから「検」の形式を取って密封し、天界、おそらくはその主宰者である天帝がその使者へと託したはずである。そこでこの推定をより確かなものとするため、次の諸点を補っておこう。

　すでに触れておいたように「木函」の蓋である「検」の「封泥匣」には、封泥が残存していた。封泥とは、「木函」を密封するために巻き付けた紐を、「封泥匣」に押し込んだ泥塊で抑え封じたものである。そしてその泥塊には、陰刻の印が押し当てられていたのであるから、もとはその印文が浮かび上がっていたはずである。捺された「印」は、発信もとが天界であるから、天界に係わる印だったはずである。もとより虚構の話であるから、その様な印が自体が実在するはずもないが、現実には、こうした類の印を捺した封泥は出土する。しかも、決して一二に留まるような少数ではないのである。ということは、古代中国世界における異次元世界との交流観念は、決して中途半端なものではなく相当度の整合性を以て体系化されていたと認識すべきであろう。

　中国金石学の大家であった王献唐（1896～1960）は、山東省の臨菑《りんし》から出土した封泥を検討して『臨淄封泥文字』を著した。そしてその「封泥」を次のように分類して紹介している。

……封泥の制は、有周（有周の「有」は助字、すなわち周）より肇《はじま》り、晋・宋に終わる。これを別ちて約《およ》そ二類となす。一つは周官所載のごとく用いて以て物を封じ、一つは簡書の往還において用いて以て検を封ず。現存の封泥は多く前類に属し、秦漢の諸品は、また、みな後類に属す。この外、復楗を以て門戸を封じ、さらに方士の封泥あり。「天帝之印」、「黄神越章」の諸文のごとく、また厭勝《ようしょう》鈐封用のものなり。

……故封泥之制、肇自有周、而終晋宋、別之約為二類。

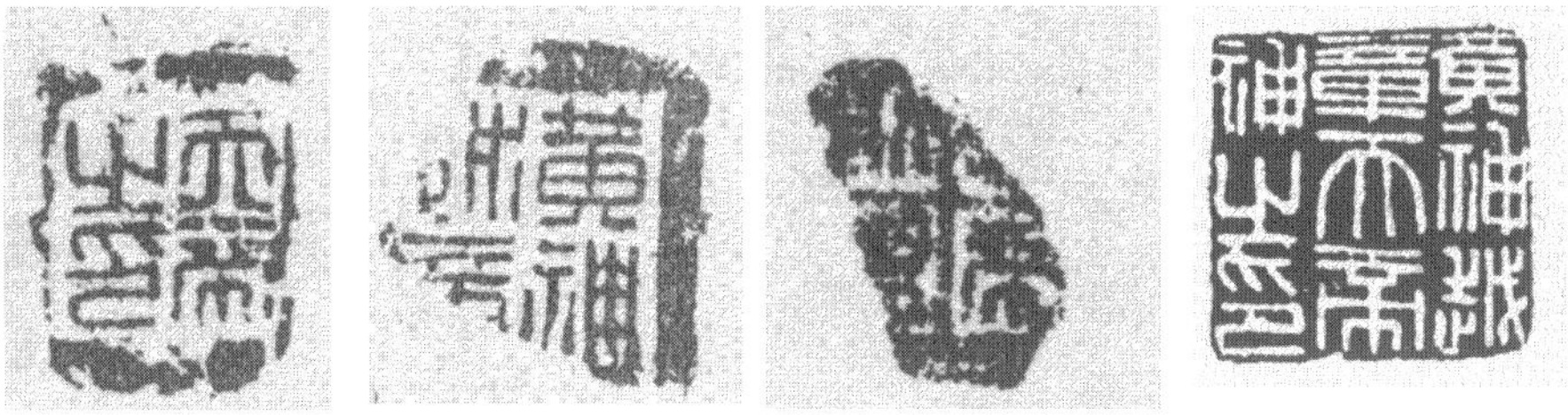

挿7　諸神の封泥　左より、「天帝之印」、「黄神越章」、「天帝殺鬼」（呉式芬・陳介祺1990巻7より）、「黄神越章天帝神之印」（后暁栄・丁鵬勃・渭父2001、6頁、図1-61）。

一如周官所載、用以封物、一於簡書往還、用以封検。現存周代封泥、多属前類、秦漢諸品、又皆後属類。此外以復楗封門戸、更有方士封泥。如天帝之印、黄神越章諸文、又厭勝鈐封用者也。[46]

これによれば、出土した封泥から推察される封泥の制は、主要には、物品を封じる場合と、簡書のやりとりに検を封じる二類であるが、それ以外にも、門戸の封印に用いたり、また方士が用いるものもあるのだという。そしてその方士が用いたものは、封泥上に「天帝之印」、「黄神越章」と文字が浮かび上がる印だという。つまりこれらが、今ここに問題化しようとする天界の主宰者とおぼしき天帝そのものの印や、黄帝の印なのである。

それでは方士が「厭勝鈐封用」（内容は後述）として用いた印、すなわち「天帝之印」や「黄神越章」は、どのような背景の中で生み出されたものなのであろうか。

現時点で承知している「天帝之印」の封泥は、呉式芬・陳介祺の『封泥考略』巻7に挙げたものである。[47] 現在、その陳介祺旧蔵の封泥は東京国立博物館の所蔵となっているが、「天帝之印」の封泥もそのなかに含まれている。[48] 呉・陳両氏の解説によれば、方士が佩びるこの「天帝之印」は、実は「黄神越章天帝神之印」を省略したものなのだという。その「黄神越章天帝神之印」の封泥も、また「黄神越章」だけの封泥もそれぞれ出土を確認できることから、これら「天帝之印」、「黄神越章」、「黄神越章天帝神之印」（**挿7**）の三つは、深い相関関係で結ばれていたのであろう。さらにまた、「天帝之使者印」もこれらの印の類で、同様に方士が佩びた印だと呉・陳氏はいう。

今、ここに天帝、黄神、天帝之使者の相関は何か、またなぜ越章なのかというより本源的な諸課題に入ることは論題を外れるため避けたいが、興味深い問題として課題としておきたい。したがってこの点に係わっては、西晋末の葛洪の『抱朴子』内編巻17の登渉に見える次の一文を参照しておくに留めたい。

昔の人は山に入る場合、皆な黄神の印を帯びた。……この印を粘土に押して住居の四方、百歩のところに貼っておくと、虎も狼もその中に入ってこようとはしない。……山川の社や廟の生臭物を好む悪神で人に対して福や禍を降すものがあった場合、この印を粘土に押したものでその通路を断ってしまえば、もはや神通力はなくなる。(49)

古之人入山者、皆佩黄神越章之印。……以封泥著所住之四方各百歩、則虎狼不敢近其内也。……若有山川社廟血食悪神能作福禍者、以印封泥、断其道路、則不復能神矣。(50)

これによれば、昔（葛洪の時代、すなわち西晋末以前）、人が山に入る時、すなわち仙人なる修行を行う時、「黄神越章」の印を粘土に捺しつけた封泥で四方を封じておきさえすれば、猛獣や悪神の禍を封じることができる、そのように信じられていたことが窺える。つまり「黄神越章」は、黄神によるバリア効力があるということなのであろう。とすれば「黄神越章」印と深い相関関係で結ばれていた「天帝之印」、「黄神越章天帝神之印」、「天帝之使者印」の諸印もまた、人に対する禍を封じる同様な効力を持つ印なのであろう。とすれば出土している「天帝殺鬼」（挿7）の封泥などもその類で、殺鬼というより具体的効力を強調したのかもしれない。しかも王献唐、呉式芬、陳介祺氏らはこぞってこれは方士が佩びていた印と明言するのであるから、方士が、人に対する様々な禍を封じるそれら諸神の代行行為（諸神が乗り移ったかのような振る舞い）をなす際に使用したものと、想定されよう。したがって先に保留しておいた王献唐氏の言う封泥の用途の一つ「厭勝鈐封用」とは、具体的には、その方士が、人に対する禍を封じる呪術的儀礼を行う際の諸印と理解してよいことになろう。そしてさらに、後漢期以降（葛洪のいう「昔」に該当しよう）の古墓から大量に出土している鉛券などに書かれた「買地券文」、あるいは陶罐などに書かれた「鎮墓文」などに頻出するこれら諸印の諸神との重複する天帝、天帝神師、天帝使者、黄神、黄神使者など存在を勘案すれば、葬送儀礼の場においてもこうした諸神の代行行為を行った人々がいたことが推定可能となろう。(51) それが、王、呉、陳氏らの言う「方士」ということになろう。

それではこれら諸印を所持し諸神やその使者に仮託して代行行為をした方士とは、元来はどのような存在だったのであろうか。それは、秦の始皇帝の命を受けて東海に不死の仙薬を求めた徐福のような不老長寿の仙人になるために修行を積み、薬物を用い、呪術も行った宮廷にまで出入りするような人々あった。その方士が、人々に対する様々な禍を封じる儀礼を請け負っていった際、それら諸神やその使者に仮託して次第に代行行為をなすようになっていったのであろう。それは想定の域に留まるが、後漢末以降魏晋期の天使道、太平道、初期道教の民間への深い浸透度を背景とすれば、その可能性は少ないとはいえない。おそらくは、こうした流れの中にある人々が、葬送儀礼の場にも立ち会ってこのような諸印を使用して儀礼を主宰したのであろう。トゥルファン地域でも、黄紙に天帝使者の図と思われる符録わずかに一例ではあるが出土しているが、(52)それを孤立的存在と見るのではなく葬送儀礼の場で使用されたものがたまたま残存したと見るべきであろう。

さてこのような想定の中で封泥を整理してみると、問題とする天界から下界へと送り届けられたと観念される「木函」の「封泥匣」の封泥に捺された印文もまた、このような「天帝之印」、「天帝使者」の類ではなかったろうか。そしてそれは、葬送儀礼の場において、この種の印を所持する方士の類が、天界の神、あるいはその使者のように振る舞って「木函」に天界の印を捺印し、そしてその「木函」の封をといて昇天のための三点セットを取り出して見せたのかもしれない。(53)もちろん想定である。おそらくは昇天に当たってこれらの印は、後漢末から盛行したの巫術、それを内包する道教の広がりと無縁ではなく、その影響は十六国期のトゥルファン地域にも流入していたのであろう。

したがって以上の考察によって、昇天のための三点セットおぼしき品々を容れて「検」の形式で封緘された「木函」は、墓主の昇天に際し、天界の側がその使者に託して迎接時、墓主からすれば来迎時にもたらされ、それを方士の類が、儀礼として演じたものと想定しておきたい。

おわりに

ここに、アスターナ古墓群西区603号墓から出土した一つの「木函」に係わる試行錯誤にも似た考察を終える。その多岐にわたった論旨到達点を示せば、そのシルクロードの玉手箱になぞらえた異次元空間からもたらされたと観念される「木函」は、単なる副葬品ではなく、同時代の隣接墓の「来迎・昇天図」を背景とすれば、天帝が、墓主を天界に誘う昇天のための三点セットとおぼしきものを入れて使者に持参させたものとなろう。

〔付1〕「木函」底板の背面について

「木函」底板は、報告書が木簡とぶもので、三行にわたって、「柴桂　一枚、緋　二丈、絳　一匹」と書かれていたこ

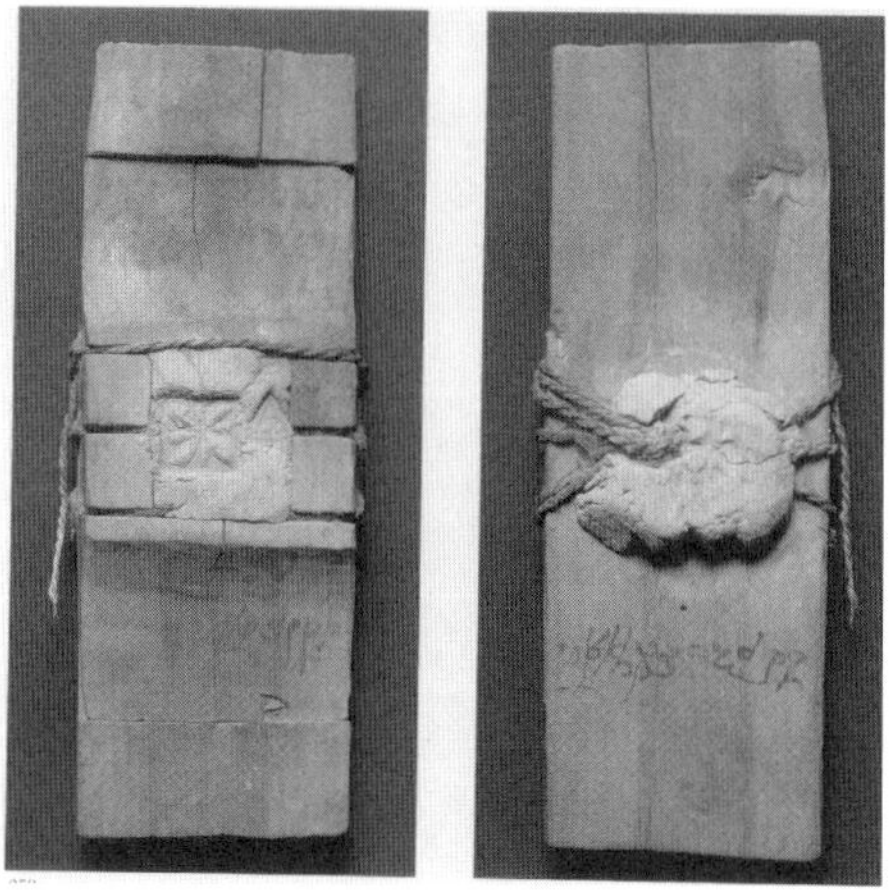

挿8　ニヤ出土の未開封の「検」
紐を通した三本の「歯」（溝）の中央の「封泥匣」（穴）に粘土が詰められ、陰刻の印章が押されている。その背面（左）は、裏に回された三本の紐が粘土で封じられいる。文字は、カロシュティー文字である。朝日新聞社1992～1993、96頁、図252。

とは、先に述べたとおりであるが、この底板の背面についても報告しておく。それは、**挿4**に示したこの底板の裏の黒色部分のことである（波線の内側はすべて黒色）。実見によって確認したこの黒色が、何を意味するものか分からない。しかしせっかく調査させて頂いたのであるから、報告として一つの推定を提示し、関係者のご検討を仰ぎたい。

それは、「木函」は三本の「歯」を通過する紐で縛って「封泥匣」に詰められた封泥によって封緘してあったが、底板の裏も同様に封緘されていなかったのだろうか、という推定である。そしてその封泥封緘の跡が変色したのかもしれないと。

一九五九年、タクラマカン砂漠の東南の縁のニヤ遺跡から、カロシュティー文字を書いた「検」の形態を取る木簡が出土した（**挿8**）。ここに示したのは、その木簡の表と裏である。開封されなかった木簡である。現在、新疆ウイグル自治区博物館に保管されているもので、[54]大きさは、一五・九×五・七センチメートルである。注目するのは、「検」の裏まで封泥を押し当てて厳重に封緘してあることである。これが、先に「木函」の底板の裏側でも封泥を押し当ててあったのではないかと想定した根拠である。もちろんこうした形態を取る「検」はここに示したものに限られるのではなく、いくつかの出土例が確認されている。

なお封泥を押し当てられたこの麻紐の結び方を参考にすれば、問題とする603号墓出土の「木函」の底もこのように結ばれていたのかもしれない。参考となろう。

ニヤ遺跡出土カロシュティー文字を書いた木簡は、表だけでなく裏も封じてあったことから、極めて重要なことが木簡に書かれているに相違ない。この木簡の解説には、背面には「これは税監（徴税官）**lyipeya** の印章（封印）」[55]と記されているという。この点を蓮池利隆氏にお尋ねしたところ、教示を得たので、その要点を記しておく。木簡は、大まかに四つに分類されるがこの種の木簡は、「何に何についてだれだれが保管すべしと表記（矩形）」と記される開封無効のような性格のもので、未開封のままで出土することが多いという。表書きの文面によって内容はわかっており、それを保持保管しておくことに意味があったとのことである。これが未開封で出土し、厳重に密封された理由であろう。とすれば、今日的感覚で言えば、納税証明書、保険証書の類で、万一必要になる時まで保管しておくことが目的であったのだろう。そのための密封だったのである。いずれにせよ、万一に備えて不可欠のものであったことは疑いない。つまり取り分けて貴重なものであったからこそ、表だけでなく裏まで粘土を押し当てたのであろう。とすれば、問題とした「木函」も昇天に不可欠なほどに大切なものとして、背面まで封じて厳重に密封されたのだと、その可能性を提示しておきたい。

注

（1）603号墓に関する情報は、本誌別稿「シルクロード古墓壁画の大シンフォニー」、特に挿1と挿2を参照。

（2）新疆維吾爾自治区博物館考古部・吐魯番地区文物局阿斯塔那文物管理所二〇〇七、二七頁。

（3）「木函」の四面を形成する四枚（挿2のe、f、g、h）の側板の厚さは、側板が亡くなっていたため不明であるが、蓋の裏の切り込みとの接合は、貴重品を収納する木箱によく見られる「合わせ蓋」の接合方式（挿3）を想定すればよかろう。なお一六〇〇年も前に作成されたしかも極度に乾燥度の高い地の木製品であることを念頭に置けば、数値の多少の誤差は許容の範囲としたい。

（4）王国維一九一四。

（5）次の諸論を参照した。林巳奈夫一九七六、「書契」の項の五〇二～五〇五頁。大庭脩一九九二、『「検」の再検討』二一〇～二四六頁。江村治樹二〇〇〇、「陳介祺旧蔵の封泥の形式と使用法」七〇六～七二九頁。籾山明「魏晋楼蘭簡の形態　封検を中心として」冨谷至編二〇〇一、一三五～一六〇頁。冨谷至「3世紀から4世紀にかけての書写材料の変遷　楼蘭出土文字資料を中心に」冨谷至編二〇〇一、四七七～五二六頁。

（6）後漢の劉熙の『釈名』などによって指摘されてきたように「検」には、

検禁也。禁閉諸物、使不得開露也。

検は禁ずるなり。諸物を禁閉して開き露わにするをえざらしむなり。

検曰署。署予也。題所予者官号也。

検は署という。署は予なり。予するところの官号を題するなり。

という二つの機能が込められていた。つまり「検」とは、諸物を密封して露見しないようにして機密を保持しながら、発信側が差し出し与える（「予」）宛先と宛名を記す「木簡」を意味していた。官庁で用いられることが原則であったから宛名（受信側）を官庁の役人の「官号」としたのである。

（7）前註参照。

（8）籾山明「魏晋楼蘭簡の形態　封検を中心として」冨谷至編二〇〇一所収、一四七頁、一五七頁。

（9）T・Ⅷの詳細は、Stein 1921, 571頁。
（10）図版と録文は、Shavannes 1913, 588頁、TABLE-XVII。大庭脩一九九〇、PL27の二八六。『定本書道全集―西域出土木簡その他の書蹟―』第3巻、河出書房、一九五四、二七頁。
（11）甘粛省文物考古研究所編一九九一上、図版一五三。
（12）例えば大庭脩一九九二、二一七頁。前掲註（8）籾山論文一五七頁、江村治樹二〇〇〇、七一二頁。
（13）このような「函」の「蓋」としての「検」に、3本の「歯」を刻み、それ泥で封じていたことは、五代十国時代の南唐の徐鍇（九二一～九七五）が、すでに指摘している。その著『説文解字繋伝通釈』巻一一繋伝一一の「検」の条に、

臣鍇曰、書函之蓋也。三刻其上、縄緘之、然後填以泥、題書而印之也。（『四部叢刊』台湾商務印書館、一一七頁）

臣〔徐〕鍇曰く、「〔検は〕書函の蓋なり。その上に三刻して、これを縄緘し、しかる後に填するに泥を以てし、題書してこれ印するなり」と。

とある函の蓋とその蓋上の三刻（三つの「歯」）の指摘がそれである。ただしこの「函」は「書函」とあるから、先に言及した「書を入れた函《はこ》」であるが。
（14）註3参照。
（15）書写された文字は、「隧」であるが「燧」を代用する。
（16）大庭一九九〇、二九頁。
（17）大庭一九九〇、三〇頁。
（18）大庭脩氏は、「常備薬をいれて封印してあった」と想定している。大庭一九九〇、八〇頁。
（19）使用した薬は、傷病兵卒一人ひとりの名、使用した薬名と量までが記録に残されるほどあった。籾山明一九九九、一八三頁。「検」の形態を取るは、薬の使用時に箱を開き、使用後また封じるため、その薬箱が玉門都尉、玉門　候官、玉門候などの上級統括官を経て組織的に顕明燧へと届けられたため（中味と宛名を明記した書留小包の類）など、多様な想定が可能であろう。
（20）その一例は、「高昌重光元年（公元六二〇年）信女某甲随葬衣物疏」に見出せる（中国文物研究所・新疆維吾爾自治区博物館・武漢大学歴史系・唐長孺編一九九二、三五八頁）。文字は確かに「柴」に見えるが、録文では「紫」と移録されている。これは「むらさき」でないと意味は通じず正しい移録である。荒川正晴氏のご教示である。記して謝意を表する。
（21）すべてに付加文言が添えられているとは限らない。疏だけのものも出土する。
（22）詳細な情報を提供するのは、真柳誠一九九五。日本公定書協会一九六一のC―五五六「ケイヒ」の項、伊沢凡人一九八〇、一五九「ニッケイ」の項、難波恒雄一九八〇、五八―一～一〇「桂皮」の項などから類推。ネット上の情報であるが、次のものは、役立つ。http://addme.net.au/products_info/chinese/tamala_cinnamomum.htm
（23）したがって日本に言う「かつら科」の「桂（かつら）」とは異なる。
（24）先に見たように「桂」は、中国にあっては桂類薬物、香辛料に内包されるが、それ以外にも木犀（モクセイ科モクセイ属）や神仙世界や天界の架空の樹木を指す場合もあって単純ではない。木犀も、巌桂、丹桂（キンモクセイ）、銀桂（ギンモクセイ）と「桂」字を用いるので混同しやすい。
（25）『四部叢刊』正編〇二四（台湾商務印書館）。一九八〇今村与志訳注、四六～四七頁を参照。
（26）『淮南子』覧冥訓に、「譬若羿請不死之薬於西王母、姮娥竊

以奔月（譬《たと》へば、羿《けい》、不死之薬を西王母に請ひしに、姮娥竊《ぬす》みて以て月に奔る）。」と見える。楠山春樹一九七九、三一七頁。

(27) なおこうした神仙世界と係わる「桂」は、日本にも伝わっていたようで、『古事記』上巻に見える火照命《ほでりのみこと》（海幸彦）が船に乗って訪れたという「綿津見神之宮《わたつみノかみノみや》」にあった「湯津香木《ゆつかつら》」という木も、

其綿津見神之宮者也。到其神御門者、傍之井上、有湯津香木。故坐其木上者、其海神之女、見相　議者也。訓香木云加都良。

とあるように「香木を訓《よ》みて加都良《かつら》ト云ふ。木。」と註記するように「かつら」と読ませている。しかもその加都良を「香木」とわざわざ記しているのであるから、日本に言う落葉高木の通常の「かつら」ではなく、香辛料の素材を取る中国の常緑高木の「桂」に由来を求めていることは疑いない。なお湯津の「湯《ゆ》」は「斎《ゆ》」であって神聖を示し、「津《つ》」は助詞の「の」に当たる。

(28)『淮南子』墬形訓に、「扶木在陽州……。建木在都廣……。若木在建木西、末有十日、其華照下地。（扶木は陽州にあり……。建木は都広に在り……。若木は建木の西にあり。末に十日ありて、その華下地を照らす。）」と見える若木を指す。白須淨眞二〇一一、五三頁を参照。

(29)「董桃行」と題される「楽府《がふ》」の一節に見える「采取神薬若木端。玉兎長跪擣薬蝦蟆丸」（『宋書』巻二一樂志、中華書局本六一二頁）とも対応するように、六朝にはすでに敷延化した伝承であった。なおここに言う「楽府」とは、「さいしょ漢の市民の歌として生まれ、三国六朝の文人の重要な表現形式」（吉川幸次郎）となった詩のことである。中津濱渉一九八八、「序」v頁。なおこの楽府は「董逃行」とも題される。逯欽立輯校一九八三、二六四頁。またこの伝承は、本文に引く都良香の「対策」の中にも「姮娥偸薬、奔兎魄（月の異称）於泰清（天の異称）之中」と見える。九世紀の日本にも流布していた。中村璋八等一九八八、一五〇頁。

(30) 引用原文も含めて、中村璋八等一九八八、一五〇～一五九頁、参照。書き下し文の一部は改訂。なお『本朝文粋』は、「問」と「対策」の双方を収録。岩波新古典文学大系本（一九九二大曽根章介等）は、『本朝文粋』抄であり、この「対策」の校釈は収録されていない。一九三〇柿村重松を参照。

(31) この紫桂を紅桃との対句とみれば、紅の桃に対する「紫の桂」となり、「紫桂」という固有名の桂ではなくなる。しかし、先に挙げた桂類薬物の名称にも「紫桂」の語も見え、双方の可能性がある。なお「紫」とすれば、紫微垣（天帝の住む場所）の用例があるように、至高の色となろう。

(32) 柿村重松註一九三〇、三六四頁。

(33) 明・程栄校輯『漢魏叢書』下、中文出版社、一九七一、一五六三頁。

(34) 昇天して不老不死となるのではなく、「不老不死となってこそ昇天できる」ということなのであろう。この点はさらに検討して明確化を図るべき課題と承知しているが、その際、本文にも触れていく日本の「かぐや姫」は参考となる。

(35) 堀内秀晃・秋山虔校注一九九七、七二頁。以下注記しないが、「竹取物語」の引用は、同書。

(36)「天の羽衣」と「不死のくすり」の入った箱をそれぞれ一つずつとみるか、両者がいっしょに入って一つと見るかは、課題としておく。

(37)「少し形見とて、脱ぎ置く衣に包まむとすれば、ある天人、包ませず」（堀内秀晃・秋山虔校注一九九七、七三頁）とあるように、かぐや姫が、「不死のくすり」を形見として、そっと、

下界に残しておこうとした際、ある天人がそれをさせなかったことが記されている。したがって、この「不死のくすり」は、下界に生きている人にはむやみには与えてはならないものと考えられていたのであろう。

(38) 堀内秀晃・秋山虔校注一九九七、七三頁の註二四。

(39) この場合重要となるのは、かぐや姫が、流布する天の羽衣伝承（丹後国・近江国風土記）のように、「天の羽衣」を身に着けて直接昇天したのではなく、天界の遣わした「飛ぶ車」に乗って昇天したことである。これは、問題とする408・605号の壁画の「天蓋付の曲がった足のついた黒色の台」との類似性も高くするだけでなく、「木函」、「緋　二丈」と相まって、単なる類似性を越えていると認識すべきであろう。近江国風土記の「伊香小江《いかごのをうみ》」の項、秋本吉郎校注一九七〇、四五七～四五九頁と丹後国風土記の「奈具社」の項、秋本吉郎校注一九七〇、四六六～四六九頁を参照。

(40) 『説文解字繫伝通釈』巻二五の「絳」には「大赤也」とみえる。

(41) 例えば「故絹衫一枚」（「北涼趙貨随葬衣物券疏」二〇〇六TSYIM4:4　栄新江等二〇〇八、一七三頁。故絹裙一枚（苻長資父母墟墓随葬衣物券疏75TKM99:16）中国文物研究所等一九九二、九一頁。

(42) 白須淨眞二〇一二、二五～二六頁。

(43) 引用は、堀内等校注一九九七、六九頁。なおこの「王とおぼしき人」は、「雲に乗りて降り来」た迎接の中のリーダーを指すもので、天帝のような天界の王を意味しない。

(44) 白須淨眞二〇一一、四七頁。

(45) 孟憲実一九九〇、一九九～二〇〇頁。

(46) 王献唐二〇一〇、二九〇頁。

(47) 呉式芬・陳介祺一九九〇巻七。

(48) 東京国立博物館編一九九八。

(49) 本田済訳注一九九〇、三七四頁。

(50) 世界書局編集部一九七四、八九頁。

(51) ここでは多くを触れる余裕はないが、鎮墓文などの研究現状をみるとこうした視点を欠如し、このような封泥研究が活用されていないように思われる。研究の深化を図るため検討課題とし、継続して考えていきたい。

(52) TAM303。高昌和平元（五五〇）年、趙令達墓表出土。中国文物研究所等一九九二、一二九頁。西方のトゥルファンとは逆の東方・朝鮮半島の楽浪郡にあっても「天帝黄神」の封泥が出土していることも留意しておくべきことであろう。梅原末治、一七頁とPL.LXIII。藤田一九三四、九五〇頁、藤田一九三四、四一頁。

(53) この「木函」の封泥は、先に触れたようにすでに壊れていた。自然な崩壊の可能性も捨てきれないが、本文のように考えることも可能である。封泥は相当度に残存しやすいものでなのである。

(54) 新疆維吾爾自治区博物館一九七五、二五頁、図版40。

(55) 朝日新聞社一九九二～一九九三、九六頁。

引用文献一覧

《日文》

青木和夫・石母田正・小林芳規・佐伯有清校注『古事記』（日本思想大系1、岩波書店、一九八二年）

秋本吉郎校注『風土記』（日本古典文学大系2、岩波書店、一九七〇年、本文五二九頁）

朝日新聞社『日中国交正常化二〇周年記念展　楼蘭王国と悠久の

美女』（朝日新聞社、一九九二～一九九三年、本文一七八頁）
伊沢凡人『原色版日本薬用植物事典』（誠文堂新光社、一九八〇年、三〇〇頁）
今村与志訳注『酉陽雑俎』1（東洋文庫、平凡社、一九八〇年）
内田泉之助・乾一夫『唐代伝奇究』（新釈漢文大系四四、明治書院、一九七一年、本文四二三頁）
梅原末治・藤田亮策『朝鮮古文化綜鑑』第3巻（養徳社、一九五九年）
内田泉之助・乾一夫『唐代伝奇究』（新釈漢文大系四四、明治書院、一九七一年、本文四二三頁。本文四二三頁）
江村治樹『春秋戦国秦漢時代出土文字資料の研究』（汲古書院、二〇〇〇年、本文七八八頁）
大島建彦校注訳『御伽草子集』（日本古典文学全集三六、小学館、一九七四年、本文五四三頁）
大曽根章介・金原理・後藤昭雄校注『本朝文粋』（新日本古典文学大系二七、岩波書店、一九九二年）
大庭脩『大英図書館蔵敦煌漢簡』（同朋社、一九九〇年、概説・各個解説一六九頁、図版一七八頁）
――『漢簡研究』（同朋舎出版、一九九二年、三六〇頁）
柿村重松註『本朝文粋註釈』（上冊、内外出版印刷株式会社、一九三〇年。初版は、一九二二年）
片岡一忠『中国官印制度研究』（東方書店、二〇〇八年、五〇一頁）
楠山春樹『淮南子』上（国訳漢文大系、明治書院、一九七九年、本文三八九頁）
重松昭久『浦島子伝説』（古典文庫 五五、オンデマンド版、現代思想新社、二〇〇六年、二八八頁）
白須淨眞「十六国期（三〇四～四三九年）、内陸アジアの二古墓の壁画――トゥルファン地域・アスターナ古墓群二区四〇八・六〇五号両墓壁画の解析試論」（荒川正晴編『東ユーラシア出土文献研究通信』第1号、二〇一一年、三七～六二頁）
――二〇一一レジメ「シルクロードの古墳壁画の大シンフォニー」（二〇一一年七月三〇日、於、阪大、中央アジア学フォーラム）
――「シルクロードの古墓から出土した玉手箱――二〇〇六年発掘・アスターナ古墓群西区（Ⅱ区）六〇三号墓出土の「木函」」（『内陸アジア言語の研究』XXVII、二〇一二年、一～四一頁）
白須淨眞・荻信雄「高昌墓塼考釈」（二）『書論』（一九七九年、一六八～一九二頁）
東京国立博物館編『中国の封泥』（二玄社、一九九八年、二〇六頁）
冨谷至編『流沙出土の文字資料――楼蘭・尼雅文書を中心に』（京都大学学術出版会、二〇〇一年、本文五二六頁）
中津濱渉『楽府詩集の研究』（汲古書院、一九八八年）
中村璋八・大塚雅夫司『都氏文集全釈』（汲古書院、一九八八年）
難波恒雄『原色和漢薬図鑑』（保育社、一九八〇年、本文三七六頁）
日本公定書協会『日本薬局方第一部解説書』（廣川書店、一九六一年）
林巳奈夫『漢代の文物』（京都大学人文科学研究所、一九七六年、五九二頁、図版二三二頁）
藤田亮策「楽浪封泥巧」『小田先生頌寿記念朝鮮論集』（一九三四年、八八七～九五七頁）
――「楽浪封泥続巧」『京城帝国大学創立十周年記念論文集史学篇』（大阪屋号書店、一九三六年、一〇〇～一五六二頁）

堀内秀晃・秋山虔校注『竹取物語　伊勢物語』（新日本古典文学大系一七、岩波書店、一九九七年）

本田済訳注『抱朴子内篇』（東洋文庫五一二、平凡社、一九九〇年、本文四二〇頁）

前野尚彬『唐代伝奇集』（一）（東洋文庫2、平凡社、一九九七年、本文三三〇頁）

真柳《まやなぎ》誠「中国一一世紀以前の桂類薬物と薬名」（『薬史学雑誌』三〇巻二号、一九九五年、九六～一一五頁）。http://mayanagi.hum.ibaraki.ac.jp/paper01/yakushi.html によって検索可。

籾山明『漢帝国と辺境社会』（中公新書、中央公論新社、一九九九年）

門司尚之「随葬衣物疏研究の現状と課題――その呼称問題を中心として」（阪大、二〇一一年一二月二日、中央アジア学フォーラムのレジメ、二〇一一年）

楊静芳「御伽草子『浦島太郎』における異境の転換――中国文献との関わりを中心に」（『学芸古典文学』（東京学芸大学国語科古典文学研究室、第4号、二〇一一年、一七一～一八一頁）

《日文外》

栄新江・李肖・孟憲実『新獲吐魯番出土文献』（上下、中華書局、二〇〇八年、本文三八九頁）

王国維「簡牘検署攷」『王観堂先生全集』六冊（文華出版公司、台北、一九六八年所収、一九一四年）

王献唐『臨淄封泥文字』（王献唐編『海岳楼金石叢編』所収、青島出版社、二〇一〇年）。なお本著は、山東省博物館蔵本影印。『海岳楼金石叢編』所収の『臨淄封泥文字』は、「臨淄封泥文字叙」、「臨淄封泥文字目録」を統合したもの。

后暁栄・丁鵬勃・渭父『中国璽印真偽鑑別』（安徽科学技術出版社、二〇〇一年、本文一一五頁）

甘粛省文物考古研究所編『敦煌漢簡』（中華書局、上下、一九九一年）

呉式芬・陳介祺『封泥考略』（中国書店出版、一九九〇年）。なお本著は、清の光緒三〇年版の影印刷。

新疆維吾爾自治区博物館『新疆出土文物』（文物出版社、一九七五年、一四一頁）

新疆維吾爾自治区博物館考古部・吐魯番地区文物局阿斯塔那文物管理所（執筆は、魯礼鵬、馬金城、祖魯皮亜、王博）「二〇〇六年吐魯番阿斯塔那古墓群西区発掘簡報」（『吐魯番学研究』二〇〇七年第一期、二〇〇七年、七～二七頁）

世界書局編集部『新編諸子集成』第4冊（世界書局、一九七四年、本文二三四頁）

中国文物研究所・新疆維吾爾自治区博物館・武漢大学歴史系・唐長孺編『吐魯番出土文書』壱（文物出版社、一九九二年、四七三頁）

吐魯番地区文物局（執筆は、李肖と張永兵）「吐魯番阿斯塔那古墓群西区四〇八、四〇九墓清理簡報」（『吐魯番学研究』二〇〇四年第二期、二〇〇四年、一～一二頁）

――――「新疆吐魯番地区阿斯塔那古墓群西区四〇八、四〇九墓」（『考古』二〇〇六年第一二期、三～一一頁。なお本稿は、吐魯番地区文物局二〇〇四を再掲したもの）

孟憲実「吐魯番出土随葬衣物疏的性質及其関問題」（敦煌吐魯番学新疆研究中心編）（『吐魯番学研究専輯』一九九〇年）

逯欽立輯校『先秦漢魏晋南北朝詩』（上、中華書局、一九八三年、本文八四八頁）

Stein, 1921 Serindia:detailed report of explorations in Central Asia and westernmost China:vol, II, Oxford:Clarendon.

Chavannes, 1913 Les documents chinois decouverts par Aurel Stein dans les sables du Turkestan Oriental Oxford, Imprimerie de l' Universite.

シルクロード・河西の古墓から出土した木板が語るあの世での結婚
——魏晋期、甘粛省高台県古墓出土の「冥婚鎮墓文」

許　飛

きょ・ひ——中国、寧波工程学院外国語学院講師。博士（文学）。中国の六朝小説と漢魏南北朝の墓券を専攻。近年の主な論文に、「漢代の告地文・鎮墓文・買地券に見られる冥界（上）」『中国学研究論集』（26）二〇一一年、「漢代の告地文・鎮墓文・買地券に見られる冥界（下）」『中国学研究論集』（27）二〇一一年、「『泰山治鬼』の形成年代考——漢代の鎮墓文を中心に」『中国中世文学研究』（60）二〇一二年、「『注連』考——六朝小説と墓券を中心に」『中国中世文学研究』（61）二〇一二年、「六朝小説に見られる『算』の淵源」『中国学研究論集』（30）二〇一三年、「従東漢鎮墓文看〝泰山治鬼〟的形成原因」『中国学論叢』（1）二〇一四年などがある。

死者を結婚させるいわゆる冥婚《めいこん》という風習は、中国では非常に古くから確認され、それは今日にいたっても絶えてしまったとは言い切れない。しかし、尋常ではないこの風習は、文献にはほとんど記載されることなく、とりわけて古代の状況はわからない。しかし幸いにも、最近、古代シルクロードの東域の一部であった河西の甘粛省高台県の古墓から、この冥婚に係わって作成された一枚の木板（簡牘《かんとく》）が出土した。それには、若くして他界した若い男女二人が結婚し、来世で夫婦二人が協力しあって衣食住から子育てまで行う様子などが語られている。これは、魏晋南北朝時代の冥婚風習の様相を直接知ることができる貴重な資料である。

はじめに

死ぬということは、そのまま消えてしまうのではなく、ただこの世からあの世（冥界）に移り、生前に変わらない生活を送るに過ぎない、と中国の人々は考えてきた。これは、古墓から出土した副葬品や明器や葬送文書の語るところである。(1) 生前に変わらない生活、そのなかには、結婚も含まれる。幽鬼たちが冥界でどのように結婚するのか、それを知るよしもないけれども、その家族あるいは関係者が、死者を結婚させるという風習は古い文献に窺い知ることができる。

遅くとも前漢に成立したと思われる『周礼』地官「媒氏」には、「遷葬者と嫁殤《かしょう》者を禁ず。」（禁遷葬者與嫁殤者。）と見え、後漢の儒学者・鄭玄は、「遷葬とは、生くる時に夫婦にあらざるも、死して既に葬らるるに、これを遷《うつ》し相従はしむを謂《い》ふなり。殤《しょう》とは、十九以下未《いま》だ嫁がずして死する者。」（遷葬謂生時非夫婦、死既葬、遷之使相從也。殤、十九以下未嫁而死者。）と解釈している。すなわち、当時の法律では、夫婦ではない亡くなった男女を合葬して結婚させることと、未婚のまま亡くなった少女を嫁がせることは禁じられていたのである。鄭玄はまた、前漢の鄭衆の「嫁殤するは死人をして嫁がしむるを謂ふ。今時の娶会《しゅかい》は是なり。」（嫁殤者謂嫁死人。今時娶會是也。）という説明も引いている。したがって「遷葬」・「嫁殤」、「娶会」という言葉は、いずれも死者を結婚させることを言い、法で禁じたとはいえ、前漢までにすでに存在していたことが確認されよう。『三国志』によれば、魏の曹操が若死にした愛息の曹沖に、甄《しん》氏の亡女を嫁とし(2)、魏の明帝が亡くなった愛娘に、後に亡くなった親戚の甄黄を婿としたという(3)。三国時代も、幽鬼に結婚させる習俗は絶えることはなかったのである。そして このような幽鬼の結婚は、「冥婚」となづけられ定着していった。

『旧唐書』には、貴族の「冥婚」が三件記され(4)、『通典』（唐の玄宗までの法令制度の記録）の礼の「禁遷葬議」にも、前に触れた『周礼』の法を挙げ、「則ち俗に之を冥婚と謂ふなり。」（則俗謂之冥婚也。）と説明している。また、唐の小説が多く収録される『太平広記』という類書（百科事典）にも、「冥婚」という幽鬼の結婚の話が四話も確認できる(5)。そして、清のすぐれた学者・趙翼は、その著『陔餘叢稿』巻三十一に「冥婚」の項目を立てて、諸文献が語っているその風習を考察している。したがってこうした経緯から、本稿も死者（幽鬼）の結婚を「冥婚」と称することとする。

なお冥婚は一つの風習として、現代でも中国に残っている。すでに多くの研究が蓄積され(6)、日本人の学者たちの成果も少なくない。彼らは二十世紀の初め頃から、中国の各地に足を運んで現地調査も行っていた(7)。こうして、現代の実況はかなり明らかとなったが、古代の状況は、文献に頼るしかなく、その詳細は謎のままである。しかし幸いにも、近年の考古発掘によって、古代の墳墓から冥婚に直接関わる葬礼文書が出土し、その様相の一端が明らかとなった。ここに甘粛省高台県出土のその冥婚資料を解読し、当時の冥婚の実態を探ってみたい。

一、高台県出土の冥婚鎮墓文

一九九八年五月に甘粛省高台県文化局と高台県博物館が高台県の古墓群の発掘調査を行った時、一つの男女合葬墓から、冥婚に関わる文書を記した一枚の木板が出土した。曹国新氏は「墓誌」として釈文を発表し、(8)趙雪野・趙万鈞両氏はそれを「墓券」と名付けて、写真と釈文を公開し、木板の上部に描かれた「卜宅図」の考証を行った。(9)また、劉衛鵬氏は前者両氏の釈文を改め、(10)さらに、劉楽賢氏は改めてその釈文や言葉、性格などを論じた。(11)日本では、町田隆吉氏がそれを「冥婚書」とし、その性格や年代を論じた。(12)文書の年代について、趙氏らは魏晋とし、劉衛鵬氏は十六国時代としたが、町田氏はもう一つまったく同じ日付を記す高台出土の文書を手がかりにして同じ前涼の升平十六年（三七三）に作られたと推定した。しかし、二つの文書の関連性を裏付けるにはなお検証が必要と思われる。本稿では、この冥婚契約にかかわる鎮墓文（この点については後述）を「冥婚鎮墓文」と称し、時代は一応魏晋とみて詳細は留保し、まず先行研究を踏まえながらそれを解読しよう。

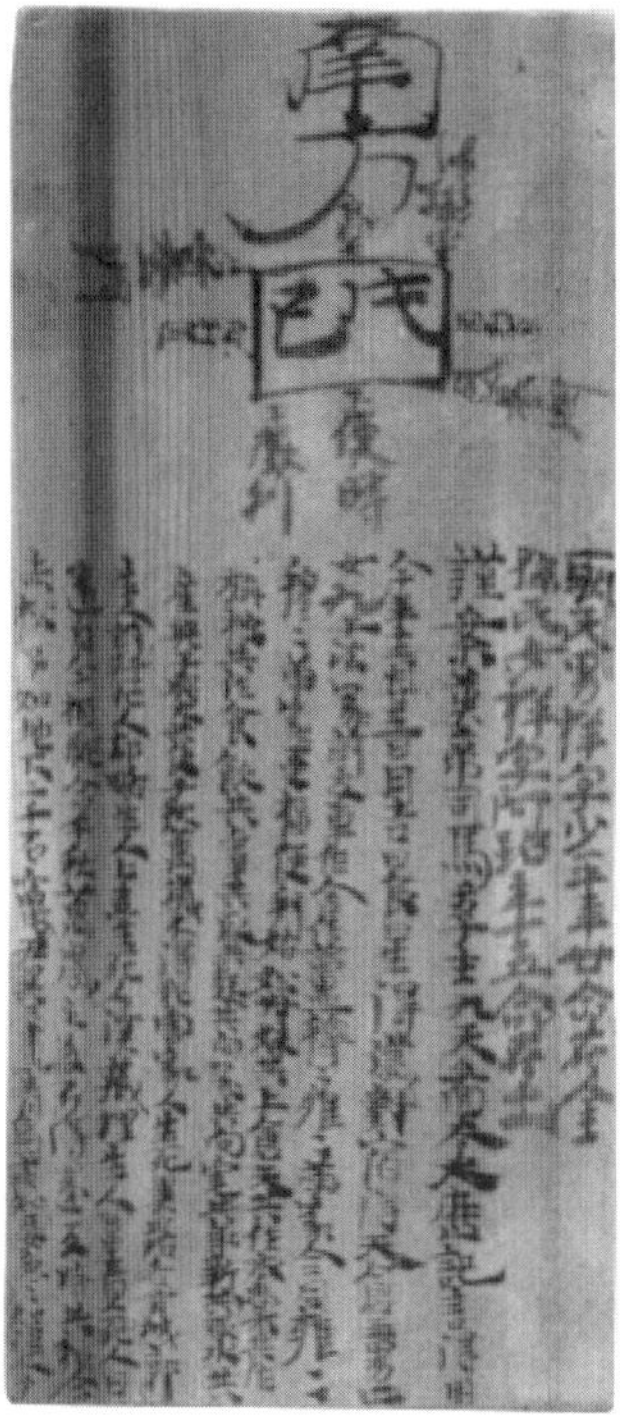

挿1　高台県出土の魏晋期の冥婚鎮墓文　『考古与文物』2008年第1期より。

　この冥婚鎮墓文は、木板に書写され、文字部分は十一行の墨書である。最初の二行と後の九行と墨色の濃淡と書風が異なっており、書き手が違うように思える。また、板の上部に書かれた「卜宅図」も、「南方」・枠文字の「戊己」と、枠の周辺に書かれた文字群とは別筆のように見える（**挿1**）。提示された釈文のなかでは劉楽賢氏のものがもっとも正確と思われ、基本的にはそれに従い提示することとするが、一部、私見によって読み変えた。

1　耿氏男祥字少平、年廿、命在金。
2　孫氏女祥字阿招、年十五、命在土。
3　謹案黃帝・司馬季主『九天圖』・『太史曆』記言得用。
4　今年十二月廿三日、月吉日良、星得歳對、宿得天倉。五男四
5　女九子法。冢前交車、作舍作蘆（廬）。穆穆雍雍、兩家合同。雍雍
6　穆穆、兩家受福。便利姑妐姊妹。(13)共上倉（蒼）天。共作衣裳、共作
7　旃被。共作食飲、共上車。共臥、共起。共向冢、共取新（薪）、共取水。共

8　産兒子、兒大共使。(14) 千秋萬歳不得犯害家人。生死異路、各有城郭。
9　生人前行、死人卻略。生人上臺、死人深藏埋。生人富貴、死人日
10　遠。自今相配合、千秋萬歳之後不得還反（返）。時共和合、
11　赤松子・如（衍字か）地下二千石・竈君。共三畫。青烏子共知要。急急如律令。

この冥婚鎮墓文の詳細な解析に先だって、まず言及しておきたいことがある。それは、南宋時の北方の冥婚風習である。冥婚についての理解を深め、この冥婚鎮墓文の内容をより正確に把握するためである。

二、北方の冥婚風習

南宋の康与之は『昨梦録《さくぼうろく》』(15)に次のように語っている。

北の俗に、男女 年まさに嫁娶すべきも未婚して死する者は、両家は、媒を命じて互に之を求めしむ。之を「鬼媒人」と謂ふ。家狀細帖を通じ、各おの父母の命を以て禱《いの》りて之を卜《うらな》ふ。卜ふを得ば、即ち冥衣を制す。男は冠帶、女は裙帔等畢《ことごと》く備ふ。媒者は、男の墓に就きて酒果を備へ、祭りて以て婚を合す。二座を設けて相並べ、各《おの》おの小幡の長さ尺余のものを座の後に立つ。其れ未だ奠《まつ》らざるに、二幡凝然として直《た》だ垂れて動かず。奠り畢《をは》り、祝りて男女の相就かんことを請ひ、巹《きん》を合《あは》すが若きなり。其の相喜《あいよろこ》ばば、則ち二幡微《わづ》かに動き、以て相合ふこと一の若きを致す。…中略…。是の如《かく》くせずんば、則ち男女或は祟《わざわ》ひを作《な》し、穢悪の迹見《あらは》る。之を男祥女祥の鬼と謂ふ。両家亦薄《いささ》か幣帛を以て「鬼媒」に酬《むく》ゆ。「鬼媒」歳ごとに郷里の男女死者を察して、資を議《はか》り以て生を養ふなり。

北俗、男女年當嫁娶未婚而死者、兩家命媒互求之。謂之「鬼媒人」。通家狀細帖、各以父母命禱而卜之。得卜、即制冥衣。男冠帶、女裙帔等畢備。媒者就男墓備酒果、祭以合婚。設二座相並、各立小幡長尺余者於座後。其未奠也、二幡凝然直垂不動。奠畢、祝請男女相就、若合巹焉。其相喜者、則二幡微動、以致相合若一。…中略…。不如是、則男女或作祟、見穢惡之迹。謂之男祥女祥鬼。兩家亦薄以幣帛酬「鬼媒」。「鬼媒」毎歳察鄉里男女之死者、而議資以養生焉。

「家狀」とは、その家の三代の家柄などを紹介するもので、「細帖」とは、名前や生まれの年・月・日・時を書いてある紙であると思われる。「家狀」と「細帖」をもらって、占う

というのは、主に両家の経済的文化的実力と両者の年・月・日・時に当たる五行の命式が、婚姻を結ぶ家柄として、結婚相手として相応かどうかを占うことである。『漢書』巻九十九王莽伝に、王莽が自分の娘を皇后にした経緯が記されている。皇太后が結婚の申し入れをした後、大臣に占わせてみたら、「兆は金水王相に遇《あ》ふ。（兆遇金水王相。）」との報告を受けた。魏の孟康の注には、「金と水は相生なり。（金水相生也。）」と見える。つまり、男女はそれぞれ五行の金と水にあたり、相互の関係は「金より水が生じる（金生水）」、「王（旺盛）から相（強壮）が生じる（王生相）」ことから結婚相手に非常にふさわしいという。これによって結婚前、相手の五行が自分の家の子に合っているのかを知る手段として、まず卜ってもらっていたことが知られよう。冥婚も結婚だから、結婚のやり方と同様に占わなければならないと考えられたのであろう。なお「巹《きん》」は、一つのヒョウタンを二つ割りにした婚礼用の杯《さかずき》である。したがって「合巹」は、その杯を交わすこと、または婚礼自体を指すことになる。

この『昨梦録』に言う冥婚の内容をまとめると、次のように整理できよう。

①北方には、未婚の子供を亡くした家は、その子供のために、「鬼媒人」を頼んで相手を探し出し、冥婚を行う風習があった。

②その手順は、冥婚を結ぶ前に、まず相手の生年月日を教えてもらって占う。吉であれば、衣類や果物や酒など用意し、男の墓で、生者の結婚のような儀式を行う。

③「鬼媒人」という専門の人がおり、冥婚儀式の司会などをして生計を立てていた。

④未婚の若死にした死者は男女それぞれ男祥鬼と女祥鬼と呼ばれ、彼らに結婚させないと、その幽鬼が災いをなす可能性が出てくる。未婚の若死にした死者を結婚させる冥婚の動機・目的は、まさしくそこにあった。

そこでこの知見を背景に、高台県の冥婚鎮墓文を解析していこう。

三、冥婚鎮墓文の解析

冥婚鎮墓文は、六段落に区切られる。（一）～（六）でそれを示し、先に示した原文、その行数、書き下し文を添える。

（一）1～2行

耿氏男祥字少平、年廿、命在金。孫氏女祥字阿玿、年十五、命在土。

耿氏の男祥、字は少平、年は廿、命は金に在り。孫氏の女祥、字は阿玿、年は十五、命は土に在り。

「男祥」と「女祥」とは、『昨梦録』に言うように、若死にを遂げた男女を言う。「命在金」・「命在土」とは、死者の生年・月・日・時の干支を併せて占った結果、男の命式は金に属し、女の命式は土に属するすることを言い、金と土の相互の関係は「相生」の「土生金」であって、この二人が結婚相手として問題なく、いい結果になることを意味している。この二行は、当事者の紹介だけに見えるけれども、実はその背後に、婚姻を結ぶ前の手順としての卜《うらな》いが潜んでいることに目を向けなければならない。(16)

(二) 3～4行

謹案黄帝・司馬季主『九天圖』・『太史暦』記言得用。今年十二月廿三日、月吉日良、星得歳對、宿得天倉。

謹みて黄帝・司馬季主の『九天図』・『太史暦』の記言に案《かんが》みて用を得。今年の十二月廿三日、月は吉にして日は良く、星は歳の対するを得て、宿は天倉を得。

「黄帝」とは、戦国の斉の始祖であり、後に神として崇められていく。『漢書』芸文志にその名を乗る数術の書物が多く見られる。「司馬季主」とは、楚の人で、前漢の有名な「日者」、すなわち日月星辰の運行・位置などによって運勢や事の吉凶を占う者（星占い師）である。『史記』巻百二十七「日者列伝」褚先生（前漢の褚少孫）に、「夫れ司馬季主なる者は、楚の賢大夫なり。長安に游学し、『易経』に通ず。黄帝・老子に術び、博聞遠見なり。（夫司馬季主者、楚賢大夫。游學長安、通『易經』。術黄帝・老子、博聞遠見。）」と見えている。すなわち、その学問は「黄帝」系統にも属する。洛陽出土の建寧三（一七〇）年鎮墓文に、(17)「黄帝青烏□□曾孫趙□□□造新冢。」と記されている。青烏（青烏子）とは、後述するように前漢の風水卜い界の大物である。故に、「黄帝青烏」や「黄帝司馬季主」の「黄帝」は、青烏・司馬季主と並列して並ぶ関係ではなく、それらの学問や術の系統を示すものと理解すべきである。

「九天」とは、天を方角により九つに区分したもので、それぞれ天の八方と中央に当たる。司馬季子は星占い師であるから、『九天図』は彼によって作られた天上の星の分布を描く書物だと考えてよい。書物名として『太平御覧』巻六百五十九道部一「道」に見いだせるが、その作者は示されていない。司馬季子は、後に東晋の道学者である葛洪の『神仙伝』に、仙人とされているから、(18)道教の経典とされる『九天図』は彼の書物である可能性が高い。

「太史」とは、暦法を司る官、周の時にすでに置かれ、漢になると、太史令と呼ばれている。『後漢書』百官志二「太常」に、「太史令は一人、六百石なり。本注に曰く、天時・

星暦を掌る。凡そ歳将《まさ》に終らんとするとき、新年の暦を奏《すす》む。凡そ国の祭祀・喪・娶の事あたりて、良日及び時節禁忌を奏むるを掌る。（太史令一人、六百石。本注曰、掌天時・星曆。凡歳將終、奏新年曆。凡國祭祀・喪・娶之事、掌奏良日及時節禁忌）。」と記されている。とすれば、『太史暦』は、その日に、祭祀・葬礼・婚礼などを行うべきかどうかを示す書物であると推測できよう。『史記』での司馬季子は役人ではなく、術士として記されているので、『太史暦』は、彼と関係なく、ただある太史令によって作られた暦書だったのであろう。

「歳」とは、歳星すなわち木星である。「天倉」、二十八宿の西方七宿に属する星座である。「星得歳對、宿得天倉」とは、その日が木星と天倉に当たることをいう。

したがって、この段落は、術士（後述する）が司馬季子の天文図と太史の暦書によって、結婚に良い日を選んだことを伝えている。冥婚にあっても、普通の婚礼と同じように吉日を選んで行うこと、そしてその仕事をする術士あるいは術士のグループは、司馬季子と係わっていたことが窺われよう。

（三）４〜６行

五男四女九子法。冢前交車、作舍作廬。穆穆雍雍、兩家合同。雍雍穆穆、兩家受福。便利姑妐姊妹。

五男四女九子の法。冢の前に車を交し、舎を作り廬を作る。穆穆雍雍として、両家合同す。雍雍穆穆として、両家福を受く。姑妐姊妹に便利あり。

「五男四女九子法」とは、多く子供を生むことを象徴するような贈り物やその儀式のことを言うのであろう。『通典』礼十八「公侯大夫士婚礼」には、後漢の時、男性の家が、女性の家への贈り物とその贈り物が象徴する意味が記されている。贈り物の中に「九子墨」と「九子婦」があるが、その意味はそれぞれ「九子墨は長く子孫を生む（九子墨長生子孫）」、「九子婦は四徳有り（九子婦有四德）」とされている。

「交車」とは、死者の遺骸あるいはその身代わりものを乗せる車を交わせあうことである。「舎」・「廬」とは、家・いおりの意であるが、ここでは死者の家、即ち墓をいう。漢墓画像石に墓のことを室・舎・府などと称する例が少なくない。(19) とすれば、「作舎作廬」は、新しい墓を作ることとなる。未婚のまま若死にを遂げた男性を先祖の墓地に埋め込むことは許されないから、まず別の場所に仮葬し、冥婚を挙げたあと、はじめて一族の墓地に墓を作って埋めるわけである。男性の墓地に男女死者をはじめて会わせて冥婚儀式を行うので、両者を乗せるそれぞれの車を交わす「交車」は、儀式の重要な段取りであると思われる。(20)

「穆穆雍雍」とは、両方の家族が仲良い様子。「合同」とは、協力すること。『史記』巻八十七「李斯列伝」に「上下合同せば、以て長久なるべし。（上下合同、可以長久。）」とみえる。「姑妐姉妹」とは、男性の父母と姉妹。「受福」・「便利」とは、利益を受けること。これは男性の家族の願望、つまりお金を出し術士を頼んで、正式的な儀式を行うことによって保証される願いである。

清・徐珂の『清稗類鈔』婚姻類「山西冥婚」に、

俗に所謂《いわゆる》冥婚有るは、凡そ男女未だ婚嫁せずして夭《わかじ》にする者あらば、之の為に配を擇《えら》ぶ。且つ此の男は必しも已に此の女を聘せず、此の女は必しも已に此の男に字せず、固《もと》より皆死後相配《めあは》す者のみ。男家は餅食を具《そな》へ、女家は奩具を備ふ。娶《めと》る日、紙もて男女各一を紮《から》げ、之を彩輿に置く。男家由《よ》り迎へ帰り、結婚の礼を行ふ。

俗有所謂冥婚者、凡男女未婚嫁而夭者、為之擇配。且此男不必已聘此女、此女不必已字此男、固皆死後相配者耳。男家具餅食、女家備奩具。娶日、紙紮男女各一、置之彩輿。由男家迎歸、行結婚禮。

と見えている。山西省の冥婚は、普通に男女の死者は婚約者に限らず、亡くなった後にはじめて婚姻を結ぶという風習がある。男性の家は食べ物を、女性の家は嫁入り道具を備える。挙式の日に、紙で男女の身代わり人形を作り、飾った車に乗せて男性の家に迎えて婚礼を行うという。注目したいところは、その二人の人形を「彩輿」に乗せて迎えることである。これと、前に挙げた『昨梦録』にいう「媒者、男の墓に就きて酒果を備へ、祭りて以て婚を合す。二座を設けて相並べ、各おの小幡の長さ尺余のものを座の後に立つ。……奠り畢《をは》り、祝りて男女の相就かんことを請ひ、巹を合《あは》すが若きなり」という内容とを合わせてみれば、この段落は、新たに作られた耿少平の墓の前に、両者の遺骸あるいはその身代わりを載せた車を交わして婚礼儀式を行ったという様子を描写していると理解できよう。

（四）6〜8行

共上倉（蒼）天。共作衣裳、共作旃被。共作食飲、共上車。共臥、共起。共向冢、共向宅。共取新（薪）、共取水。共産兒子、兒大共使。

共に蒼天に上る。共に衣裳を作り、共に旃被を作る。共に食飲を作り、共に車に上る。共に臥し、共に起く。共に冢に向ひ、共に宅に向ふ。共に薪《たきぎ》を取り、共に水を取る。共に児子を産み、児大ならば共に使ふ。

「旃被」は、毛織物の布団、「宅」は、墓である。「共使」は、一緒に使うことである。昔は子供も労働力とされていて、大きくなると野良仕事や家事を手伝わせたりするからである。

この段落はすべて「共」の字を使って、幽鬼夫婦二人が共同して衣食住から子育てまでして暮らすその様子を語っている。当然、冥婚鎮墓文ができあがった時点で、二人の共同生活はまだ始まっていないから、すべては期待されることだったといえよう。ただしこの期待のなかには、矛盾をきたすような内容が含まれている。それは、「共上蒼天」と「共向冢、共向宅」である。幽霊たちは、いったいどこで暮らすのであろうか。「共に蒼天に上る」について、町田氏は、幽鬼が天に行って安寧な生活を送ることが期待されるように読み取っている。(21) しかし、墓で暮らしていながら、時には天に上ってくる幽鬼の話もあり、また幽鬼が「天にも黄泉にも行く」と記す墓券もあることから、天に行くと言っても、必ずしも天で暮らし続けているとは限らない。晋・陶潜『捜神後記』巻五(22)に、次のような話がある。要約して示してみよう。

　周という人が、夕方に、道の傍らにある民家の若い女性にさそわれて、その家に宿った。女性が彼のために火を燃やしてご飯を作った。深夜になると、女性が誰かに呼ばれて雷の車を押しに行った。その夜果たして大きな雷雨があった。翌朝周が目をさめて見ると、泊まったところは、ただ一つの墓であったことがわかった。

この話では、女性がご飯を作ったりして墓で現世と同じような生活を営みながら、天に登って雷の車を押したりもする。また、出土した建初四（七九）年二二七号木簡(23)には、「下に黄泉に入り、上に倉天に入る。……禱る所、序寧皆自ら持ち去りて天公に対《こた》ふ。（下入黄泉、上入倉天。……所禱、序寧皆自持去對天公。）」と見えている。死者の序寧が黄泉にも、天にも入り、天に行くのは、天公の検問に答えるためである。この二つの例からすれば、天は幽鬼にとって、仕事をするところ、あるいは検問に応じに行く場所、つまり役所のような存在なのであり、ずうっと留まるところではない。この点については、さらに詳しい論証が必要であると思うが、別の機会に譲りたい。

　したがって、冥婚鎮墓文のこの「天」は、ずうっと暮らす所ではなく、ただ最初に行く場所（戸籍を登録しに行くのか？）とされていたのではないだろうか。そうすると、矛盾が解消できよう。

（五）8〜10行

千秋萬歲不得犯害家人。生死異路、各有城郭。生人前行、死人卻略。生人上臺、死人深藏埋。生人富貴、死人日遠。自今相配合、千秋萬歲之後不得還反（返）。

千秋万歳にして家人を犯害するを得ず。生死路を異にし、各おの城郭有り。生人は前行し、死人は却略す。

生人は台に上り、死人は深く藏埋せらる。生人は富貴なり、死人は日に遠し。今 相配合する自り、千秋万歳の後も還返するを得ず。

「城郭」は、城内と郊外である。「却略」は、後ろへ下がることである。『世説新語』方正篇23番に「周侯未だ悟らず、即ち却略して階を下る。（周侯未悟、即卻略下階。）」と見えている。「日遠」は、現世から次第に遠ざかること。「配合」は、結婚させること。「還反」、現世の自家に戻ることである。

これらの文言は、その内容から二つにまとめられる。一つは、「城」に対する「郭」、「前行」に対する「却略」、台に上るのに対する深く藏埋するのように、対照させながら繰り返して、現世と冥界、生人と死人との違いを強調している。若死にした二人の男女に所属する世界は現世と全く別の世界だから、二人は現世に来ないでくださいと言わんばかりである。もう一つは、直接二人に、永遠にこの世に戻ったり、家族を害したりしないように命令していることである（誰が命令するのか、この点は後述）。

ところでこのような考えと言い方は、後漢の鎮墓文[24]によく見られるものであるから、鎮墓文との関連文言を例示してみよう。

（a）洛陽出土の延光元（一二二）年鎮墓文[25]

生上堂、死人深自臧。如律令。

生は堂に上る。死人深く自ら蔵《かく》る。律令の如くせよ。

（b）西安出土の陽嘉四（一三五）年鎮墓文[26]

生死異路。生人前行、死人却歩。

生死路を異にす。生人は前行し、死人は却歩す。

（c）西安出土の永壽二（一五六）年成桃椎鎮墓文[27]

死生異薄、千秋萬歳不得復相求索。急急如律令

死生 薄を異にし、千秋万歳復た相求索するを得ず。急急として律令の如くせよ。

（d）西安出土の熹平元（一七二）年陳叔敬鎮墓文[28]

生人上就陽、死人下歸陰。生人上就高臺、死人自深藏。生死各自異路。急如律令。

生人は上に陽に就き、死人は下に陰に帰す。生人は上に高台に就き、死人は自ら深く蔵《かく》る。生死 各おの自ら路を異にす。急ぎ律令の如くせよ。

（e）山西延臨猗縣出土の延熹九（一六六）年韓袱興鎮墓文[29]

生人自有宅舍、死人自有棺槨。死生異處、無與生人相索。

生人は自づから宅舍有り、死人は自づら棺槨有り。死生所を異にし、生人に相索《もと》むるなかれ。

さらに、高台県から五〇〇キロ離れた敦煌から出土した同

時期の鎮墓文にも、同様な表現を確認できる。追加して例示してみよう。

（f）建興二（三一四）年呂軒女鎮墓文[30]

死生各異路、千秋萬歳不得相注忤。便利生人。如律令。

死生 各おの路を異にし、千秋万歳相注忤するを得ず。生人に便利あらしめん。律令の如くせよ。

（g）後涼麟加八（三九六）年姫女訓鎮墓文[31]

生人前行、死人却歩。生死道異、不得相撞（?）。急急如律令。

生人は前行し、死人は却歩す。死生道を異にし、相撞《つ》くを得ず。急急として律令の如くせよ。

さてこのような多くの諸例と比較すれば、この段落は、まったく鎮墓文と同様であると言えるであろう。冥婚を行う目的は、まさに鎮墓文に示されていることであり、またそれは『昨夢録』にいう「是の如くせずんば、則ち男女或は祟《わざわ》ひを作《な》し、穢悪の迹見《あらは》る。」とまさしく一致している。

（六）10~11行

時共和合、赤松子・如（衍字か）地下二千石・竈君。共三畫。青烏子共知要。急急如律令。

時に共に和合するものは、赤松子・地下二千石・竈君なり。共に三たび画く。青烏子も共に要を知る。急急として律令の如くせよ。

「赤松子」とは、漢魏の時に成立したと思われる『列仙伝』巻上にその伝があり、昔の雨師だった仙人とされている。[32] 仙人として後漢の銅鏡の銘文にも、その名は見える。しかし、東晋南北朝の河西地域の墓券には、彼は「媒人」の身分で登場する。冥婚鎮墓文と同じ墓地出土の前秦建元十八（三八二）年高容男墓券[33]の最後に「時に状を知るは、左の青龍・右の白虎・前の朱雀・後の玄武なり。媒人は赤松子。建元十八年の正月丁卯の朔廿六日壬辰に奏す。（時知状、左青龍・右白虎・前朱雀・後玄武。媒人赤松子。建元十八年正月丁卯朔廿六日壬辰奏。）」と見えている。「……に奏す」という言い方は、南北朝にできたと思われる道経経典の『赤松子章暦』[34]を想起させる。それは、天の担当する神々に奏章を送るという「上章」の様式集である。だから、高容男墓券の赤松子は、墓券を求めるお客さんと神さまの間の「媒人」として、お客さんの求めていることを墓券として作成し冥界の支配者に通達する役目であったことがわかるであろう。耿少平冥婚鎮墓文は高容男墓券と大体近い時代、同じ墓地から出土したものでもあり、「赤松子」の役目も、同様であると考えてよかろう。「地下」とは、幽鬼にいる「黄泉」あるいは「蒿里」、即ち冥界のことである。[35]「二千石」とは郡のレベルの長官であるから「地下二千石」は、冥界の地方長官をいう。補佐官あるいは県のレベルの役人と思われる「丘丞」・「墓伯」と共に、後漢から南北朝までの墓券にしばしば登場する死者を管理する冥界官吏の代表のような存在である。おそらくこの「地下二千石」こそが、（五）段落に書かれた耿少平らへの命令を下す人物ではないだろうか。

「竈君《そうくん》」とは、かまどの神。昔から信仰されてきた神である。『礼記』祭法に「王は群姓の為に七祀を立つ。曰く司命、……、曰く竈。（王為羣姓立七祀。曰司命、……、曰竈。）」と見えている。王は役人と庶民のために、かまどの神を含む七つの神をまつるのだという。馬王堆漢墓出土の紀年前三世紀末頃できたと言われる医書である「五十二病方」の第四十八番「久（身）疕（かぶれて薄い膜のできもの）」の第九方に「黄神竈の中に在り。（黄神在竈中。）」と見えている。第三十九番「□闌（爛）者」の第三方にも「竈の中従《よ》り出で、延ぶること毋《な》かれ。黄神且《まさ》に与に言はんとす。（従竈中出、毋延。黄神且與言。）」と見える。熱を治する呪いには、（熱の悪鬼よ）さっさとかまどから出て行け、ずるずると遅らせてはいけない。黄神はまさに号令を下そうとするという意味である。この黄神は、病気を治するのに関わるかまどの神とされていたことが窺われる。[36] また『史記』巻十二「孝武本紀」によれば、『索隠』引く魏の如淳がいうように「竈を祠《まつ》らば以て福を致すべし。（祠竈可以致福。）」と見え、かまどの神が福の神とされていたことも知られる。六朝時代の荊楚（現在の湖北・湖南）地方の行事・風俗を記録した『荊楚歳時記』には、十二月八日に竈神をまつることが記されている。[37] さらに『後漢書』巻三十二陰識伝に付された唐の李賢の注が引く『雑五行書』によれば、「竈神 名は禪、字は子郭。黄衣を衣《き》、夜髪を被りて竈の中従《よ》り出づ。其の名を知りて之を呼べば、凶悪を除くべし。宜しく猪肝を市《か》ひて竈を泥すべく、婦をして孝たらしむ。（竈神名禪、字子郭。衣黄衣、夜被髪従竈中出。知其名呼之、可除凶惡。宜市猪肝泥竈、令婦孝。）」と見えている。髪を振り乱し黄色い衣服を着たかまどの神は、夜かまどから出てくる。その名前を呼ぶと、禍を取り除いてくれる。また、豚の肝でかまどを塗りつけると、息子の嫁に親孝行をさせてくれるのだという。注目したいのは、この夜に出ること、禍を払うこと、嫁に親孝行をさせてくれることである。今の山西省における実地調査によれば、冥婚儀式は普通に男性の家族が主導して夜に行われ、[38] 地方によっては儀式の前の日に女性の死者の親が、かまどの神をはじめ門や道路をつかさどる神々を祭って娘が無事に結婚相手の墓地に着くことを依頼するという。[39] したがって、冥婚鎮墓文に登場する竈の神は、偶然に選ばれて登場したものではなく、その時代に、冥婚の儀式に関わっている神とされていた可能性が高いと言えよう。

「青烏子」は、墓占いの始祖である。後漢の応劭『風俗通義』姓氏・青烏氏に、「漢有青烏子善數術。（漢に青烏子有りて数術を善くす。）」と見える。応劭の言う「漢」は、前漢のことを指すから、前漢時に、「青烏子」という天文・暦・占いなどの数術を扱う一族が存在していたことになる。『太平御覧』巻四百一に『圖墓書』曰、青烏・乃默皆聖人也。記人生死所由。（『図墓書』(40)に曰く、「青烏・乃默 皆聖人なり。人の生死の由《よ》る所を記す」と。）とある。『芸文類聚』巻七山部上に『相冢書』曰、青烏子稱、山望之如却月形、或如覆舟、葬之出富貴。」（『相冢書』に曰く、「青烏子称す、山は之を望みて却月の形の如く、或いは覆舟の如きに、之を葬らば富貴出づ」と。）とある。「青烏」或いは「青烏子」という人物が術数界の大物であったことが窺われる。ところが、河西出土の晉・南北朝の鎮墓文には、彼は、「北辰」の代弁者になっている。敦煌出土の永嘉二（三〇八）年胡姜盈鎮墓文(41)に、「青烏子告北辰詔令。（青烏子 北辰詔令を告ぐ。）」と見えている。また、敦煌出土の前涼建興廿六（三三八）年妻黑奴鎮墓文(42)にも、「青烏子告北辰詔□□令」と似た文言がある。他の敦煌出土の鎮墓文十数点には、みな「青烏子北辰詔令」の形で登場するが、「青烏子告北辰詔令」から変わったものと思われる。「北辰」は、北極星と北斗二説あるが、後漢の鎮墓文には、北斗君が四種類の幽鬼を主《つかさど》る内容があるから(43)、恐らく北斗のことを指すのだろう。それはともかく、「詔令」という言葉使いからすれば、「北辰」は冥界の支配者であることがわかる。とすれば、青烏子は冥界の支配者の代弁者とされていることになる。神様のお告げを伝達する者と言えば、それはまさに「巫」である。

また、「保証人」＋「名前」＋「如律令」という構造は、後漢から南北朝までの買地券の文末に見られるものである。河南省出土の光和元（一七八）年曹仲成買地券(44)には、「時旁人賈・劉皆知券約。他如天帝律令。（時に旁人の賈・劉 皆券約を知る。他は天帝の律令の如くせよ。）」と見え、武漢出土の永安五（二六二）年彭盧買地券(45)にも、「得知者東王公・西王母。如律令。（知るを得る者は東王公・西王母なり。律令の如くせよ。）」と見えている。

また、冥婚鎮墓文と同じ高台県墓地出土の建興廿四（三三六）年孫阿惠墓券(46)には、「時旁人、左青龍・右白虎・前朱雀・後玄武。沽儈各半。如律令。（時の旁人は、左の青龍・右の白虎・前の朱雀・後の玄武なり。儈《なます》を各おの半にして沽《か》ふ。律令の如くせよ。）」と記されている。

対照すればすぐにも了解されるように、冥婚鎮墓文の最後の部分は買地券の書式に似せて契約書の形式にしようとしている。冥婚鎮墓文の最後の段落は、死者の家族を代表する「媒人」の赤松子と、冥界の役人を代表する地下二千石と、冥婚儀式を関わる竈君と三人の関係者がこの契約書にサインして成立を謀り、また、冥界の支配者の代弁者である青鳥子も証人として招いていたことになる。したがってこのようにして成立した契約書は、冥界において十分な権威を持っており、死者の耿少平と孫阿玿あるいは他の幽鬼が破ることができないようになっていると理解すべきであろう。だからこそ、若死にした子供の害、すなわち祟《わざわい》から家族が守られるのである。つまり最後の四人は勝手にどこから引っ張ってきたようなでたらめのものではなく、一人一人それぞれの役割を熟考して選ばれていた四人に相違ない。

四、高台県冥婚鎮墓文の性格と価値

今一度この高台出土の木板を振り返って見ると、三つの内容が含まれていることが分かる。一つは、墓地を卜う「卜宅図」であり、もう一つは、耿少平と孫阿玿との冥婚の流れと冥界での生活様子であり、さらにもう一つは、「千秋万歳にして家人を犯害するを得ず」という鎮墓文である。そしてその三つの内容を統合して最後に三名の関係者と一人の証人を挙げて契約の形式を取っている。その際、地下二千石を関係者に入れていることがよく示しているように、耿氏と孫氏と二つの家だけで結ばれる単純な冥婚契約書ではなく、両者の家族が二人の死者と冥界の役人とで結ぶ契約となっているのである。若死にを遂げた二人の「男祥」・「女祥」の害、すなわち祟《わざわい》から家族の安全を守ることこそが、最も重要な本当の目的であり、冥婚をさせるのは、そのための手段に過ぎないのである。これがまさしくその趣旨なのである。したがってこの木板文書を単純な「冥婚書」と一般的な「墓券」と見なすことは控えるべきであろう。「冥婚鎮墓文」と名付けたのそのためである。

この非常に珍しい冥婚鎮墓文の資料的価値は、文献には記述の少ない冥婚に関する情報を多様にしかも具体的に提供してくれたことであろう。それをまとめておくと次のようになる。

〈一〉冥婚の相手

文書には冥婚を行う前に耿少平と孫阿玿との関係を語らず、最初に命式を示すことから、死ぬ前に両者は「無縁者」であった。

〈二〉冥婚に関する用語

南宋・康与之『昨梦録』にいう北方の未婚のままに若死にした男女を男祥・女祥という言い方は、晋の時にすでに使われていたことが明らかとなった。

〈三〉冥婚の成立とその流れ

①最初の二行に示される「命在金」・「命在土」のような、結婚相手として二人の命式が合うどうかを卜ってもらう。

②結婚に良い日を選んでもらう。調査と卜《うらな》いをともに行うこともある。

③男性の新たに作られた墓に、多くの子供を生むことを象徴する贈り物を用意し、二人（遺骸かあるいは何かの身代わり）をそれぞれ車に乗せて交わせる儀式を行う。

〈四〉幽鬼の暮らしの様子

冥界に入ると二人は、最初に天にある役所へ共に行く（戸籍に登録してもらうか）。その後、墓に戻り、衣類や食べ物を作ったり、寝たり起きたり、車で出かけたりして生前と変わらない生活を送る。特に、幽鬼も子供を生むという点が古代の冥界観念の例として非常に珍しい。

〈五〉冥婚をさせる動機

未婚の若死にした子供の幽鬼が自家に戻ったり、家族を害したりすることを永遠にさせないための冥婚である。これは、『昨梦録』の語る南宋の時の北方の風習と一致している。このような古来からの漢民族の冥界観念は、時代がかわってもほとんど変わることはなかった。

〈六〉冥婚鎮墓文の作者

この文書に見える「術」は、結婚相手を決める命式の卜い、吉日を選ぶ星占い、墓門の方向を決める「卜宅図」に係わる風水術である。特に前漢の司馬季子の『九天図』を使用するのは、そうした流派の伝承を感じさせる。文書の内容も、冥婚の流れ、冥界での生活、幽鬼への警告（鎮墓文の要素）、契約など実に豊富であるが、その文は、「家前交車、作舎作廬。穆穆雍雍、兩家合同。雍雍穆穆、兩家受福。」などのように、四文字で対句をなし、韻も踏んでいる。つまり文学的でその文章のレベルは実に高い。したがってこの冥婚鎮墓文の作者は俗巫などではなく、博学的卜いを精通するレベルの高い術士を想定すべきであろう。最初の二行目と「卜宅図」周辺の文字が別筆に見えるのは、ひょっとすると、その術士は文書の変わらない部分を書くだけで、儀式の現場には行かず、弟子が術士に代わって現場に行って、残り部分を書き補って儀礼をしたのかもしれない。

いずれにせよ、この完全に保全された冥婚鎮墓文は、古代の冥婚を知る典型的な貴重な資料として認識されて行くに相違ない。その貴重さを理解するために、最後に、後漢の冥婚

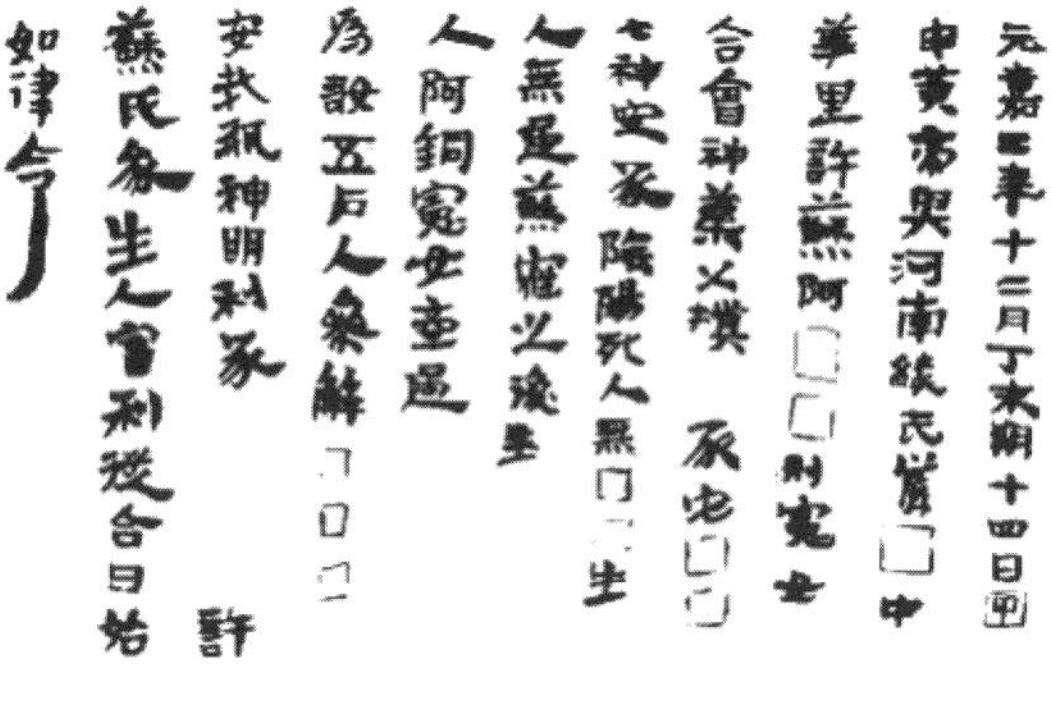

挿2　洛陽出土の冥婚に係わる後漢の鎮墓文
『考古与文物』一九九七年第二期より。

と関わる鎮墓文を一点を参考としてあげておく。

五、冥婚にかかわる後漢の鎮墓文

一九七四年、洛陽の後漢墓から腹に朱字が書かれた陶瓶が出土した。発掘簡報に(47)提示された模本を示しておこう（挿二）。その釈文は、次の通りである。

1　元嘉二年十二月丁未朔十四日庚
2　中、黄帝與河南緱氏真□中
3　華里許蘇阿銅□刑憲女
4　合會。神藥以填（鎮）□家宅□□。
5　七神定冢陰陽。死人無□□、生〈欠〉
6　人無過。蘇醒之後、生
7　人阿銅、憲女適過〈欠〉
8　爲□。五石人參解□□□。
9　安□瓶、神明利冢、〈欠〉許
10　蘇氏家生人富利。從合日始、
11　如律令。(48)

元嘉二（一五二）年の十二月丁未の朔十四日庚申、黄帝は河南の緱氏真□中華里の許蘇阿［銅］と□刑憲女の与《ため》に合会す。神薬を以て□家宅□□を填《ちん》す。七神は冢の陰陽を定む。死人は□□無く、生人は過ち無からしめん。蘇の醒めし後、生〈欠〉人阿銅・憲女適過□□□為□。五石人参もて□□を解く。□瓶を安んじ、神明は冢に利あらしめん。〈欠〉許蘇氏家の生人に富利あらしめん。合ふ日より始め、律令の如せよ。

文字の欠落が多いが、黄帝と名乗った人が許蘇阿銅と刑憲女との合会儀式を行う際に、七神に墓の陰陽を安定させ、五石や人参などの神薬及び鎮墓瓶を使って、死人が冥界で責められることを解除し、その家族に利益をもたらす、という大意は読み取れる。「合会」は、集まるという意味であるが、ここでは、おそらく婚姻が結ばれることに違いない。発掘簡報によると、その墓の主室に二人の遺骨があり、一人は既に粉の状態になっていたが、もう一人は女性であることが判明したという。この鎮墓文は男女二人の死者を冥界で結婚させる、所謂冥婚の時に用いられたものだと思われる。(49)

しかし、この文書には、二人の名前と「合会」という言葉以外、神薬や五石・人参、七神を利用して、「定」・「鎮」・「解」などの方法で、死者を安定させ、家族に利益をもたらすという点では、ほかの鎮墓文に変わらない。冥婚の証拠として、貴重な資料であるが、形式的にも内容的にも、冥婚に関わる具体的情報はあまりにも少ない。高台県出土の冥婚鎮墓文の貴重さがおのずと理解されよう。

おわりに

以上によって、高台県出土の冥婚鎮墓文の考察をおえる。後漢から南北朝までの鎮墓文と買地券、および南宋や清の時代の冥婚を記す文献を参考して検討した結果、当時の冥界観念、冥婚の動機や流れ、および冥婚鎮墓文の作者などの主な内容に明らかにし、魏晋南北朝時代の冥婚風習の実態に迫った。しかしこの資料一点だけで当時の冥婚の全容を解明できたとは思っていない。また推察に留めた箇所も少なくなく、中原と河西の冥婚風習の伝承関係や地域特徴などを論じる余裕もなかった。さらに、幽鬼たちがなぜ天に行かなければならないのか、こうした重要な問題も留保したままである。これらは課題として意識し、今後も検討を続けたい。

なお、冒頭に触れた今日の冥婚に係わる資料を見出したので、移録文と図版を参考と付しておこう（**挿3**）。中華民国二十一（一九三二）年に作成された山西省忻県の冥婚契約書である。(50)

1 合殯關書：忻縣二区北湖村趙
2 福知親女趙佩琴、民國一十五年
3 六月初八酉時生、民國二十一年病
4 歿。情願與三区西張村杜馬風
5 結為夫妻。馬風光緒三十年正月
6 初七丑時生、宣統二年病歿。杜馬
7 風侄杜仗義・杜有義、付趙福
8 知大洋貳佰肆拾圓。此係出兩
9 願、永無翻悔、永遠存照。

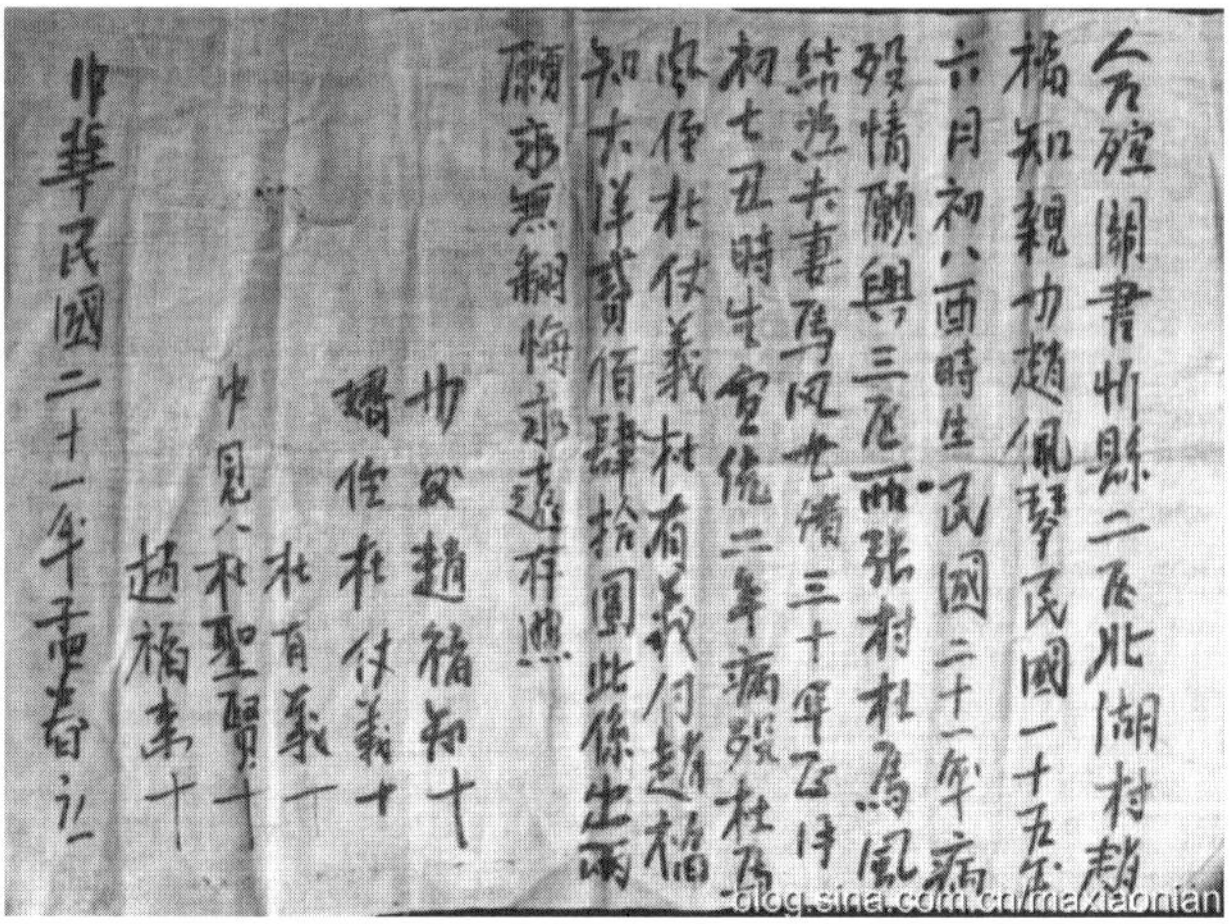

挿3　今日の冥婚契約書
馬暁年氏蔵。

10 女　父：趙福知　十
11 婿　侄：杜仗義　十
12 杜有義　十
13 中見人：杜聖賢　十
14 趙福来　十
15 中華民國二十一年孟春立。

注

（1）湖北省江陵県で発掘された前漢（前一六七）の「江陵鳳凰山一六八號漢墓竹牘」（「江陵鳳凰山一六八号漢墓」『考古学報』一九九三年第四期）には、現世の江陵の丞は地下の丞に、死者の燧が奴婢を連れ財産をもって冥界にいくと通達し、担当者に決まりに従って（登録等）手続きをさせるように告げる、という内容が記されている。その墓には、竹牘に記された奴・婢や車や馬の他に、陶器の牛と犬・生産道具・倉・船・かまど・食器・化粧道具なども用意され、生活及びそれを維持するものの大半がそろっていた。

（2）『三国志』巻二十魏書「武文世王公伝」。

（3）『三国志』巻五魏書・后妃伝「文昭甄皇后」。

（4）中宗が、則天武后に殺された長男の李重潤に、代宗が粛宗に賜死された弟の李倓に、韋皇后がその弟に、いずれも貴族や大臣の亡くなった少女を合葬して「冥婚」の儀式を行った。それぞれ、『旧唐書』巻八十六中宗諸子「懿徳太子重潤列伝」、巻百十六粛宗十三子「承天皇帝倓列伝」、巻九十二「蕭至忠列伝」に見える。

（5）唐の牛粛の『紀聞』に一話、戴孚の『広異記』に三話。それぞれ『太平広記』鬼十八「季攸」、鬼十八「長州陸氏女」と鬼十九「王乙」と再生六「魏靖」。

（6）冥婚に関する中国の研究者の最近の論考を紹介しておく。江林氏の「冥婚考述」（『湖南大学学報（社会科学版）』二〇〇〇年第一期、三八～四三頁）は、中国の冥婚の起源と変遷を考察。林耀華氏の『義序的宗族研究』（生活・読書・新知三聯書店、二〇〇〇年）第七章「婚嫁」は、福建省福州市にある義序という村の冥婚状況を紹介。汪毅夫氏「閩台冥婚旧俗之研究」（『台湾研究集刊』二〇〇七年第二期、七二～七九頁）は、台湾・福建省の地方誌に記されている清・民国の冥婚事例を考察。李全平氏の「山西雁北地区当代冥婚現象研究」（『民俗研究』二〇〇九年第二期、二四三〜二五三頁）は、今の山西省雁北地域の冥婚実態を論じる。

(7) 日本人学者の研究成果は、竹田旦氏が『祖霊祭祀と死霊結婚』の第五章「死霊結婚の比較民俗学――中国・日本・韓国」（人文書院、一九九〇年、一五六〜二〇六頁）にまとめている。そのなかで、竹田氏は、現代の中国の冥婚の動機と結婚双方の関係を分類して検討し、それを日本、韓国と比較している。

(8) 曹国新「駱駝城出土珍貴文物」『糸綢之路』一九九九年第三期、五四〜五五頁。

(9) 趙雪野・趙万鈞「甘粛高台魏晋墓墓券及所渉及的神祇和卜宅図」（『考古与文物』二〇〇八年第一期）。釈文と写真は八六〜八七頁。板の上部に書かれた図を「卜宅図」とする。

(10) 劉衛鵬「甘粛高台十六国墓券的再釈読」『敦煌研究』二〇〇九年第一期、四七〜五二頁。

(11) 劉楽賢「『生死異路、各有城郭』――読駱駝城出土的一件冥婚文書」『歴史研究』二〇一一年第六期、八六〜九八頁。

(12) 町田隆吉「甘粛省高台県出土の冥婚書をめぐって」『西北出土文献研究』第九号、二〇一一年、五〜二一頁。

(13) 「姊」は、趙雪野氏らと劉衛鵬氏の釈文である。劉楽賢氏は「叔」と直したが、元の文字はどうも「叔」には見えず、疑問として保留しておく。

(14) 「共産兒子、児大共使。」という曹国新氏と劉衛鵬氏の釈文を、劉楽賢氏は「共産兒子児大（女）。共使千秋萬歳不得犯害家人。」と読み取れるではないかという。しかし文脈の前後を考えれば、「共使」の主語は、冥婚をする二人の死者としか取れない。したがって劉楽賢氏の読み方に従えば、「共に千秋万歳にして家人を犯害するを得ざらしめん。」となり、誰が誰を使役するかよく分からなくなってしまう。

(15) 『全宋筆記』第四編第三冊、大象出版社、二〇〇八年。

(16) 町田隆吉氏は、「一・二行目は、耿少平と孫阿玿とによる自署するための別筆による記載ではないだろうか」とするが、その裏の意味と結婚の手順から見れば、これは占い師の言葉であると判断すべきであろう。

(17) 洛陽区考古発掘隊『洛陽焼溝漢墓』、科学出版社、一九五九年。

(18) 『太平御覧』巻六百六十二道部四「天仙」。

(19) 楊愛国「漢代画像石旁題略論」『考古』二〇〇五年第五期、六九頁。

(20) 今の山西省雁北地域の冥婚儀式は、夕方から車で女性死者の遺骸を納める棺を男性死者の墓の前に運び、男性の棺と「男左女右」の決まりに従って並べ、両者の前頭を一本の赤い紐で結びつけるという。李全平「山西雁北地区当代冥婚現象研究」『民俗研究』二〇〇九年第二期、二四七頁を参照。

(21) 町田隆吉前掲論文、十四頁。

(22) 晋・陶潜著・汪紹楹校注『捜神後記』中華書局、一九八一年。

(23) 陳松長『香港中文大学文物館藏簡牘』香港中文大学文物館、二〇〇一年。

(24) 鎮墓文は、主に陶器の甕などに書かれる天帝（使者）らが冥界の役人や死者などに下した命令のような文書である。「解注文」・「解除文」と称する人もいる。

(25) 中国社会科学院考古研究所洛陽唐城隊「一九八四年至一九八六年洛陽市漢晋墓発掘簡報」『考古学集刊』第七集、科学出版社、一九九一年。

(26) 禚振西「陝西戸県的両座漢墓」『考古与文物』、一九八〇年創刊号。

(27) 下中彌三郎編『書道全集』巻三、平凡社、一九三一年。

(28) 中村不折『禹域出土墨聖書法源流考』巻上、西東書房、一九二七年。

(29) 王沢慶「東漢延熹九朱書魂瓶」『中国文物報』一九九三年十一月。

(30) 戴春陽・張瓏『敦煌祁家湾西晋十六国墓葬発掘報告』文物出版社、一九九四年。

(31) 甘粛省敦煌県博物館「敦煌佛爺廟湾五涼時期墓葬発掘簡報」『文物』一九八三年第十期。

(32) 『史記』巻五十五留侯世家「赤松子」の「索隠」に引く『列仙伝』に、「神農時雨師也。能入火自焼、崑崙山上随風雨上下也。(神農の時の雨師なり。能く火に入り自ら焼き、崑崙山の上に風雨に随ひて上り下るなり。)」と見える。

(33) 寇克紅「高台駱駝城前秦墓出土墓券考釈」『敦煌研究』二〇〇九年、第四輯。その文書には鎮墓文と買地券の要素が混じっている。

(34) その成立年代については、南北朝時代と唐代の二説がある。任継愈等編『道蔵提要』(中国社会科学出版社、一九九五年、四四三頁)と呂鵬志『唐前道教儀式史綱』(中華書局、二〇〇八年、二一二頁)は、南北朝時代にできた主張する。大淵忍爾・石井昌子等編『道教典籍目録・索引：六朝唐宋の古文獻所引』(国書刊行会、一九九九年)は、唐に編集されたとする。たとえ唐の時の編集であったとしてもその内容は、早期の道教の伝承だと考えられる。

(35) 冥界の呼称について、拙稿「『蒿里』考：以墓券為據」(『剣南文學(経典閲読)』、二〇一二年第二期、一四五～一四六頁)を参照。

(36) 馬継興『馬王堆古医書考釈』(湖南科学技術出版社、一九九二年)六二七、五五〇頁。

(37) 梁・宗懍『荊楚歳時記』、元文二(一七三七)年北田清左衛門版行本、一六～一七頁。

(38) 李全平「山西雁北地区当代冥婚現象研究」『民俗研究』二〇〇九年第二期、二四七頁を参照。

(39) 侯法花氏は「冥婚的民俗学解読」『法制与経済』二〇一〇年第八期、一三一頁で、一つの冥婚実例を挙げている。ただし、どの地方のことなのかは示されていない。

(40) 『隋書』経籍志・子部五行に「五姓墓圖一巻」の注に「梁有冢書、……五音圖墓書九十一卷。」と見える。

(41) 張勳燎・白彬『中国道教考古』第二冊、線装書局、二〇〇六年。

(42) 敦煌県博物館考古組・北京大学考古実習隊「記敦煌発現的西晋十六国墓葬」、『敦煌吐魯番文献研究論集』第四輯、北京大学出版社、一九八七年。

(43) 西安出土の「北斗君主四鬼鎮墓文」(王育成「南李王陶瓶朱書与相関宗教文化問題研究」『考古与文物』、一九九六年第二期。)に、「北斗君、主乳死咎鬼。主自死咎鬼。主師死咎鬼。主星死咎鬼。(北斗君、乳死の咎鬼を主り、自死の咎鬼を主り、師死の咎鬼を主り、星死の咎鬼を主る)。」とある。

(44) 下中彌三郎編『書道全集』巻三、平凡社、一九三一年。出土場所は明記されていないが、文中に記される「平陰」は、現在の河南省孟津県の東北にあった。

(45) 程欣人「武漢出土的両塊東呉鉛券釈文」『考古』一九六五年、第十期。

(46) 前注8、参照。

（47）洛陽市文物工作隊「洛陽李屯東漢元嘉二年墓発掘簡報」、『考古与文物』、一九九七年、第二期。

（48）黄景春氏は「早期買地券・鎮墓文整理与研究」（華東師範大学二〇〇四年博士論文、http://www.cnki.net/）に「元嘉二（一五二）年河南緱氏鎮墓文本文」と名付けて、釈文を整理した。釈文は彼に従う。

（49）発掘簡報には、鎮墓文の性質について触れていない。黄景春氏の「論我国冥婚的歴史、現状及根源——兼与姚平教授商榷唐代冥婚問題」（『民間文化論壇』二〇〇五年、第五期）に冥婚の証拠として挙げられている。

（50）馬暁年氏が所蔵し、その写真をブログに公開している。http://blog.39.net/maxiaonian/a_8001097.html。句読点は筆者が加えたものである。その内容が判断して、信頼にたるものであろう。

附記 本稿は、寧波工程学院科学啓動経費の助成を受けたものである。

シルクロードの古墓から出土した偽物の「玉」

——五~六世紀のトゥルファン古墓の副葬品リストに見える「玉豚」の現実

大田黒綾奈

おおたぐろ・あやな——熊本県立第二高等学校事務職員。専門はトゥルファン出土文書及び大谷探検隊に係わる日本外務省の外交記録の研究。論文に「『教海一瀾』掲載のヘディンの西本願寺訪問の記録」（白須淨眞編『大谷光瑞とスヴェン・ヘディン　内陸アジア探検と国際政治社会』二〇一四年に収録）がある。

来世を強く意識した社会にあっては、どのような身分として埋葬されるのか、それは重要な問題であった。中国では古来より珍重され多様に用いられた美しい「玉《ぎょく》」は、再生復活への願いを托して葬送にも用いられたが、被葬者が富貴であることを示す重要な身分表象の一つでもあった。こうした事例は、漢文化を受容していた内陸アジアのトゥルファン地域の古墓群にも見出せる。しかし当地の古墓から出土する漢文の副葬品リストには「玉豚」と明記してあるにもかかわらず、その出土はまったくみられない。出土するのは、偽物の「玉豚」ばかりである。五~六世紀、この古墓群を造営した当地の漢人王国・麹《きく》氏《し》高昌国《こうしょうこく》の士人たちは、なぜ「玉」ではない偽物を「玉豚《ぎょくとん》」と呼んだのであろうか。その背景は、当地の漢人王国だけではなく漢代以降の中国支配者層の意識の変遷も重なって想像以上に深い。

一、随葬衣物疏に見える「玉豚」

中国では、「玉」と呼ばれる半透明の白緑色の美しい石が古来より珍重されてきた。王朝祭祀や国家儀礼の他、身分表象としての佩玉から葬送儀礼に至るまで、公私にわたる多種多様な場で用いられてきた。しかし、なかにはまったく「玉」を使用しないにもかかわらず、「玉」と称するものがあることに気がついた。現在の新疆ウイグル自治区・トゥルファン地域の古墓群から多数出土する「随葬衣物疏」（以下、衣物疏と略称する。**挿1**）、すなわち副葬品リストに記された「玉豚一双」に対応する副葬品がそれである。これが、ここに検討を試みる偽物の玉である。

五～七世紀、中国の魏晋南北朝時代から唐代にかけて、中国を遠く離れた西域のトゥルファン盆地では、五王朝が交代を繰り返した高昌国と呼ばれる小国があった。なかでも最後の王朝となった麹氏高昌国（五〇一～六四〇）は、小国ながらも遊牧民族勢力と中国勢力のはざまのなかで巧みに国を保ち、

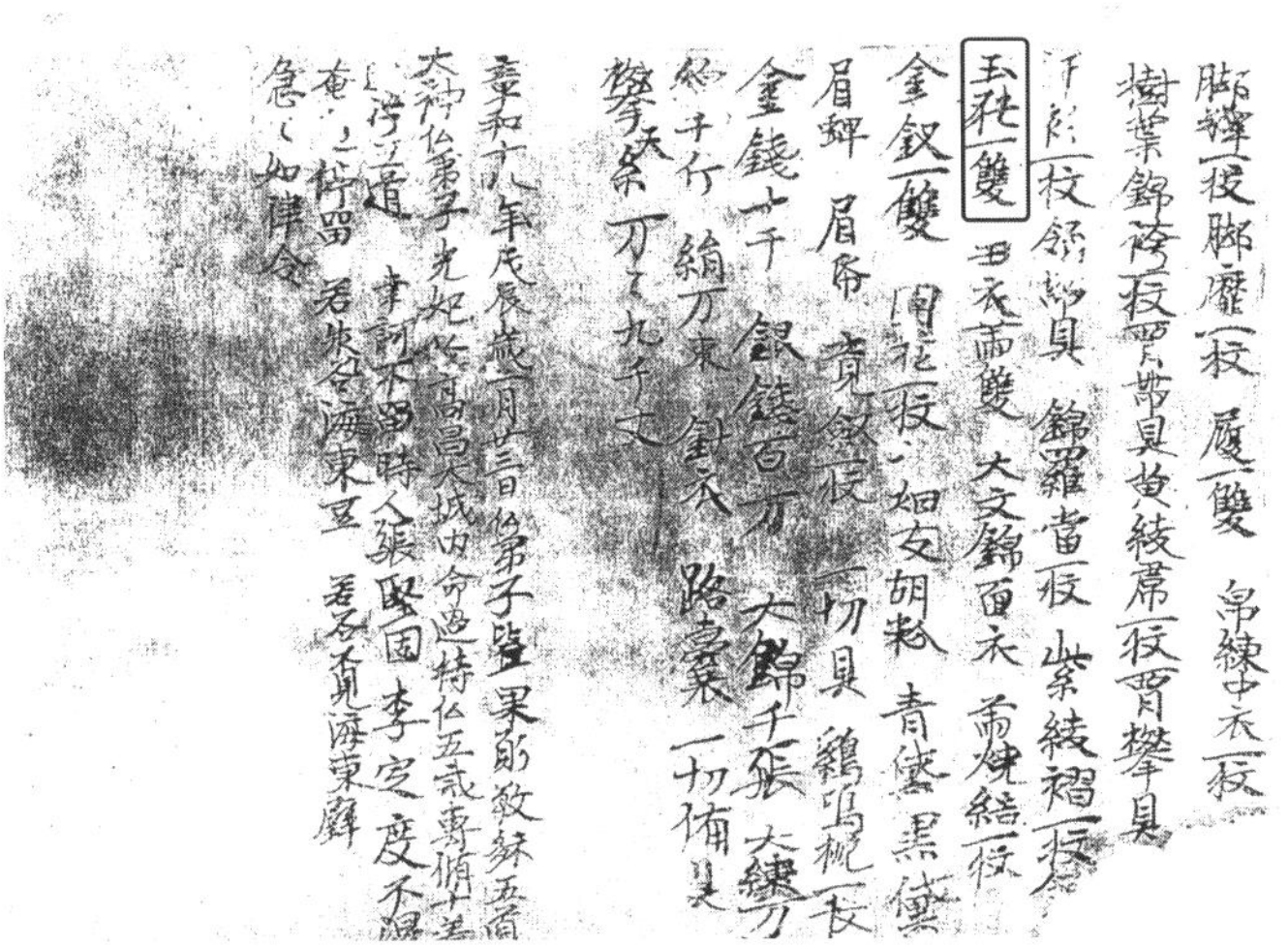

挿1　トゥルファン地域の古墓から出土した衣物疏に見える「玉豚一双」
文字を囲った箇所。「豚」は、「肫、豘、屯」、「双」は、「雙、醴」と書かれる例が多い。麹氏高昌国・章和十八年（548）の光妃・張洪妻焦氏の衣物疏（TAM170）。中国文物研究所、新疆維吾爾自治区博物館他編、唐長孺主編1992～1996、144頁より。

中央ユーラシア交通網、すなわちシルクロード東域の要として繁栄を保っていた。[1] 漢人の麹氏を王に頂くこの王朝は、中国官制を改編した独自の官制機構によって運営され、その支配者層も、中国の伝統的な漢文化を積極的に受容していた人々であった。その様相は、彼等支配者層が遺した当地の古墓群の副葬品だけでなく、副葬品を作成するために再利用された大量の漢文文書などもそれを裏付けている。極度の乾燥地帯であることが幸いし、今日にあっても判読することができるのである。今ここに言及する衣物疏も一群の漢文文書の一つであるが、これは再利用されたものではなく、衣物を主とする副葬品およびその数を記したリストであり、呪文的文言なども加えて、葬送文書として独自に作成されたものである。

　さて問題とする「玉豚」は、そのリストの中の一副葬品として記されている。しかし先に触れたように、墓室のなかからは、「玉」で作られた「玉豚」とおぼしきものは一例も見いだせない。残されていたのは「玉」の偽物であった。もちろん、衣物疏中に書かれている副葬品のすべてが、墓室に埋葬されていたわけではない。「黄金千両」や「金銀銭二万文」、「雑綵（各種絹織物）一千段」などもその例であり、数量を誇張して書いていたことが想定されよう。さらに「攀天糸萬

萬九千丈」、すなわち天によじ昇る糸九千丈のようなもとより架空性の強い副葬品も見られる。[2] しかし「玉豚」の場合は、中国においては実際の出土例が実に数多く確認され、この点においてこうした類いの副葬品とは同じには扱えない。それではその「玉豚」は、中国にあってはどのような状態で出土しているのであろうか。漢代まで遡り、さらにこの高昌国の時代、魏晋南北朝期までを追ってみよう。

二、漢代の「玉豚」

「玉」で伏せた豚を彫る手のひら大の「玉豚」（挿2）は、死者の両手の中に握らせる「握《あく》」として用いられていた。戦国期末には完成していたとされる士人の礼儀作法を記した書『儀礼』には、すでにその「握」に関する次のような記述が見られるから、古くから士人の葬送に用いられていたのであろう。

握手用玄纁裏長尺二寸広五寸牢中旁寸著組繫。[3]

握手は玄を用ひ、纁の裏あり、長さ尺二寸、広さ五寸、中を牢ること旁ごとに寸、著し、組繫あり。

これによれば、『儀礼』における「握」とは、玄（黒）と纁（赤）の布二枚を、長さ一尺二寸（一尺＝十寸、一尺＝約二三センチメートル）、両端の広さは五寸、その間の広さを一寸ずつ削った（すなわち三寸となる）「Ｉ」字形に縫い合わせ、中に綿を入れて紐をつけ、死者の手に縛り付けたものであったらしい。時代は下るが『大唐開元礼』凶礼にも、[4] 四・五品官以上に関しては『儀礼』のそれとほぼ同じ記述がみられ、埋葬儀礼のひとつとして継承されていたようである。ただし織物は腐敗しやすく、出土例は非常に少ない。したがって、「握」としての実際の出土例は玉や石が大半で、「玉豚」としての出土例は漢代以降に散見されることになる。

それではその「握」のモチーフが、なぜ豚とされたのであろうか。まずは、豚は多産であり、子孫の繁栄を願うということに大きな理由があったとみなせるであろう。そして、祭祠の際の重要な犠牲として、豚が多用されていたことも理由に加えられよう。後漢の名族である崔寔《さいしょく》が豪族の年中行事を記した『四民月令』という本によれば、先祖を毎月祀る際に種々の供え物が定められており、八月が黍と豚であった。[5] これは『礼記』の王制にみえる、庶人が秋に豚・黍を供えるという記述とも一致する。[6] 儒学を基盤とし、祖先を祀ることを重視する漢代礼教社会のなかに、犠牲の豚は明確に位置づいていたことになる。

さらにまた、前漢の『淮南子』の氾論訓によれば、「世俗の言に曰く、大高を饗する者は、彘（豚）を上牲と為す。」

とあるように、民間では豚が、先祖を祀る際の最上の生け贄とされていた。(7)しかも「神明独り之を饗くる」、すなわち神明（神）はただ豚のみを受け入れる、そのように考えられていた。豪族層の墳墓内に見られる画像石や壁画にも、使用人たちが牛・羊・鶏とともに豚を屠殺し、墓主のための供物を豪勢に作っている様子が見られるのは（**挿3**）、それを背景とするものなのであろう。

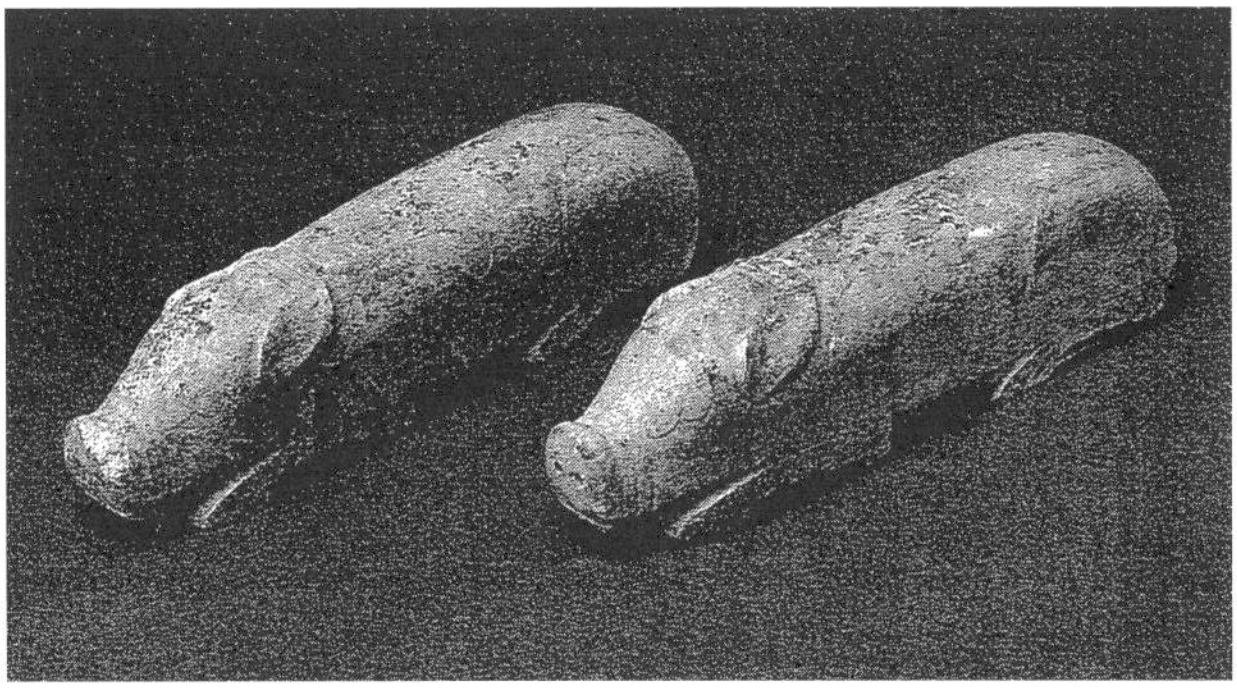

挿2　「玉豚一双」　前漢中期・山東省長清双乳山1号前漢墓。
京都府京都文化博物館、山口県立萩美術館、浦上記念館編2001、76頁より。

挿3　庖厨図
壁に掛けられた豊富な食材（図上部）だけでなく、各種家畜を屠殺し、魚を捌き、食材を切ったり煮込んだりしている。総勢40名以上で作られる供物は、それは豪華なものであっただろう。漢・山東省諸城墓。「山東省諸城漢墓画像石」『文物』1981年第10期、19頁より。

ところで、豚が特に多く用いられるのは他の動物よりもとりわけて優れていたためではなく、「以為へらく彘は家人の常に畜ふ所にして得易きの物なればなり」（同、氾論訓）とあるように、人の生活に身近な存在であったこともその理由であろう。当時、豚は便所の側で飼われ、排泄物の処理をさせるほどであったから、豚は、他の家畜よりも人々の生活の様相をあますことなく知り尽くしていたことになろう。すなわち人々の日常生活のなかから湧き起こるありのままの願いを、神にそのまま伝達するメッセンジャーとして、犠牲の役割を十分に果たすと見なされたのであろう。このように整理してみると、一般に死者の再生復活

挿4　中国における葬玉の出土地　筆者作成。

と結びつけられる「玉」を豚の形に作ることが、不可解なことではなく一定の意義を持って理解されたことになろう。高貴と再生復活を象徴する「玉」に、富裕と、さらに犠牲の持つ神へのメッセンジャーとしての役割が付加されていたからである。

ところで、漢代の厚葬の風習のもと、遺骸を保存するための「葬玉」がとりわけて発展を見せ、全身を鎧《よろい》状に包み込む「玉衣」を筆頭として、体中の孔《あな》を塞ぐ「玉塞」、口中に入れる「琀」、それに手中に握らせる「握」などが作成された。[8]もちろんこのように豪華な葬玉を施される墓主は、おのずと皇族や諸王侯に限られる。実際、前漢～前漢中晩期までの「玉豚」を含めた各種の「玉握」の地域別出土例は、当時の楚国の都である彭城にあたる江蘇省徐州市と、[9]中山国の都である盧奴とされる河北省保定市に集中する[10]（**挿4**）。楚国、中山国はいずれも世帯数が十万戸を超える強国であり、『漢書』の諸侯王表[11]は当時の強国について、漢王朝と同じ官制度を施行しえるほどの国力を備えていたと記している。

しかし前漢晩期以降になると、様相が変わってくる。「玉豚」の出土数は増加するものの、徐州市や保定市での出土数が大幅に減少し、それに代わって、「玉豚」の出土例の多い地域を囲むように、散在的となっていく。さらに後漢になると、「玉」ではなく「石豚」の出土例が目立つようになる。これは葬玉全般の変化と平行するもので、「玉豚」とともに「玉衣」の埋葬がやや減少し、「塞玉」や「琀」はそもそも併出しない例が増加してくる。また前漢中晩期までに「玉握」

挿5　金縷玉衣
漢王朝から冊封を受けていた梁王の亡骸を、2000枚以上の玉片で隙間無く包んでいた玉衣。永城市芒碭山僖山1号墓より出土。東京国立博物館・読売新聞社編『誕生！中国文明』2010、68~69頁（図版自体は展示絵葉より）。

と併出し金糸で綴ることが多かった「金《きん》縷《る》玉《ぎょく》衣《い》」（挿5）が、後漢には金メッキ銅糸や銀糸、銅糸となって、その質が低下してくる。

　こうした情況が物語るのは、やはり諸王侯自体の力の弱体化であろう。前漢初期から中期までであれば、強国の王侯は葬送制度を含めて、漢王朝と極端な開きはなかったようである。特に、前漢初期の「玉衣」については様々な製作方法が見られ、各国の玉工が諸王侯のために独自に葬玉を作っていた可能性も指摘されている。[12] しかし、武帝期に実質的郡県制に移行し中央集権化が進展すると、各国王侯に与えられたのは徴税権のみだけになったという。[13] また『後漢書』の礼儀志[14]には玉衣による階級の峻別が示され、諸侯王や列侯、公主には「銀縷玉衣」を、長公主には「銅縷玉衣」を贈るという規定が存在した。つまり後漢期における玉衣は、ほんの一握りの頂点に近い支配者層にのみに、漢王が下賜するものとなったのである。こうして葬玉は、支配者層におけるステイタスをしっかりと峻別してそれを明示するものとなったのである。

　ところで、「広陵王璽」と刻字された亀鈕金印が出土した最後の広陵国王、劉荊の墓には、玉衣が用いられていなかった。[15]『後漢書』の顕宗紀によれば、劉荊が謀反を起こしたため広陵国が廃されたからである。[16] 葬玉の埋葬の有無は、漢王朝の意思により決定されていたことをよく示していよう。

また、こうした状況を「玉豚（あるいは石豚）」の増加と前漢晩期以降の玉豚様式の画一化、すなわち漢八刀式（挿6）と対比すれば、あらかじめ作らせたものを漢王朝が広く施与したことを想定させる。「玉衣（葬玉）」の減少と、玉豚の増加と画一化は、皇帝が諸王侯に対するそのステイタスの保障を巧みに利用しつつ、皇帝の支配力を強化していった現れとみなすべきであろう。この結果、皇族をはじめとする限られた王侯だけに「玉衣」を施与し、玉衣を施与しなかった諸侯や官吏には「玉豚（あるいは石豚）」を施与することによって、施与に身分的段階的差異のあることを周知させたのである。後漢までには完整していたであろうこの中央集権的な葬玉制は、のち約二百年間もの長きにわたって機能し続けることとなり、「玉」という存在に権威的な印象を強く刻みつけることとなっていった。

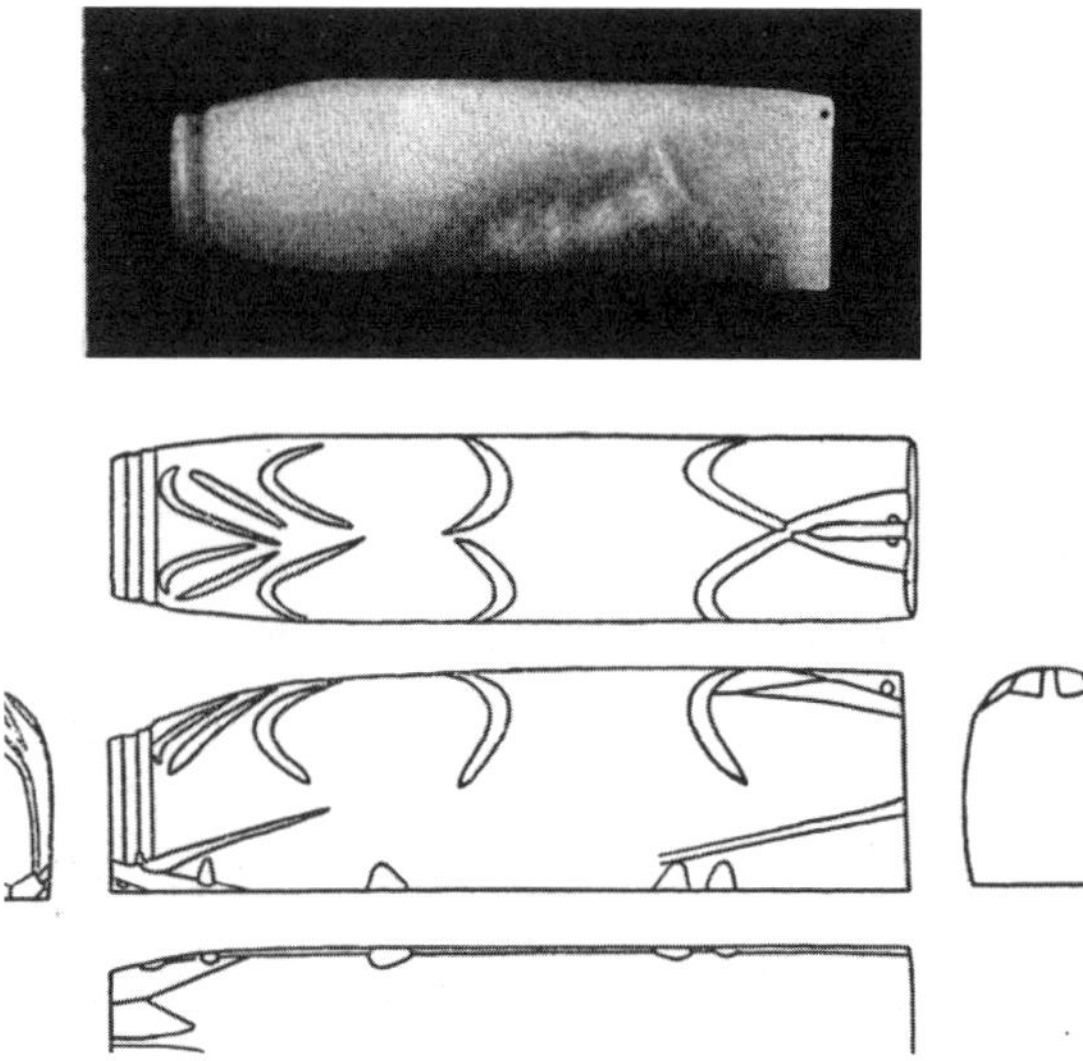

挿6　玉豚（漢八刀式）
後漢中期・河北省定県北庄漢墓出土。「漢八刀」とは、簡略化された力強い線が特徴の、漢代玉器特有の手法の一種。ただし、その由来は諸説あり、呼称自体も典籍には見えない。

三、魏晋南北朝時代の「石豚」

しかし、玉を多用する豪勢な葬玉制も、黄初三（二二二）年、魏の文帝による薄葬令によって大きな転換を迎えた。薄葬令は、墳墓や副葬品に関して具体的に言及しており、[17]その中で「飯含は珠玉を以てすることなく、珠襦玉匣（玉衣）を施すなかれ、諸の愚俗の為す所なり」と言い切っている。さらにこの詔を宗廟に保管し、そのコピーも尚書、秘書、三府にて保管させたように、厳格な適用を求めた徹底的なものだった。こうして、漢代に盛行した厚葬は一挙に影を潜めることとなる。そしてこの薄葬の風は、『晋書』や『宋書』にうかがえるように、後世にも受け継がれ、葬玉も衰退を余儀なくされていった。しかし「握」だけは、「玉豚」から「石豚」へとその材質を変化させながら、用い続けられて行くのである。

このように「玉豚」が他の葬玉と明暗を分けた理由は、恐らく薄葬令が発せられるまでにすでに「玉豚」が獲得していた固有性と強く相関しているであろう。「玉豚」は、一部の限られた支配者層の身分表象のために用いられた「玉衣」よりも「玉」の使用量も極端に少なく諸侯に広く施与され、一部の限定された高位の身分よりもより幅広く施与された者の身分を表象することになっていたためと考えられる。これが「玉豚」が新たに獲得した固有性なのである。

ところで後漢期には、「石豚」もすでに出土している。「玉衣」とともに、この「石豚」が埋葬されている例すら見出せる。[18]もはや「玉」とは言い得ない「石豚」、つまり玉の偽物であってすら、身分表象の機能を果たすことが可能であったことになろう。したがって薄葬令を契機として「玉豚」は、玉という石から切り離され、幅広く支配者層としてのステイタスの表象、つまり士人の表象として機能し始めるのである。

魏晋南北朝時代の「石豚」（「玉豚」も少数残存するが、「石豚」に吸収されることに鑑みてそれに含めて扱う）の出土数は、漢代の「玉豚」、「石豚」よりもかなり上回る。筆者の整理によれば、その数は漢代の三倍を超えている。「石豚」は滑石をはじめトルコ石・大理石等さまざまな石で作られるが、玉の擬製であることを意識してか、白っぽいものが多い。また、伏せた豚というモチーフは変わらないものの、その様式は、後漢ほど統一されてはいない。同族の墳墓でも異なっているだけでなく、同一の棺からの出土であっても、その形が全く異なるものすら見出せる。またその彫り方も、漢代の玉豚に比べれば、総じて粗雑なものとなっている。

次に、「石豚」の出土時期・出土地に注目してみよう。興味深いことに気づく。漢代には必ずしも多くなかった南京・江蘇省鎮江・安徽省馬鞍山からの出土数が、東晋期に急激に増加していることである。「石豚」の出土が集中した南京周辺とは、東晋の都であった建康周辺である。建康は、西晋の滅亡後、元帝司馬睿が都を建てたところである。元帝は江南の土着貴族に抗して脆弱な地盤を固めるため、華北からの南遷貴族達をその周辺に配置した。[19]つまり「石豚」の出土は、その元帝の施策に比例していると見なしてよい。逆に北朝からの出土は、筆者が見出した限り東魏の一例のみであった。[20]

また、「石豚」が出土した墳墓のうち、墓誌などの副葬品からその出自や官位官職の判明する被葬者を見ると、琅耶王氏一族[21]や陽夏謝氏の謝琰[22]といった、当時の名門貴族さえも含まれている。そして南京や安徽省馬鞍山出土の被葬者に関しては、整理した十二例ともに、その全てが長江以北の出身者であった。この結果を、被葬者の出自・官位などが解らない盗掘墓などにも援用が許されるならば、南京周辺で急増した「石豚」を埋葬された被葬者たちは、華北の混乱を避けて南遷してきた官人達であったとみなしてよかろう。

なお、東晋期の南京周辺以外の各地の「石豚」出土例においては、被葬者の出自と出土地が一致していることが特色である。薄葬令後も、土着の人々が「石豚」を副葬していたからである。

ところで、建康周辺へ避難してきた官人貴族たちは、門地二品の上品も含むようにその官位は高い。彼等貴族たちが皆、単なる石である「石豚」を埋葬することに、何らかの抵抗感や違和感はなかったのであろうか。中国で当時の衣物疏の出土例は少ないものの、そのうちの二例は「玉豚」と記されていたが、実際に出土したのは「玉豚」ではなく「石豚」であった。(23)「玉豚」という存在と、「玉」という呼称が乖離していてもすでに差し支えはなかったのである。

ところで、顔之推の『顔氏家訓』の終制第二十には、

至如蠟弩牙、玉豚、錫人之屬、並須停省。(24)

蠟弩牙、玉豚、錫人の屬するが如きに至るは、並びに須く停《や》め省くべし。

という有名な遺言がある。「錫人」などとともに、「玉豚」の副葬を省けと求めているのである。(25) 顔之推は梁朝の崩壊を目の当たりにし、その後、北斉・北周・隋に仕えた南北朝末期の波乱の時代を生きた流浪の江南士人である。しかし彼の残した『顔氏家訓』に見られる価値観は、南朝貴族達にことのほか批判的であり、当時の江南士人一般のそれとは大きく異なっていることを忘れてはならない。とはいえ魏晋南北朝時代における「玉豚」を論じる本稿にあっては、やはり無視できない一文である。顔之推の意図を、注意深く探ってみよう。

元々、江南の顔家は学者一族であった。しかし顔之推に直接連なる人々は、その才能は認められても江南貴族社会では栄達が望めないアウト・サイダーであった。(26) このような情況が、貴族社会に対する屈折した感情を抱く土壌となっていたことは否定できない。しかしそれにもまして不遇であったのは、顔之推一九歳（五四九）の時、東魏の侯景によって梁の都である建康が落城し、その梁は江陵に拠点を移したものの、今度はその江陵へ西魏が攻め込み、梁自体が滅亡したことである。彼は江陵士民と共に西魏関中に押送され、(27) その後、北斉の文宣帝の動きに巻き込まれて以降二十年間を北斉で過ごすこととなった。

しかし北斉を北周武帝が撃つと、彼は再び関中に強制移住

させられ、不遇のなかで死期を悟り、子孫の行く末を案じて『顔氏家訓』を書くこととなった。[28] 彼は南朝文化に慣れ親しみながらも、ほとんど強制的に北朝に出仕させられるという一生だったのである。江陵が西魏により壊滅した際、それまでの自分を形成してきた南朝の政治社会は崩壊し、さらに西魏の堅苦しい復古主義に絶望した反面、北斉ではその深い教養を貴族達に歓迎され、南朝文化のアイデンティティを深く再確認したのである。江南貴族への厳しい批判はその中で生まれたのである。

彼が何をおいても許せなかったのは、江南貴族達の無教養ぶりであった。「上車落せざれば則ち著作（著作佐郎）、体中何如（御機嫌いかが？）は則ち秘書（秘書郎）」という諺[29]ができるほどに官職は軽んぜられ、明経の試験や作詩では人の手を借りないと満足にできなかった嘆かわしい実態であった。また、庶民や下級官吏の働きぶりに対して貴族達は、俸禄の保障を受けているから農耕の苦しみを知らず、下級官吏や庶民の上でくつろぎ寝そべっているから辛い仕事に励むことを知らない無能者であった。[30] また、貴族は着飾り、外出すれば車か輿に乗り、家には召使いを侍らせる。[31] それだけなのだ。しかしそれが許容されたのは、城の内外では誰も馬に乗る必要性を感じなかったほど泰平の世であったからにすぎない。

吉川忠夫氏によれば、顔之推のこのような思考には、彼の価値観における特殊性が見られるという。それは、貴族に見られる政治的無関心ないしは無知、実務能力の欠如、華麗な生活態度などが江南社会の危機を招いたのだと考えるとともに、その一方で庶、すなわち農民や寒士の存在意義を肯定しようとしているからだという。[32]

しかし重要なことは、顔之推が寒士の存在意義を認めているからといって、士（貴族）と庶（寒士、農民）の間が埋まるべきだと考えていたわけでは決してない。『顔氏家訓』は、職務に通暁する「小人」、すなわち庶民や寒士は、鞭杖で締め上げることができるから大量に任用されているのだと言う。[33] 寒士たちが鞭杖で使役されることに何の疑問も抱いておらず、[34] 職務を手際よくこなす便利な庶だとしか認識していないのである。明らかに、顔之推は、「貴」の視点から寒士を見ているのである。つまり、貴族の中でもかなり寛容な認識を持っていたと思われる顔之推でさえ、士庶の別は存在して当然という認識を持っていた。また、学問の重要性を強調するくだりでは小人を引きあいに出し、たとえ小人であったとしても師と崇められる者もいたのだという。[35] ここにも、本来ならば「小人」、すなわち「庶」は無学なものという前提に立っていることは言うまでもない。「士庶の科《しな》、較然として辨《けじめ》有り」[36]という明言は、彼にもまさしく当然なことだったのである。それは、士と庶を分けるのは天であり、変えられるものではない（『宋書』王弘伝[37]）という根源的認識がある。貴族は当然のようにその恩恵を享受し、庶民は諦念するしかないような理不尽な論理が、南朝社会を支配していたのである。

異色であったとはいえ、こうした諸点においては、顔之推も変わることはなかった。彼が江南貴族に向けた辛辣な批判とは、長い泰平の世により蓄積された貴族の負の要素に向けたものであり、それは梁朝の崩壊を目の当たりにした経験から導き出したものだったのである。

だからこそ、彼は遺言に関しても非常に現実的であった。棺の板材に始まり、どの明器を副葬しないかを列挙し、塚の作り方や親友の墓参りに対する注意まで怠らない用意周到ぶりであった。士人の墓として最低限の体面を保つための痛恨の選択であり、貧窮のなかにあっても墓だけは、という譲れないものであった。だからこそ、「玉豚」さえも断念したのである。もし梁朝が崩壊しなければ、顔之推も、死後は当然、建康に埋葬され、他の貴族である士人と同じように上述した副葬品を納め、所定の儀式を行うよう希望したはずなのである。したがって「玉豚」の断念は、こうした強い士人意識の強い裏返しと見てとれよう。だとすれば、南朝末期にあってもなお、江南貴族達は「玉豚」を埋葬することを必須として意識していたことになる。それではその意識の直接的な源流は、どこに求められるであろうか。

それはやはり、東晋の元帝司馬睿による建康の建設以来のことであろう。後漢期の「玉豚」は、王朝が諸侯のために、支配者層としてのステイタスを保障する象徴として多用していたものであった。それが魏晋期になると、支配者層である士の象徴として、貴族層自らが多用したのである。西晋末の永嘉の乱、五胡の自立によって華北を追われた官人達は、自らこそ漢文化を正統に受け継いだ支配者層、すなわち士人であるという意識を、その人生の最後においても証そうとした埋葬行為であった。身寄りも地盤もない江南の建康において、彼らは官位に関係なく、「貴」という意識から、「玉豚」という名の「石豚」を副葬品として納めたのである。薄葬令によって「玉豚」という存在は既に象徴化されており、官人貴族達にとって、必ずしも真正な玉である必要性は、もはやなかったのである。『晋書』の輿服志[38]にも記されているように、南遷した後は天子が被る冕冠の飾り石すら、玉の代用品を用いざるを得なかったのが現実であった。そのような状況下で、貴族達が埋葬品として真正の「玉豚」を納めるようなことはできもしなかったであろう。しかしそれでも彼らは、漢人王朝社会における官僚貴族、すなわち士人である、という毅然たる誇りから、まがい物の石豚を「玉豚」と呼んでこだわり続けていたのである。

四、偽物の「玉」としての麴氏高昌国の「玉豚」

さてこのように中国の「玉豚」の淵源と、その埋葬の経緯を整理してみると、当初課題としていたトゥルファン地区の多数の衣物疏に登場する「玉豚一双」についても、おおよその見通しがついたことになろう。そこでさらに検討を加えて、結論を導出しておこう。

現在筆者が整理したトゥルファン地区の古墓群から出土した衣物疏の総数は六十八点である。その中で「玉豚」の記載が見られるものは、アスターナ古墓群出土の二十一例、カラホージャ古墓群出土一例の総計二十二例である。これらは全て麴氏高昌国期のものでその年代は麴氏の紀年に言う章和十八（五四八）年から延寿十四（六三七）年の間のものである。それは麴氏高昌国期とされる衣物疏四十件中、約半数に及んでいることになる。ここに言うアスターナ、カラホージャ古墓群とは、つとに白須淨眞先生が明示されていたように、歴代にわたって高昌国の中央官人のみを埋葬し続けた墓葬区であった。[39] トゥルファン地区の墳墓は盗掘が多く、また衣物疏をはじめ出土文書は欠損も少なくないが、約半数に及ぶ衣物疏に「玉豚一双」が記されていることは、当時の当地の中央官人がその必要性を強く意識していたことになろう。

ところで、衣物疏に記載される物品にはほとんどの場合助数詞が付せられている。「一双」とは、ペアで使用する物に対して用いる助数詞であり、今まで見てきた「握」としての使用法とも一致する。また「玉豚一双」の前後には「手把」という二字が付加されるものもいくつか見い出せるが、「手把」は手に握る動作を指すものとみてよい。[40] だとすればアスターナ、カラホージャ地区の古墓群からは「玉豚」だけでなく「石豚」に類する副葬品が出土してもよいはずなのである。しかしトゥルファン地区の古墓群の膨大な数の古墓に視野を広げても、「玉豚」や「石豚」の出土は、今のところ全く見出せない。ただしそれらに代わるかのように、「握」に相当するものは多数出土が確認される。棒状・鼓状の棒に絹や麻布を巻いた「木握」（**挿7a、b**）がそれである。美品の出土（**挿7a**）は珍しく、ほとんどは小さな木の棒（**挿7b**）として出土する。ただそれらにも出土時、棒に繊維が付着しているものが多く、埋葬時には何らかの布が巻きつけられていたことが推察される。[41] 現時点では、トゥルファン地区から出土した「握」のほとんどが「木握」であり[42]、時代も麴氏高昌国期、あるいは唐西州期に集中し、北涼期のものとして一例、武宣王沮渠蒙遜夫人彭氏墓からの出土が報告されている[43]。この他の「木握」の出土例は、アスターナ古墓群だけでなく、近年発掘が進展したムナル古墓群[44]、バダム古墓群[45]にも見られる。
　ただし留意すべきことは、これらの「木握」と衣物疏中の「玉豚」の記載が対応しているのかと言えば、必ずしもそうではないことである。衣物疏中に「玉豚」の記載が見られた古墓において、「木握」が出土したのは九例もある。逆に「玉豚」の語句が見られない衣物疏が出土した古墓でも、「木握」が出土した例はいくつか存在する[46]。さらに、そもそも衣物疏が出土しなかった古墓においてすら「木握」が見られることも少なくない。

挿7a　トゥルファン地区の古墓から出土した木握
アスターナ古墓群（72TAM170）からの出土。「吐魯番阿斯塔那第十次発掘簡報（1972―1973年）」『新疆文物』2000年第3、4期、図版4より。

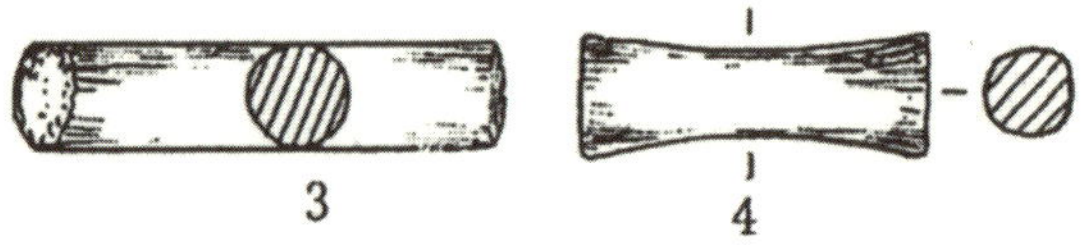

挿7b　トゥルファン地区の古墓から出土した木握
（左）04TBM116：10、（右）04TBM203：12からの出土。「木納爾墓地清理簡報」『吐魯番学研究』2006年第2期、29頁より。

　また、衣物疏中の「握」に関する文言も、時期によりゆるやかに変化する。前秦〜麴氏高昌国章和期まで、すなわちトゥルファン地域の早期の衣物疏の中には、「手中黄糸」といった「握」に関わると思われるものが衣物疏に散見する[47]。章和期までにあっては、糸握の他にも、「銅銭二枚」といった記載がいくつか見られる。TAM408令狐阿婢衣物疏には「銅銭副」と書かれた上で、銅銭の出土が見られた[48]。他にも、未盗掘であった夫婦合葬墓TAM305は、衣物疏に「銅銭二枚」と書かれた上で銅銭計四件の出土があり[49]、ぴったりと一致している例も確認される。そして麴氏高昌国晩期から唐代になると、「服屯」、「玉團」[50]、「玉墜」というような、音通と推定してよい「玉豚」の記載例も見出せるようになる。

いずれにせよこのように整理してみると、衣物疏中の「握」は、章和期を転換点として、糸とそれに添えられた銅銭から、「玉豚」をはじめとする何らかの品物名へと変化したことが窺えよう。「糸握」のような握の形から「玉豚」へ変化したということは、高昌国の人々が、「玉豚」を握であると認識していたことを意味する。それにも関わらず「石豚」の出土すら確認できないことは、彼らは意識的に「玉豚」や「石豚」の埋葬を行わなかった、そうみなしてよかろう。

さて、衣物疏上の「玉豚一双」の初例はTAM170墓、張洪およびその妻焦氏の合葬墓である。[51]それぞれに衣物疏が副葬されていたが、「玉豚一双」と記されていたのは章和十八年（五四八）紀年の妻焦氏の衣物疏である（**挿1**）。しかしそれにやや先立つ章和十三年（五四三）紀年の張洪衣物疏には、「手杞二枚」、つまりそれまでの「手中黄糸」、「銅銭二枚」とも異なり、また「玉豚」とも異なる「握」とおぼしき記載[52]が見えている。

このTAM170は、麴氏高昌国期の最初期に分類される墓表が出土した点でも興味深い。トゥルファン地区において三～八世紀の五百年間に亘って造営され続けた古墓群および墓表・墓誌を手がかりに、被葬者層の変遷を試みられた白須先生は、六世紀初からの変化を幾つか指摘されている。それは、墳墓を築く資力のある豪族層が飛躍的に増加し、以前ならば河西諸政権に直接仕官し官品を得た官人だけに限られていた「墓表」の埋納が加速したこと、ただしその加速も官人クラスの枠をやはりはみ出していないこと、そして章和期を区切りとして一挙に普及した「墓表」には一定の形態があったこと、さらにそれらは、衣物疏の文言の画一化や伏羲女媧図の登場とも並行していたことなどである。そこで先生は、麴氏高昌国期になってこうした墓制や葬制の総体に変化が現れたのは、章和期の政権の安定を背景として実質的な国家基盤が確立したこと、それに伴い、自立した国家のその支配者層に位置づいた官人（士人）に相応しく、葬制や墓制のあり方を意識的に整えたためであろうと想定された。[53]章和期における高昌王・麴堅の将軍号、衛将軍（正二品）は、当時の内陸アジアにおいて最高位の官号であり、五二〇年後半以降の高昌国は、国際社会におけるその政権の安定と高昌国王の国際的地位の向上をふたつながら獲得するという好機にも恵まれたことも並行して指摘された。それは、高昌国の過去の姿とに比べれば大きな飛躍であり、国内外におけるその権威を格段に高め、おのずと高昌国の官人にもその自負を抱かせるものとなったであろうことは想定してよかろう。[54]

なお、高昌国の支配者層である在地豪族は、正史には「国人」として記載される。[55] 彼らは柔然の風習に倣い辮髪を垂らすことも余儀なくされていたが、服装は中国風であった。[56] 言語も漢語であり、五経や『孔子』などの著作も読まれていたという。その上、高昌王の玉座を置く部屋には、魯国の哀公が孔子に政治を問うという、儒教的政治を象徴する絵も掲げていた。[57] 高昌国の国政を動かしていた「国人」、すなわち支配者層である在地豪族＝士人は、まったく完全なる漢人ではないとしても、中国風の服を着て、儒教的な政治のあり方を目標としていたのである。

というのも、高昌国の支配者層の多くは、もともと混乱を避けて中国世界やその西方の河西地域から流入してきた経緯を持っている。国人に立てられて麴氏高昌国の国王に即位した麴嘉も、金城郡楡中を本貫とする漢人の後裔であった。彼らは政治体制をはじめ文化、思想、そして葬制や墓制のあり方にいたるまで、漢人的であることを目ざした集団であった。そして、章和期の実質的な国家基盤確立にともなう政治的安定のなか、高昌王のもと高昌官人（士人）として名実ともにその地位を確立した在地豪族層は、中国社会の士人意識を感受し、その意識を反映する一つとして、もとより本物を埋葬するはずもない「玉豚」を意図的に衣物疏に書き加えたものと、筆者は想定する。白須先生が士人の表象の一つとみなされた「墓表」の普及と同様な現象と見るのである。

とはいえ、その「墓表」を一例としてみても、麴氏高昌国の官人達が埋葬したものは、中国のそれに比べれば総じて貧相なものであった。国家の飛躍によって高昌国の文化レベルが向上し、我ら士人の国家という意識が芽生え強くなったとしても、中国文化と同等になるようなことはもとよりありえなかった。したがってたとえ粗雑であっても「墓表」は「墓表」であり、「玉豚」は埋葬しなくとも「玉豚」と衣物疏に書き入れておくこと自体が肝要だったのである。

すでに整理したように、中国における東晋期以降の官人貴族達にとっての「玉豚」とは、自らこそが漢文化を正統に受け継いだ士人であるという自負を、死に臨んで再確認しておく埋葬行為であった。だからこそ、実際には「玉豚」ではない偽物、つまり「石豚」であったとしても、富貴の象徴としての「玉豚」なのだと観念し続けることができたのである。「玉豚」は、富貴を兼ね備えた士人の象徴としてすでに昇華され、たとえ偽の玉である「石豚」であったことは自明であっても許容できたのである。それが麴氏高昌国にあっては章和期の実質的な国家基盤確立、そして国際的ステイタスの上昇に伴う国人、すなわち在地豪族の意識変容により、たとえ小さくとも王を戴く自立国家の士人、官人であるという自負を満たすにふさわしい士人の埋葬行為、衣物疏に「玉豚」と明記してもそれを納めないこととして受容されたのである。中国南朝の士人、高昌国の士人、両者は決して並列するレベルにはない対極的な存在であったとしても、「玉豚」という存在は士人としてのアイデンティティを満たすものとして、両者に同様に機能していたのである。特に注目すべきことは、「石豚」であっても木片であっても、さらには衣物疏上のみの記載に過ぎないとしても、士人達はあえて「玉豚」と呼び続けたことである。それは、「玉」が持つ美しさとともに、それまでの長い経緯により培われてきた、「貴」と「富」との象徴という動かし難い伝統観念がその偽りを支えたのであろう。これが偽物の玉なのである。

注

(1) 高昌国の歴史については、王素一九九八を参照。
(2) 池田一九六一、五七頁。
(3) 池田一九七六、五七〜七七頁。
(4) 池田一九七二、六五六、六七九頁。
(5) 渡部一九八七、一五九〜一六六頁。
(6) 竹内一九七一、二一一頁。
(7) 楠山一九八二、七五二、七五三頁。
(8) 夏一九八三、一三三頁。
(9) 例を挙げると、例えば江蘇徐州奎山前漢墓は「江蘇徐州奎山西漢墓」『考古』一九七四年第二期。江蘇徐州火山前漢墓は「徐州漢皇族墓出土銀縷玉衣等文物」『中国文物報』一九九六年十月二十日。江蘇徐州后楼山前漢墓M一は「徐州后楼山西漢墓発掘報告」『文物』一九九三年第四期。江蘇徐州獅子山前漢墓は「徐州獅子山西漢楚王陵発掘簡報」『文物』一九九八年第八期。江蘇徐州韓山西漢墓M一は「徐州韓山西漢墓」『文物』一九九七年第二期など。
(10) 河北保定市満城一号漢墓、河北保定市満城二号漢墓は中国社会科学院考古研究所編一九八〇。河北保定市定県四〇号前漢墓は「河北定県40号漢墓発掘簡報」『文物』一九八一年第八期など。
(11) 『漢書』巻十四、諸侯王表、三七二頁。
(12) 古方二〇〇三、六〇頁。
(13) 『漢書』巻十四、諸侯王表、三七四頁。
(14) 『後漢書』志第六巻、礼儀志下、三一五二頁。
(15) 江蘇邗江甘泉二号漢墓。「江蘇邗江甘泉2号漢墓」『文物』一九八一年第一一期、一〇頁。
(16) 『後漢書』巻二、顕宗紀、一一三頁。
(17) 『三国志』巻二、魏書二、文帝紀、八一、八二頁。
(18) 例えば、河南洛陽机庫廠C5M346は発掘報告で後漢晩期とされる。「洛陽発掘的四座東漢玉衣墓」、『考古与文物』一九九九年第一期。山東済南市長清区大覚寺村2号漢墓は後漢墓。「済南市長清区大覚寺村一、二号漢墓清理簡報」『考古』二〇〇四年第八期。
(19) 王・趙一九九〇、九四六頁。
(20) 河北省石家荘市賛皇東魏李希宗墓。李希宗は『魏書』李順伝中に記載があり、本貫は趙郡平棘、その次女は北斉文宣帝の妃になるほどの名族であった。「河北賛皇東魏李希宗墓」『考古』一九七七年第六期。

(21) 南京象山墓M六は「南京象山5号、6号、7号墓清理簡報」『文物』一九七二年第一一期。南京象山墓M八、M九は「南京象山8号、9号、10号墓発掘簡報」『文物』二〇〇〇年第七期。

(22) 南京南郊六朝墓M六。「南京南郊六朝謝琉墓」『文物』一九九八年第五期。

(23) 東晋升平五年（三六一）の湖南長沙北門桂花園晋墓。石版に刻まれていた。「長沙北門桂花園発現晋墓」『文物参考資料』一九五五年第一一期。および晋代の江西南昌東湖区永外正街晋墓M一。こちらは木版に刻まれており、副葬品のリストという機能のみで死者に対する呪文がなく、木方とも呼ばれる。「江西南昌晋墓」『考古』一九七四年第六期。

(24) 『顔氏家訓』終制第二十。原文は、王集解一九八〇、五三六頁。

(25) 宇都宮訳註一九九〇、一九六～一九九頁。

(26) 吉川一九八四、二七六頁。なお、顔之推の生い立ちに関しては、『顔氏家訓』、『北斉書』巻四十五、列伝第三十七、顔之推による。

(27) 『周書』巻二、帝紀第二、文帝、三五頁。

(28) 『顔氏家訓』終制第二十。原文は、王集解一九八〇、五三四頁。

(29) 『顔氏家訓』勉学第八。原文は、王集解一九八〇、一四五頁。

(30) 『顔氏家訓』渉務第十一。原文は、王集解一九八〇、二九二～二九六頁。

(31) 宇都宮訳註一九九〇、六、七頁。

(32) 吉川一九八四、二七二頁。

(33) 『顔氏家訓』渉務第十一。原文は、王集解一九八〇、二九二頁。

(34) 吉川一九八四、二七一頁。

(35) 『顔氏家訓』勉学第八。原文は、王集解一九八〇、一四五頁。

(36) 『宋書』巻九十四、列伝第五十四、恩倖、二三〇一頁。

(37) 『宋書』巻四十二、列伝第二、王弘、一三一八頁。

(38) 『晋書』巻二十五、志第十五、輿服、中朝大駕鹵簿、七六六頁。

(39) 白須一九七九、三二頁。

(40) 銭二〇〇一、二七頁。

(41) 「木納爾墓地清理簡報」『吐魯番学研究』二〇〇六年二期、二九頁。他にも、図版がなく詳細は不明であるものの、「白絹的握木」の出土例などがある。「二〇〇六年吐魯番阿斯塔那古墓群西区発掘簡報」『吐魯番学研究』二〇〇七年第一期、九頁。

(42) カラホージャ地区の麴氏高昌国期～唐西州期にあたる一古墓の女性遺体の右手には、香袋が握られていた。「新疆吐魯番地区河交故城溝西墓地康氏家族墓」『考古』二〇〇六年第一二期、一四頁。

(43) 「吐魯番北涼武宣王沮渠蒙遜夫人彭氏墓」『文物』一九九四年第九期、七七頁。

(44) M101、M102から出土。「木納爾墓地清理簡報」『吐魯番学研究』二〇〇六年二期、三一頁。

(45) この時発掘した82座発掘中、33座に木握の出土が見られたという。「新疆吐魯番地区巴達木墓地発掘簡報」『考古』二〇〇六年第一二期、六八～七二頁。

(46) 筆者が見出したのは八例であった。ただし、墳墓から木握の出土は見られたものの「玉豚」の語句がみられなかった衣物疏のうち、副葬品リスト部分の欠損が見られず完全なものは、高昌延昌三十二年（五九二）欠名衣物疏（60TAM335:10）のみである。

(47) 銭氏も、戦国時代の墳墓から出土した「布握」の例を挙げた上で、握として手中に握る糸束であるとしている。銭二〇〇一、二二頁。ただし、糸であるから仕方がないが、こうした黄糸の「握」の実例は、今のところないようである。

(48) 「吐魯番阿斯塔那古墓群西区408、409墓清理簡報」『吐魯番学研究』二〇〇四年第二期、九頁。

(49) 『新疆吐魯番阿斯塔那北区墓葬発掘簡報』『文物』一九六〇年第六期、二二頁。

(50) 王炳華氏は、「玉豚」の類いとしている。王二〇一〇、二五〇頁。

(51) 中国文物研究所、新疆維吾爾自治区博物館他編、唐長孺主編一九九二～一九九六、一四三、一四四頁。

(52) この「杷」は「把」の音に通じる。また、高台県駱駝城南墓にて出土した衣物疏二件、すなわち趙双衣物疏には「故早覇一具」が、趙阿茲衣物疏には「故紫把二枚」が見出された。寇二〇一一、九三頁。「把」はもちろんのこと、「覇」も音が「把」に通じ、どちらも衣物疏に握が記入されていたことが分かる。この古墓の墓葬期は前涼である。前涼は名族張氏を頂点とし、河西に逃れてきた漢人士人達を基盤とする漢人政権であった。白須二〇一三、一〇頁。そしてこの「把」こそが木握であり、彼らが実際に埋葬可能であった握の実態でないかと筆者は考えている。

(53) 白須一九九〇、一四～二九、三八～四一頁。

(54) 白須一九九〇、四〇、四一頁。

(55) 「国人」の語について、この用法は例えば『春秋左氏伝』僖公二十二年や『国語』晋語三にも見える。春秋時代だけではなく、魏晋南北朝時代においても主体的に国を動かす力を持っていたという考えは妥当であろう。白須一九九〇、三九、四〇頁。

(56) 『南史』巻七十九、列伝第六十九、夷貊下、西戎、高昌国、一九八三頁。

(57) 『隋書』巻八十三、列伝第四十八、西域、高昌、一九四八頁。

参考文献

池田温「中国古代墓葬の一考察」（『国際東方学者会議紀要』第6冊、一九六一年）

池田温解題『大唐開元礼　附大唐郊祀録』（汲古書院、一九七二年）

池田末利訳註『儀礼』Ⅳ（東海大学出版、一九七六年）

宇都宮清吉訳註『顔氏家訓』1（東洋文庫511、平凡社、一九八九年）

――『顔氏家訓』2（東洋文庫514、平凡社、一九九〇年）

王素『高昌史稿』（文物出版社、一九九八年）

王去非、趙超「南京出土六朝墓誌総考」（『考古』10期、一九九〇年）

王炳華「新疆出土玉器暨研究」（『西域考古文存』蘭州大学出版社、収録、二〇一〇年）

王利器集解『顔氏家訓集解』（上海古籍出版社、一九八〇年）

夏鼐「漢代的玉器――漢代玉器中伝統的延続和変化」（『考古学報』2期、一九八三年）

京都府京都文化博物館、山口県立萩美術館、浦上記念館編『漢

代「王車」の輝き　中国山東省双乳山済北王陵出土文物特別展』、（二〇〇一年）
楠山春樹『淮南子』中（新釈漢文体系55、明治書院、一九八二年）
寇克紅「高台駱駝城前涼墓葬出土衣物疏考釈」（『考古与文物』2期、二〇一一年）
古方「論西漢中期玉器風格的変化及其社会背景」（『中原文物』5期、二〇〇三年）
白須淨眞「高昌門閥社会の研究：張氏を通じてみたその構造の一端」（『史學雜誌』88編1号、一九七九年）
――「アスターナ・カラホージャ古墳群の墳墓と墓表・墓誌とその編年（一）」（『東洋史苑』34、35号、一九九〇年）
――「トゥルファン古墳群の編年とトゥルファン支配者層の編年――麴氏高昌国の支配者層と西州の在地支配者層」（『東方学』84号、一九九二年）
――「晋の（建）興五（三一七）年、故酒泉表是都郷仁業里・大女・夏侯妙々の衣物疏――古陶文明博物館（北京）所蔵・新資料の紹介」（『広島東洋史学報』18号、二〇一三年）
――裴成国訳「晋建興五年夏侯妙妙衣物疏初探――古陶文明博物館所蔵新資料介紹」（『西域文史』北京・科学出版社、第8号、二〇一三年）
銭伯泉「吐魯番出土魏晋南北朝期的随葬衣物疏研究」（『吐魯番学研究』1期、二〇〇一年）
竹内照夫『礼記』上（新釈漢文体系27、明治書院、一九七一年）
中国社会科学院考古研究所編『満城漢墓発掘報告』下（中国田野考古報告集、考古学専刊丁種第20号、文物出版社、一九八〇年）
中国文物研究所、新疆維吾爾自治区博物館、武漢大学歴史系編、唐長孺主編（『吐魯番出土文書』第1冊〜第4冊（図文対照本）、文物出版社、一九九二〜一九九六年）
吉川忠夫「顔之推論」（『六朝精神史研究』同朋舎、収録、一九八四年）
渡部武　訳註『四民月令』（東洋文庫467、平凡社、一九八七年）

十世紀敦煌文献に見る死後世界と死後審判
――その特徴と流布の背景について

高井　龍

敦煌文献には、仏教講釈に使われた写本が多数残されている。特に十世紀になると、『十王経』や目連故事等の通俗的内容をもつ文献が現れ出す。本稿では、両文献を中心に、当時の人々が抱いていた死後世界や死後審判の考え方を見ていく。そして、十世紀にそのような文献が多数現れ出した背景について、唐王朝の滅亡による規範の崩壊という視点から卑見を提示したい。以上の考察とともに、当時の死後世界を扱うもう一つの故事を挙げ、死後世界を扱う多様な文献の一端を紹介する。

はじめに

中国の西北に位置する敦煌に、莫高窟と呼ばれる石窟がある。一九〇〇年、この莫高窟から六万点を超える文献が発見された。それらは現在「敦煌文献」と呼ばれている。

敦煌文献は、概ね五世紀から十一世紀初頭までに書写された文献であり、中でも九世紀と十世紀の文献が多くを占めている。そこには、本来後代への伝承を意図しない類の文献や、利用後すぐに破棄されてしまう類の文献が多数残されていた。例えば、僧侶が実際の仏教儀礼や仏教講釈に利用していた文献がある。それらの写本には、多数の書き込みの他、仏教儀礼の次第や仏教講釈に語られる故事が、利用の場に応じて自由に書き換えられた痕跡も残っている。そのため、かつての儀礼のあり方や、故事の変遷を窺い知るにも極めて有用な資料となっている。また、通俗的内容を持つ故事を書写した文

たかい・りゅう――日本学術振興会特別研究員PD、広島大学敦煌学プロジェクト研究センター研究員。博士（学術）。専門は敦煌文学。主な論文に「「転変人」」（『項楚先生欣開八秩頌寿文集』、中華書局、二〇一二年）、「S.1519V「寺院収蔵文献目録（擬）」に見る10世紀敦煌の講唱体文献」（『敦煌写本研究年報』第八号、京都大学人文科学研究所、二〇一四年）、「Φ96「双恩記」写本の基礎的研究――特に各巻の写本の相違に着目して」（『敦煌写本研究年報』第九号、同、二〇一五年）などがある。

献も多数発見されている。古来、中国の士大夫は、通俗的な故事について公の場で語ったり文章に記述したりすることを忌避してきた経緯がある。よって、そのような類の文献は、今日まで伝わることが多くない。敦煌文献は、当時巷間に流布していた通俗的な伝承や故事の一端を窺わせる点にも特徴がある。

　本稿では、このような特徴を有する敦煌文献を中心に、十世紀敦煌の人々が抱いていた死後審判や死後世界の考え方を探ってみたい。そのために、当時の人々に広く受容されていた仏教経典『十王経』と、仏弟子の目連が地獄に堕ちた母を救う故事（以下、目連故事）に着目する。そして、両文献に見られる地獄描写の文体の特徴や死後審判、及びその審判を免れるための儀礼のあり方を見ていく。それに併せて、両文献がいずれも十世紀になって現れた背景を考える。最後に、同じ十世紀敦煌文献のうち、『十王経』とも目連故事とも異なる、些か特殊な性格を有する通俗故事を一つ紹介したい。

一、『十王経』と目連故事の概略、及び地獄描写の特徴

『十王経』

『十王経』は、正しくは『仏説閻《えん》羅《ら》王《おう》授記四衆逆修生七往生浄土経』という。この経典は、死者が冥界の十人の王のもとで裁きを受けること、及びその審判をいかに免れることができるかを説く経典である。敦煌文献には、五十点を超える写本や絹画等が確認されている。

　この経典については、押さえておくべき特徴が三つある。

　一つ目は、その成り立ちである。一般に、仏教経典は釈迦の言葉を書き留めたものとされてきた。よって、多くの経典には「仏説」の二字が経題に冠されている。また、経文の冒頭には「如是我聞」（是くの如く我聞けり）の四字が書かれている。これは、仏弟子が「私はこのように釈迦から聞きました。」という意味であり、仏教経典が確かに釈迦の言葉であることを示す文句である。

　『十王経』にもこのような「仏説」の二字と「如是我聞」の四字が書かれている。しかし、それは正規の仏教経典の体裁を模倣して書かれたに過ぎない。『十王経』は、中国人が偽作した経典（以下、偽経）なのである。地獄の審判者の名前にも偽経であることを示す特徴が窺われることは、後述する通りである。

　第二は、成立年代と敦煌での流布の時期である。『十王経』の本文には、『還魂記』（佚書。S．３０９２がその一部を残す）が引用されている。これは、道明なる和尚が間違って冥界に

連行された物語であるが、この道明和尚の体験が大暦十三年（七七八年）のことと書かれている。この点を踏まえると、『十王経』は七七八年以降に成立したことになる。では、敦煌でこの『十王経』が流布したのはいつ頃であろうか。敦煌文献に確認される『十王経』写本の識語は、いずれも十世紀である。このことから、敦煌における該経の流布は、概ね十世紀と想定できる。

もう一つの『十王経』の特徴は、様々に書き換えられながら利用されたことである。『妙法蓮華経』や『阿弥陀経』などの経典の本文が書き換えられないことを考えると、その違いは明瞭である。その書き換えは、現在では大きく甲本・乙本・丙本という三種類に分けられることも指摘されている。(1)

以上のような特徴を持った『十王経』は、どのような経典であったのだろうか。これより、その特徴を見ていこう。

『十王経』は、もともと「生七斎」（「預修斎」や「逆修」とも呼ぶ）を説く経典であった。これは、生前に功徳を積むことにより、死後に冥界での審判を免れることを目的とする儀礼である。その儀礼の行い方について、経文には次のように書かれている。

> 若《も》し善男子、善女人、比丘、比丘尼、優婆塞《うばそく》、優婆夷《うばい》の生七斎を預修する者有らば、毎月二時に三宝を供養せしめよ、設くる所の十王、名を修めて状を納めて、六曹に奏上し、善悪童子の天曹地府官等に奏上し、記して冥案に在らしむ。身到るの日、便ち快楽の処に配生するを得しむ。中陰《ちゅういん》四十九日に住まらず。男女の追って命を救ふを待たず。

この文章より、生七斎とは毎月二回執り行われる斎会《さいえ》であり、生七斎を行なった者の名が善悪童子によって十王に伝えられ、記録されると考えられていたことが分かる。

また、ここに出てくる十王とは、秦広王、初江王、宋帝王、五官王、閻魔王、変成王、泰山王、平等王、都市王、五道転輪王という十人の地獄の審判者であり、彼らは死者に裁きを下す王である。生七斎を行うことで、人々は死後に受けるはずの彼らの審判を免れることができるのである。

ここで、審判者の名前から『十王経』が偽経であることを指摘しておこう。

審判者の一人に、泰山王なる王がいる。この名は、現在の山東省にある泰山という山の名前に由来するものである。その泰山は、古来死者の魂が行き着く場所として信仰されており、中国人の死生観と密接な関係にある。また、漢訳仏典の中では、泰山（太山）が地獄の訳語として利用されることもあった。『十王経』において、地獄の審判者の一人が泰山の

挿1　P.2003『十王経』　二七日に奈河を渡る人々

王と名付けられていることは、『十王経』がインド由来の経典ではなく、中国人の撰述した偽経であることを示している。

さて、『十王経』は、もとは上記のような生七斎を主題とする経典であったが、後に増補され、「七七斎」と呼ばれるもう一つの儀礼をも説くようになる。(2)

七七斎とは、死者の追福のために、主にその親族が特定の日に執り行う追善供養である。死者は、七日から四十九日までの七日ごと、及び百日、一年、三年に、地獄の審判者のもとを訪れて裁きを受ける。しかし、裁きが下される日に、死者の親族が追善供養を執り行うことによって、裁きを逃れられるのである。この七七斎に出てくる十人の地獄の審判者とは、先に同じい。それぞれの王が審判を司る日は、次の通りである。

初七日……秦広王　　二七日……初江王
三七日……宋帝王　　四七日……五官王
五七日……閻魔王　　六七日……変成王
七七日……泰山王　　百日……平等王
一年……都市王　　三年……五道転輪王

ここで、地獄の審判の様子を描いたP．２００３から、死者が地獄の審判者のもとを遍歴する場面を二つ挙げておく。二七日に奈河（地獄の河）を渡る図（挿1）と、五七日に自ら

挿2　P.2003『十王経』　五七日の閻魔王の審判と業鏡に罪を見る人

の罪業を鏡に見る図（**挿2**）である。なお、後者にいう鏡は業鏡（一名は浄玻璃鏡）と呼ばれるものである。

このP．２００３は、数ある『十王経』写本の中でも特に彩色豊かな図で描かれた写本として広く知られる写本である。このような写本の存在は、当時の人々が抱いていた地獄のイメージを具体的に窺わせる貴重な資料でもあろう。

『十王経』は、このように生七斎と七七斎を主題とする経典である。このことは、『十王経』が生者のために利用されるだけでなく、死者のためにも利用される経典であることを示している。

しかし、生七斎も七七斎も、その主題は死後の冥福を祈ることにある。よって、経典中に語られる地獄の様子も、決して人々に恐怖を催す描写とはなっていない。例えば次のように書かれている。

> 斎を破り戒を毀ち猪鶏を煞す、業鏡は照然たりて報は虚ならず。若し此の経を造り画像を兼ぬれば、閻王は判放して罪は消除せらる。(3)
>
> 願はくは仏の智慧風を興揚し、法海に漂帰して塵濛を洗はん。護世四王の同に発願し、当に経典を伝へて広く流通せしむべし。(4)
>
> 百日に亡人は更に恓惶《せいこう》して、身は枷杻《かちゅう》（首かせと手かせ）

に遭ひて鞭傷《べんしょう》を被る。男女努力して功徳を修せば、地獄に落ちて苦処に長きを免れん。(5)
爾時《にじ》閻羅法王更に広く信心を勧むるに、善男子、善女人等努力して此を修め、十王の斎具足せば、十悪五逆の罪を免れん、善く天王の当に四大夜叉王《やしゃおう》をして此の経を守護せしむるを得べくんば、陥没せざらしむ。(6)

これらの文章は、いずれも地獄の凄惨さよりも、地獄の審判の免れ方を伝える点に主眼が置かれている。もちろん、『十王経』の本文の一部には地獄が恐ろしい場所であることを述べる箇所もある。しかし、同じ十世紀敦煌に流布した目連故事と比べると、『十王経』の地獄の描写はやはり控え目であり、表現も抑制されている。この『十王経』と目連故事との差異を具体的に確認するため、次に目連故事の内容とその地獄描写を見ていくこととしよう。

目連故事

目連故事とは、仏弟子である目連が地獄に堕ちた母を救う物語である。こちらもやはり中国人が作った偽経『仏説盂蘭盆経』によって流布した故事である。様々な議論があるが、該経の成立は六朝時代とみて良いだろう。その内容は、儒教の徳目である孝の理念に通じており、早くから民間にまで浸透した点に特徴がある。十世紀の敦煌文献においても、S．2614V「大目乾連《だいもっけんれん》冥間救母変文~~並図~~一巻並序」（「並図」の二字は写本上で削除されている）をはじめとし、BD00876V「大目乾連変文」、P．2193「目連縁起」など、目連故事を扱った写本は数多い。細かな記述や内容は写本ごとに異なるが、概ねのストーリーは一致しているため、ここに敦煌文献に見られる目連故事の梗概を記そう。

目連は名を羅卜という。まだ出家していなかったが、仏・法・僧を大切にしていた。ある日、他国へ商いに行くため、しばらく町を離れた。その間、母の青提夫人は殺生をしたり、僧侶を打ち付けたりしていた。目連が帰宅すると、母は善行を積んでいたと嘘をつくが、目連は隣人から母親の所行を聞かされる。目連がその真偽を尋ねると、母は「お前は母親の言葉を信じず、他人の言葉を信じるのか。もしお前が信じないなら、私は七日以内に死んで阿鼻地獄《あびじごく》に堕ちよう。」と言う。この母の言葉は冥界の王の聞くところとなり、母は言葉通り七日後に死んで地獄へ堕ちた。
その後、目連は出家して修行を積み、神通力を得た。そして、母親を探しに行くと、母は地獄で罰を受けて苦しんでいることを知る。阿鼻地獄にいる母と出会い、悲しみにくれた目連は母を救おうとするが、持って行った食も水も母の口に入る前に猛火に変わってしまう。釈迦は、七月十五日に盂蘭盆をなすことで、初めて火難の苦から救えることを伝える。目連は釈迦の言葉に従い、また転経の功徳や盂蘭盆をなした善根によって、母を阿鼻地獄から救うことができたが、母はまだ王舎城の中に黒犬に生まれ変わっただけであった。今度は犬の姿の母を、王舎城にある仏塔の前に連れて行き、七日七夜にわたって大乗経典を読誦して懺悔・念戒すると、その功徳によって母は人の姿となり、ついに救うことができたのである。

ここで、複数の目連故事を取り上げながら、地獄や死後審判の描写を見ていきたい。

まず、S．2614V「大目乾連冥界救母変文并図一巻并序」に語られる刀山剣樹地獄の描写である。

S．2614V「大目乾連冥界救母変文并図一巻并序」

獄主報へて言はく「獄中の罪人、生きて存し在るの日、常住を侵損し、伽藍《がらん》を游泥し、好みて常住の水果を用ゐ、常住の柴新を盗む。今日伊の手をして剣樹を攀らしめ、支支節節皆零落する処なり。刀山に白骨は縦横に乱れ、剣樹に人頭は千万顆あり。（……中略……）此の獄の東西数百里、罪人乱れ走り肩は相掇す。業風は火を吹きて前に焼き、獄卒は杷杈《はさ》（農具）もて後ろより插《さ》す。身首は時に応じて瓦の如く砕かれ、手足は時に当たりて粉沫の如し。[7]

ここには、刀剣樹地獄に堕ちた人間の受ける苦しみが詳細に描写されている。

また、次のような描写もある。

BD02496「目連変文（擬）」

父は善力を承けて天に生まれ、母は慳報に招かれ地獄に堕つ。或ひは刀山剣樹に値ひ、穴を五臓に穿ちて分離す。或ひは爐炭灰河に遭ひ、砕塵を四体に焼炙す。或ひは餓鬼に在りて苦を受け、痩損たる軀骸は、百節火燃し、形容は憔悴せり。喉咽は則ち細きこと針鼻の如く、滴水を飲嚥せんとすれども容れず。腹蔵は則ち太山より寛く、三江を盛售すれども満たし難し。[8]

そして、P．2193「目連縁起」では、青提夫人が自分の受ける苦しみを次のように語っている。

P．2193「目連縁起」

我は世に在りて思量せざるに縁りて、慳貪《けんどん》（自分の望むものをむさぼり、自分のものを人に与えず物惜しみする）にして終日猪羊を殺す。世間に善悪無きと将為すれば、何ぞ今日斯《こ》の殃を受くるを期せん。地獄は毎常に長く飢渇し、煎煮《せんしゃ》の時は鑊湯《かくとう》（罪人を煮るかまの湯）に入れらる。

或ひは刀山并びに剣樹に上り、或ひは即ち長時鉄牀に臥す。更に犂耕に舌抜を兼ね、洋銅は口に灌がれ苦だ難当なり。数載も漿水の気を聞せず、飢羸《きるい》して遍体尽く瘡と成る。（9）

これら目連故事の地獄の描写を先の『十王経』の地獄の描写と比べると、目連故事の方がより詳細であり、地獄の凄惨さが伝わってくることが分かる。目連故事には多数の写本があるにも関わらず、概ねいずれの写本でも地獄の描写は比較的詳細である。

このことから、我々は、同じ十世紀の敦煌文献である『十王経』と目連故事との間に、地獄の描写方法の違いを指摘できる。

だが、このような描写の違いは何によるのであろうか。考えるに、『十王経』が地獄の凄惨さを描写することに力を入れていないのは、地獄の審判からいかに脱出するかを説く経典であることによる。先述の如く、もともと生七斎を主題としていた経典であることから、地獄の凄惨さではなく、いかにして救われるかという点に主題が置かれる。一方の目連故事は、目連が母を救うために地獄を遍歴する故事である。その中で語られるのは、生前に三宝を疎《うと》んじた人間や、罪悪を犯した人間が、いかなる地獄に堕ちるのか、また彼等はいかなる審判と苦しみが待っているかである。この目連故事を扱った文献の中で、Ｓ．２６１４Ｖ「大目乾連冥界救母変文并図一巻并序」、Ｐ．２３１９「大目乾連冥界救母変文」、Ｐ．３１０７「大目乾連冥界救母変文」の三点の写本が「冥間救母」という四字を題名に有しているのは、まさに冥界遍歴を語る故事であることを反映したものと言える。

十世紀の敦煌に流布した『十王経』と目連故事という二つの地獄文献は、ともに死後審判や死後世界を語る文献でありながら、一方は救いを、もう一方は地獄の凄惨さを強調するという点で、対照的な文体を備えていると言えるだろう。

それでは、このような地獄はいかにして免れ得ると語られているのだろうか。次章では、地獄の審判の免れ方について、同じく『十王経』と目連故事を比べて見ていくこととしよう。

二、『十王経』における死後審判を免れる方法

『十王経』では、生七斎によって死後の自分の安穏が得られると説くのとともに、七七斎によって親族を地獄の審判から救えると説く。前者が自らの救いとなる斎会であり、後者が他者の救いとなる斎会である。いずれの斎会も、『十王経』によって考え出されたのではなく、既に民間に長らく流布していた斎会を『十王経』が取り込んだものであった。こ

こでは『十王経』とそれらの斎会との具体的な繋がりを窺わせる文献を見ていきたい。いずれも複数の文献が確認されるが、本稿は、生七斎ではS．5639+S．5640「亡文範本等（擬）」を、七七斎ではBD04544+天津芸術博物館4352+P．2055「翟奉達為亡過妻馬氏追福写経（擬）」を取り上げてその特徴を見ていくこととする。

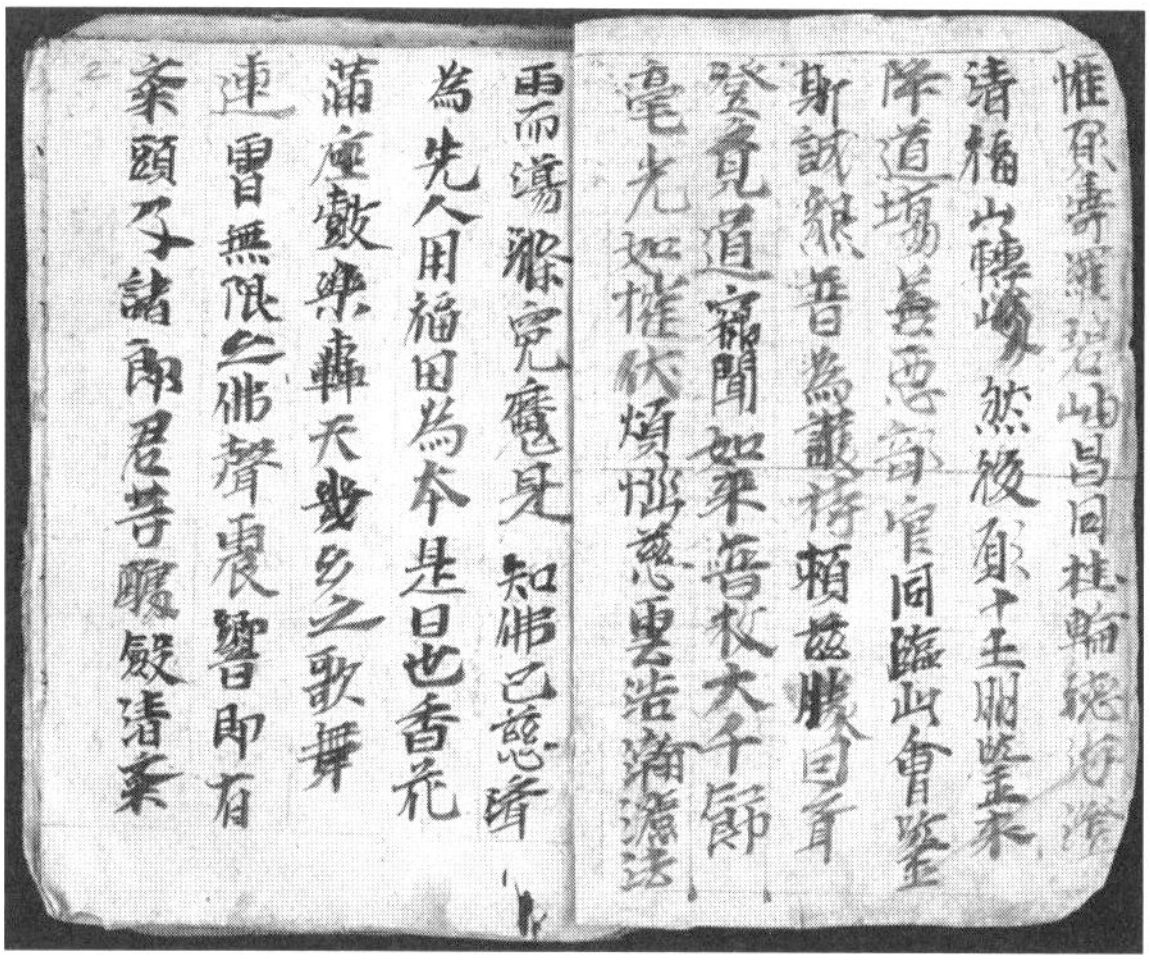

挿3　S.5640「亡文範本等（擬）」収録の「先修十王会」

生七斎

まず、S．5639+S．5640「亡文範本等（擬）」に収められる「先修十王会」に着目する。ここには次のような文章が確認される。

S．5639+S．5640「亡文範本等（擬）」

加ふるに広く玉帛を抽き、大いに珍羞《ちんしゅう》を捨し、瓊花《けいか》を三徳の尊に供え、紙墨を十王の号に献ずるを以てす。是の時や、金鞍・玉鐙もて馬に随へ、彫装・宝帳・銀屏ありて、高駝は皆青蚨を負ひ、乱綵は咸坐側に鋪ふに、並びに天曹・地府、六道の冥官に上る。不昧《ふまい》の陰霊、各々領納を垂れよ。是れに繇《よ》りて、金玉を抽き、預め前田を作さんと欲し、蘋蘩《ひんぱん》もて八徳の尊に列ね、駝馬もて十王の位に献ず。斯の多善を総て、並びに用て荘厳せん。[10]

この文章からは、敦煌の人々が実際にどのように七七斎を執り行っていたか、食事や花、紙や墨をはじめ、それぞれの目的をもって供物や駄馬等も準備されたことが窺われる。

先に見たように、生七斎は、本来ならば月に二度行う儀礼であった。しかし、それは徐々に「十斎」と関わりを持つようになっていく。十斎とは、一月に決められた十日、在俗信者が戒律を守って清浄な生活を送ることである。この十斎と十王とは本来別々のものであったが、十世紀頃の敦煌では両者が組み合わさって実践されるようになっていた。このことは、同じ写本の後半部分に書かれた文章から読み解くことができる。些か長いため、抜粋しながら紹介しよう。

S．5639+S．5640「亡文範本等（擬）」（挿3）

伏して惟んみるに公は義信もて徳を成し、廻然として群れず、鉄石もて懐と為し、忠貞もて操を立つ。已に人の世に跡を渾ずと雖も、常に奉仏の心を興す。幽関を敬達するに、乃ち先修の力に憑る。即ち身の幻化の如く、命の浮雲の如きを知り、石火にして暫時なるを嗟き、風燭の保ち難きを嘆く。毎に年光の駐《とど》まらず、逝水とともにして東流するを見る。意は塵労を洗滌せんことを欲し、先づ覚花の路を布す。是を以て妙供を精修し、直に甘露の門を開き、金人を稽首し、当来の果を託さんことを願ふ。時に以て表列を鴈行し、論功を称揚す。逓互に相乗じて、次はム七に当たる。（……中略……）然る後願はくは十王の明鑑もて来たり道場に降り、善悪部官の同に此の会に臨まんことを。斯の誠懇に鑑み、普く為に護持し、茲の勝因に頼りて齊しく覚道に登らん。

この文中の「ム七」には、「一七」から「七七」まで、実際に執り行っている法会の場ごとに適切な数字が入ると考えられている。月二回であった法会が、七日毎に行われるようになり、十王が各日に当てられるようになった姿がここにある。[11]

十世紀敦煌における生七斎の文献には、このような七七斎が混ざった写本が多く現れ始める。十王会を指して十斎とする表記もこうした中に見えるようになるのであろう。

七七斎

一方、死者の地獄での安穏を願う七七斎はどうであろうか。七七斎が十世紀以前から流布していたことを窺わせる史料としては、初唐を中心に官界活躍した姚崇《ようすう》の逸話が有名である。姚崇は、自分の死後に七七斎等の儀礼を執り行う意義を認めず、そのような仏教の儀礼を「弊法《へいほう》」と呼んでいる。しかし、七七斎を行なわないということが、周囲の人々の気持ちに反した場合には、仕方ないが執り行っても良いと許可を出す。

『旧唐書』巻第九六「姚崇伝」

吾亡くなりて後必ず此の弊法を為すことを得ず。若し未だ全く正道に依ること能はざれば、須く俗情に従ふべく、初七より終七に至るまで、七僧斎を任設せよ。若し斎に随ひ布施を須ゐるべくんば、宜しく吾が身衣に縁る物を以て充つべく、輒ち余財を用ゐ、無益の枉事を為すことを得ず、亦妄りに私物を出だし、追福の虚談に徇ふことを得ず。[12]

中央の有力者までが、七七斎を避けられない可能性を指摘し、このように遺言することからも、その流布の程度は容易に窺われよう。更に、「俗情」という表現からは、単に周囲の人々が七七斎を行っていたというだけでなく、七七斎が通俗的なものであったことを示唆している。それ故にこそ、姚崇は否定していたのだろう。

この七七斎に関わる十世紀敦煌文献には、暦学の学者であった翟奉達が、亡妻の死後の安穏を願って供養した写本（BD04544＋天津芸術博物館4352＋P. 2055「翟奉達為亡過妻馬氏追福写経（擬）」）（挿4）がある。もはや民間のみならず、広く七七斎が受容されていた時期である。七七斎であるため、三年に至るまで各斎に供養を行うのが正式であり、翟奉達も三年斎まで継続したことが確認できる。なお、その写経は、時に子供達が執筆している。各斎会に写した経典を順に挙げると、

一七日…『仏説無常経』
二七日…『仏説水月光観音菩薩経』
三七日…『仏説呪魅経』
四七日…『仏説天請問経』
五七日…『仏説閻羅王受記逆修生七斎功徳経』
六七日…『仏説護諸童子経』
七七日…『般若波羅密多心経』
百日…『仏説盂蘭盆経』
一年…『大般涅槃摩耶夫人品経』
三年…『仏説善悪因果経』

である。『仏説閻羅王受記逆修生七斎功徳経』すなわち『十王経』がこのような場に利用されていることも注目すべきである。ここでは一七日に『無常経』を書写して供養した時の識語を挙げよう。ここにいう顕徳五年は九五八年である。

一七日

顕徳五年、歳次戊午三月一日の夜、家母・阿婆馬氏身故り、七日に至りて七斎を開く。夫れ検校尚書工部員外郎翟奉達憶念するに、『無常経』一巻を敬写し、宝髻如来仏一鋪を敬画す。七毎に三周年に至るまで、斎毎に一巻を写経して追福す、願はくは阿娘影を托して神遊し、好処に往生し、三途の災に落つること勿く、永く供養に充てん。(13)

このように、親族の七七斎のために経典書写を行なった姿もまた多くあった。それは、敦煌文献に残る多数の七七斎関連資料から窺われる。

以上のように、『十王経』の主題である生七斎と七七斎は、様々な形で死後の安穏を願う場に利用されていた。十世紀に

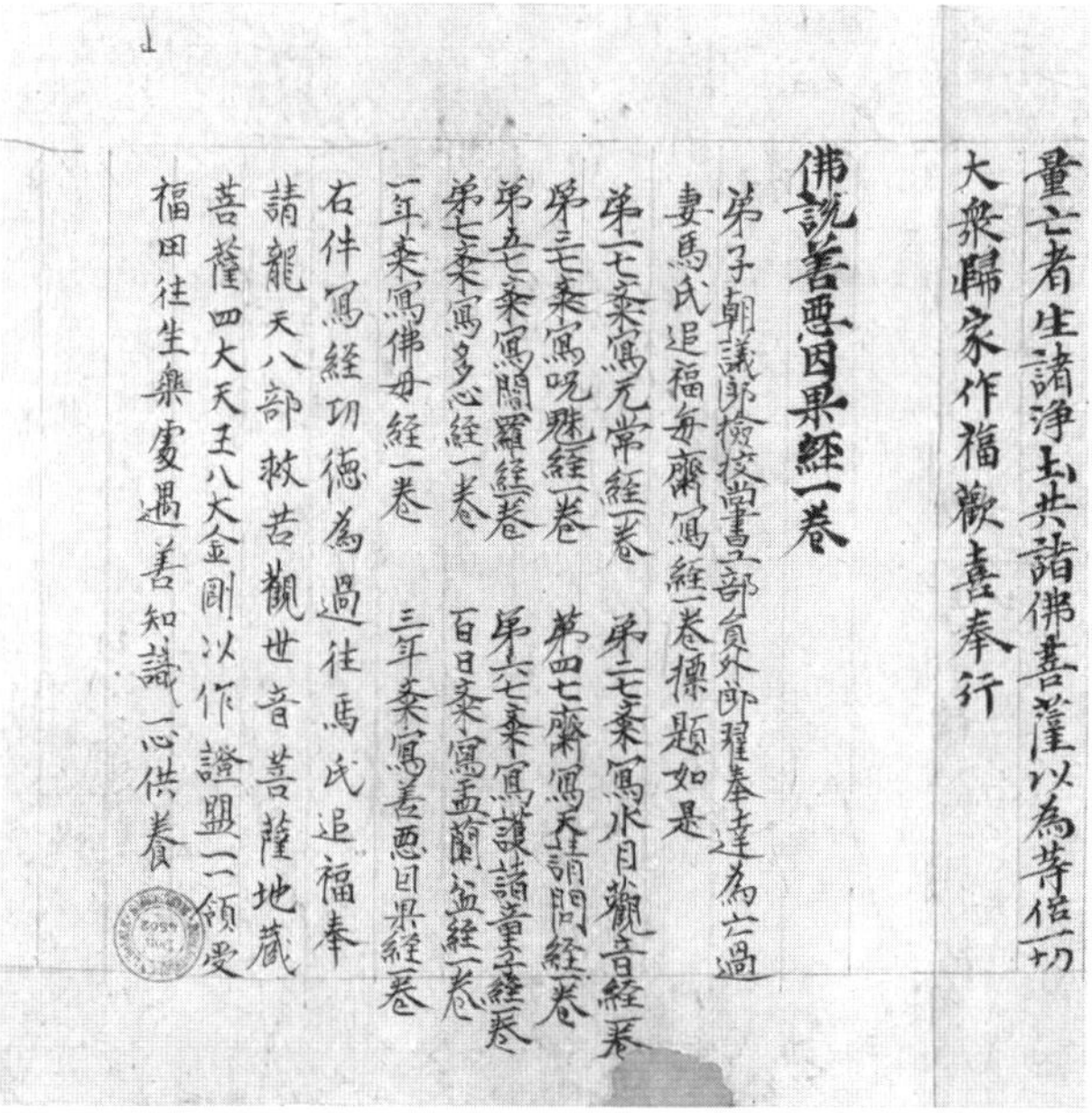

量亡者生諸淨土共諸佛菩薩以為等侶一切
大衆歸家作福歡喜奉行

佛說善惡因果經一卷

弟子朝議郎檢校尚書工部員外郎翟奉達為亡過
妻馬氏追福每齋寫經一卷標題如是
第一七齋寫無常經一卷　第二七齋寫水月觀音經一卷
第三七齋寫呪魅經一卷　第四七齋寫天請問經一卷
第五七齋寫閻羅經一卷　第六七齋寫護諸童子經一卷
第七齋寫多心經一卷　百日齋寫盂蘭盆經一卷
一年齋寫佛母經一卷　三年齋寫善惡因果經一卷
右件寫經功德為過往馬氏追福奉
請龍天八部救苦觀世音菩薩地藏
菩薩四大天王八大金剛以作證盟一一領受
福田往生樂處遇善知識一心供養

挿4　P.2055（「翟奉達為亡過妻馬氏追福写経（擬）」）の識語

『十王経』の世界観が広まる背景には、このような斎会との関係があったのである。

再述すれば、本来ならば生七斎の経典であった『十王経』が七七斎にも利用できる内容を備えたということが、それらの斎会の盛行とともに、『十王経』自身の広範な受容を促したと考えられるのである。

『十王経』の書写読誦

生七斎と七七斎とともに『十王経』の利用方法として挙げられるのは、正規の仏教経典の如く、書写読誦することである。書写読誦によって功徳を積むことができ、地獄を免れると説かれているのである。[14]『妙法蓮華経』のような正規の経典を読誦書写することは、当然功徳を積むことになる。問題は、偽経である『十王経』がそれらと同じように利用されたことである。S．５４５０には「一切怨家債主、領受功徳。」という願文も附されている。また、S．３１４３やBD０６３７５のように、十世紀敦煌の高僧・道真の写経も確認される。それらはいずれも『十王経』が正規の仏教経典のように利用されていたことを示すものである。

以上のような儀礼や書写読誦によって、『十王経』は人々が地獄や死後審判を免れると説くのであるが、同じ時代に流布した目連故事はどうであろうか。実は、経典と呼ばれていない「目連変文」もまた、それを書写することが写経と同じ功徳を積む行為になると考えられていた。その点では、偽経『十王経』と近しい性格を有していると言える。次章では、目連故事に見える死後審判の免れ方を見ていくとともに、その経典的性格も触れていきたい。

三、目連故事における死後審判を免れる方法

青提夫人の救いと儀礼

目連故事の主題は、孝行者たる目連が母・青提夫人を地獄から救うことにある。ここではP．２１９３「目連縁起」によって二つの救いの場面を取り上げる。一つ目は阿鼻地獄から救う方法を釈迦が目連に伝える場面であり、もう一つは犬の姿から救う場面である。

P．２１９３「目連縁起」

汝《なんじ》能く孝を行ひ、慈親を救はんことを願ひ、乳哺の恩に酬いんと欲す、其の事甚だ希有と為す。汝は衆僧の解夏の日、羅漢の九旬の告畢の辰、賢聖の祇園に得て、羅漢の石室に騰空するに至りて、香花の供養を辦じ、盂蘭の妙盆を置け。三世の如來に献げ、十方の賢聖に奉ぜよ。仍りて須らく懇ろに告げ、努力すること虔誠なれば、諸仏は必ず神光を賜ひ、慈母は必ず地獄を離れん。但だ若し吾が教勅に依らば、便ち孝順の因と為らん。慈悲の教法流伝し、直に今に至るまで絶えず」と。[15]

この後、青提夫人は地獄から脱出するが、まだ祇園精舎で犬になっただけであった。その母を天界へ転生させる方法は次のように説かれている。

P．２１９３「目連縁起」（挿5）

「吾今汝に威光を賜はん、一一の事須らく記取すべし、当に祇園の内に往きて、僧四十九人に請ひて七日道場を鋪設し、日夜六時に礼懺し、幡を懸けて燈を点し、行道して放生し、大乗を転念し、諸仏に請ふに虔誠を以てせ

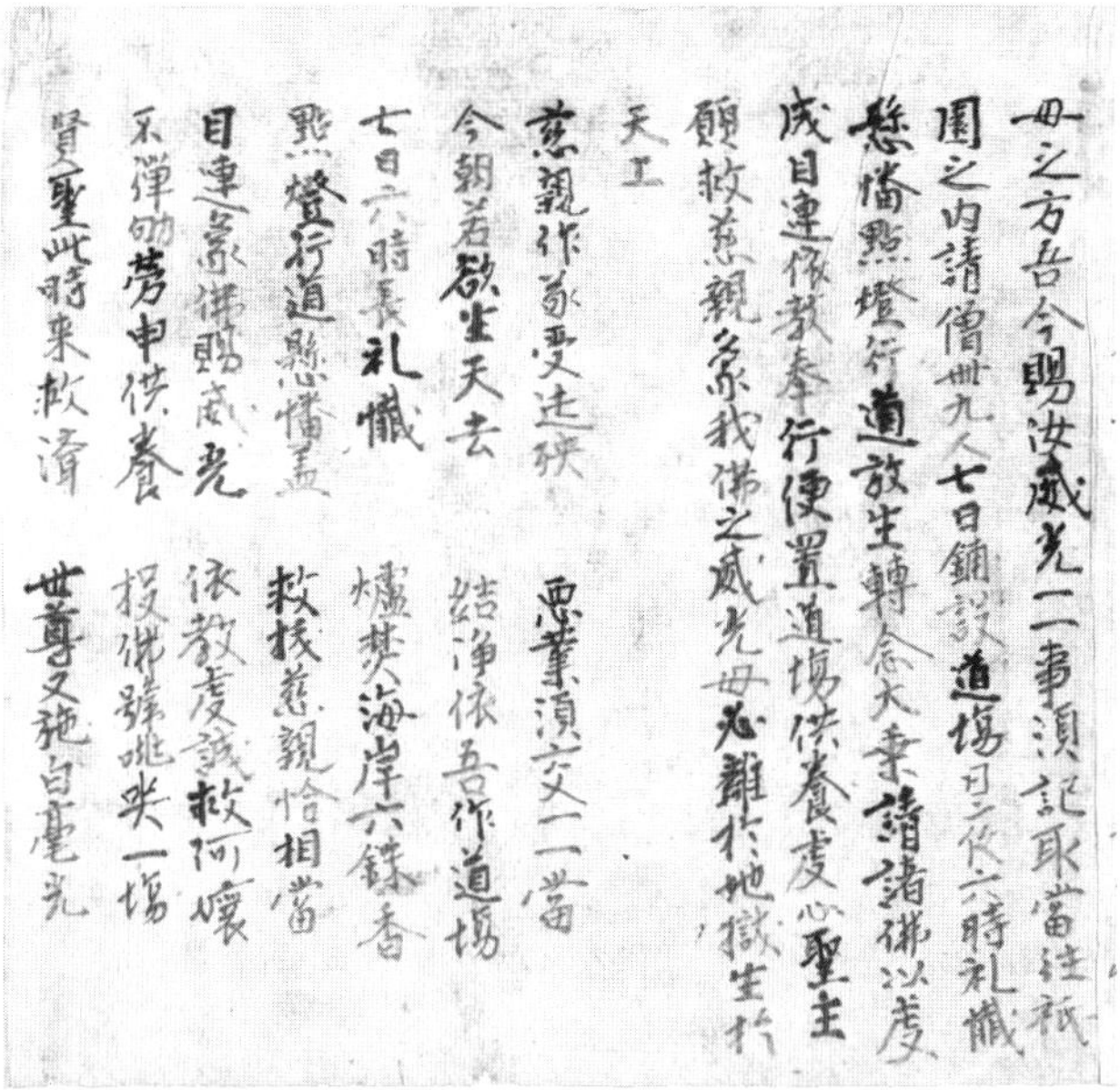
母之方吾今賜汝威光一一事須記取當往祇
園之内請僧卌九人七日鋪設道場日夜六時礼懺
懸幡燃燈行道放生轉念大乘請諸佛以虔
誠目連依教奉行便置道場供養虔心聖主
願救慈親於我佛之威光母免離於地獄生於
天上
慈親作孽受迍殃　惡業須交一一當
今朝若欲生天去　結淨依吾作道場
七日六時長礼懺　爐焚海岸六銖香
燃燈行道懸幡蓋　救拔慈親恰相當
目連承佛威光　依教虔誠救阿孃
不憚劬勞申供養　投佛歸依哭一場
賢聖此時來救濟　世尊又施白毫光

挿5　P.2193「目連縁起」に書かれた第二の儀礼

よ」と。(16)

目連は、この釈迦の言葉通りに儀式を行い、母を救うことができた。

ここで筆者が着目するのが、特に二つ目の救いの方法である。実は、ここに引用した儀礼の様子が、やはり他の目連故事にも確認され、道場を作ること、七日間という日数、大乗経典を読誦することなどの内容が概ね一致しているのである。目連故事は、民衆に深く浸透していただけでなく、民衆への説法にも使われた。そのような故事に書写される儀礼とは、当然民衆にも馴染み深いものであったと推察される。事実、十世紀敦煌の通俗文学文献には、実際の儀礼を窺わせる場合がある。例えば、S．２０７２「廬山遠公話」に書かれた儀礼の次第が、日本僧・円仁が見た「俗講」と呼ばれる法会の儀式次第、及び実際の俗講文献であるP．３８４９Vに書かれた儀式次第とほぼ一致している。これは、S．２０７２「廬山遠公話」に出てくる儀礼が、実際の儀礼を参照して書かれたことを示している。

目連故事においても、それは同じである。少しく時代が遡るが、先に見た姚崇の遺言には、七日間にわたる儀礼と七人の僧侶を招聘するという記述があった。これは、目連故事に見られる七日間に四十九人の僧侶を招聘するという記述と同じものであろう。また、ここに出てくる六時（日没、初夜、中夜、後夜、晨朝、日中）の礼懺《らいさん》（三宝を礼拝して罪を懺悔する）は、同じ十世紀文献であるP．２１３３「妙法蓮華経講経文（擬）」にも確認されており、実際に行われていた儀礼であった。他にも、当時行道（仏像や仏塔などの周りをめぐり敬意を示す、右行礼拝）や放生（捕えた生き物を放してやる）が行われていたことも、敦煌文献中の儀礼に関する文献から確かめられる。

これらの例を念頭に置けば、複数の目連故事に共通して確認される儀礼もまた、実際に行われていたものと考えられよう。つまり、青提夫人が死後審判から救われる場面には、実際の儀礼の描写が取り入れられ、より民衆に馴染みある描写へと変化していったと考えられるのである。換言すれば、実際に行われる儀礼との関わりの中で、目連故事中の青提夫人の救いの場面が発展変化してきたのである。

附言すると、ここで取り上げた六時礼懺は、日本にも伝わった儀礼の一つであった。平安後期以降、六時型の礼懺は衰退し、二時型（初夜と後夜）の礼懺が広まっていく。しかし、現在でも東大寺等の南都の由緒ある寺院では、六時型の礼懺が行われている。(17)十世紀敦煌の法会文献に窺われる六時礼懺の盛行は、日本の法会を考えるにあたっても貴重な記録である。

「目連変文」の書写

また、「目連変文」が『十王経』と同じく仏教経典のように利用された例がある。太平興国二年(九七七年)に書かれたBD00876「目連変文」の願文には、「衆生の同に信心を発して《目連変》を写尽する者有らば、同に願力を持し、三途に堕つること莫からん。」[18]と書かれている。

先にも指摘したように、「目連変文」や『十王経』は、決して正規の仏教経典ではない。それにも関わらず、正規の経典と同じ写経の功徳が積めると考えるのは、どのような理由によるのであろうか。筆者はかつて十世紀敦煌における経典の問題を扱う中で、本来経典として見做すべきでない典籍にも「経」の文字が使われる例を複数確認した。[19]例えば、P.2999「太子成道経」は、題名には「経」という文字が冠されているが、通俗語彙が多用されていた文献である。また、韻文と散文を交互に繰り返す文体(以下、講唱体)で書かれている。この講唱体とは、宋代以降の通俗文学文献に引き継がれた文体であり、史書や士大夫の作成する詩文に使われることは決してない。「経」の名が冠される文献に、俗語が多用されるだけでなく、通俗文学文献の文体が用いられることは、正規の翻訳経典には例のないことなのである。このことから、十世紀敦煌における「経」と名付けられる文献への意識の変化、及び「経」と呼ばれる対象の広がりが読み取れてくる。このような「経」への意識の変化が、『十王経』や「目連変文」のような文献を経典のように扱った背景にあるのではないだろうか。

ここまで三章にわたり、『十王経』と目連故事の比較から、十世紀敦煌の代表的な死後審判、及びその免れ方を示す儀礼や書写の方法を見てきた。ところで、地獄の描写方法や死後世界の描き方が、『十王経』と目連故事の間に些か差があるとはいえ、それらはいずれも十世紀文献である。それでは、九世紀文献には確認されないこのような特徴の文献はどのような背景のもと生まれたのか。九世紀と十世紀の間に、どのような変化があったのか。次章では、敦煌の歴史に着目することで、十世紀敦煌に地獄文献や死後審判の文献が流布した背景の一端を考えたい。

四、唐王朝の衰頽・滅亡と敦煌
——日本との比較より

長らく唐王朝の統治下にあった敦煌は、七八〇年代から吐蕃支配下に入ったが、八四八年、吐蕃政権の内紛等による弱体化も起因して、漢民族の張議潮が敦煌を奪還するに至る。

これより九〇九年の張奉承による金山国独立までの約六〇年間を、張氏帰義軍時代と呼んでいる。

敦煌が張氏帰義軍時代に入った頃の唐王朝は、会昌の廃仏が終わり、若干の仏教の復興を経た時期にあたる。敦煌は、そのような唐王朝とは大きく異なる仏教との関係を構築させていった。なぜならば、帰義軍政権そのものが、仏教と密接に関わっていたからである。その変化の一端もまた、敦煌文献の在り方に反映されている。

張氏帰義軍政権以降の敦煌文献には、寺院で教育を受ける学士郎（学郎、学生等の呼称もある）のような在俗信者が書写した文献が数多く確認されていく。[20] これらの文献からは、敦煌の寺院において、在俗信者が教育を受けていたこと、その内容も、仏教のみならず、『論語』や『孝経』、『太公家教』や『開蒙要訓』等にまで及んでいたことが分かる。それらは多く童蒙教育に使われる文献である。つまり、敦煌の寺院が俗世との関わりにより積極的になっていったのである。ただ、それでも、唐王朝の存続していた時代には、庶民層に受け入れられやすい『十王経』や目連故事のような文献の存在は確認されない。

九〇九年、張奉承は新たに西漢金山国を建てる。しかし、それも九一四年には曹氏による帰義軍時代に取って代わられた。曹氏帰義軍時代は、九一四年から一〇三〇年まで一世紀強続くことになる。[21]

その曹氏帰義軍時代の前半期は、唐王朝が衰頽から滅亡へと至り、後梁に始まる短期政権が繰り返し興亡した五代十国の時代にあたる。唐王朝が滅亡した以上、曹氏帰義軍が独立政権としての意識を強め、独自の歩みを始めることは必至であった。唐王朝滅亡後、仏法を体現する王は唐の皇帝ではなく帰義軍政権を担う曹氏であると認識されていくことは、[22] この問題に繋がる。

そして、曹氏帰義軍時代以降になり、初めて偽経『十王経』や偽経と関わる目連故事が流布していく。先に少しく触れた講唱体の文献も、この十世紀のものである。ここで併せて想起すべき文献が、本稿で幾度も取り上げてきたP．２１９３「目連縁起」である。これは、十世紀敦煌の高僧・道真によって書かれた文献であり、在俗信者のための講経を目的として書写されたものである。その道真はまた、在俗信者の授戒を積極的に行っていたことも知られている。[23]

中原が混乱していただけでなく、中原から遠く離れた場所に位置し、且つ自らが政治的混乱を来たしていた敦煌にとって、徐々に唐王朝の規範を遵守することへの意識が薄れていったとしても、それほど不思議はないだろう。それよりも、敦煌の政権が、自らの存続を可能とするために、仏教と結びつき、また敦煌の民衆の支持を得る仏教の在り方を模索したとしても不思議はない。

このような状況下にあったからこそ、本来ならば、偽経やそれに類する文献として忌避される可能性の高い『十王経』や目連故事を記した文献が顔を出し、且つ広範に流布したのであろう。それにより、両文献が語る死後審判の世界もまた、貴賤を問わず、当時の人々に広く受容されていった。それは、「目連変文」が経典と同じように写経され、願文を記された問題にも通じる。通俗的性格を強くそなえる文献が、十世紀敦煌において、何故経典と呼ばれる文献と同じ扱いを受けるに至ったのか。その理由こそ、唐王朝の滅亡による規範の崩壊、及びに曹氏帰義軍政権の求めた仏教政策にあるのではないだろうか。

ところで、先に筆者は六時の礼讃を取り上げ、日本との関わりを指摘した。敦煌と日本の間に何らかの直接関係を見出すことは控えるべきであるにしても、一方の理解がもう一方の理解の参考になるということは少なくない。ここで扱っている唐王朝の衰退から滅亡という歴史は、中国という枠内での問題としてではなく、東アジアという広い枠の中で考えることも可能な問題である。よって筆者は、次に少しく視点を移し、当時の日本の変化を見てみたい。そこで注目するのは、遣唐使の廃止と平将門の乱である。

唐王朝の衰退・滅亡と日本の変化

八九四年、菅原道真が遣唐使の停止を建議し、結果的に遣唐使そのものが廃止に至ったことは良く知られている。その建議文には確かに唐王朝の凋落が意識されていた。次に挙げるのはその冒頭部分である。

右、臣某謹んで在唐の僧・中瓘《ちゅうかん》、去年三月商客・王訥《おうとう》等に附して到す所の録記を案ずるに、大唐の凋弊、之を載すること具なり。更に不朝の問を告げ、終に入唐の人を停む。[24]

遣唐使廃止には、唐王朝の衰退のみならず、複数の要因を考慮せねばならないことは言うまでもない。[25]だが筆者がここで着目したいのは、唐王朝の衰退が一つの主要因となり、結果的に日本の対外政策の転換が起こったという点である。

そして、その十三年後に起こった唐王朝の滅亡は、更に大きな影響を日本に与えた。それが、平将門の乱である。今、先行研究に導かれてこの問題を見ていきたい。[26]

平将門の乱以前にも、国内において乱それ自体は幾度も起こっていた。ただ、平将門とそれらの乱との間には、大きな相違点がある。将門が、明らかに唐王朝の滅亡と遼・契丹を意識していたことである。『将門記』は次のように言う。

武弓の術は、既に両朝を助く。還箭の功は、且短命を救ふ。将門も苟くも兵の名を坂東に揚げ、合戦を花夷に振るふ。今の世の人、必ず撃ちて勝てるを以て君と為す。縦ひ我が朝に非ずとも、僉人の国に在り。去んぬる延長年中の大赦契王の如きは、正月一日を以て、渤海国を討ち取りて、東丹国と改めて領掌せり。蓋ぞ力を以て虜領せざらんや。(27)

大陸の情況を踏まえた上での蜂起であったことは、この文言から確かめられる。しかし、それと同じく重要な点は、彼が現天皇の打倒を意揷し、自ら「新皇」を名乗ったことである。唐王朝の崩壊に伴う世界情勢の変化を受けて、日本でもはっきりと現天皇に謀反を起こしたことは、その後の社会の在り方へ大きな変化を促す契機となった。

このような唐王朝の衰退と滅亡が日本へ影響を及ぼしたことは、いかなる意味を持っているだろうか。

敦煌と日本が、ともに十世紀に新たな社会を求め出したというだけであれば、それは単なる偶然の一致と言われても仕方がない。しかし、唐王朝の滅亡という歴史的な一大事が、異なる二つの地域に影響を及ぼし、それぞれにそれぞれの変化を引き起こしたのである。

八四八年以降の敦煌は、概ね漢民族である帰義軍政権によって維持されていたという点において、日本とは大きく異なる。しかし、張氏帰義軍が、唐の中央に対して「朝貢」関係にあったことも忘れてはならない。(P.3633にもこの二文字が明記されている)。そして十世紀には、曹氏帰義軍の節度使が仏教を体現する転輪聖王と見做されたのである。もちろん、帰義軍政権が積極的に仏教と繋がりを持っていったことも、彼ら独自の社会形成を促進する要因となっただろう。

唐王朝の衰退と滅亡以降、敦煌も日本も各々に新たな変化を経験し、それぞれに適する社会を模索していくことになった。このような点から見るならば、十世紀敦煌の変化とは、唐王朝の衰退から滅亡へと至る中で引き起こされた東アジアにおける変化の一つであったとも考えられるだろう。そして、その変化の一端が、十世紀敦煌文献に通俗的内容を持つ仏教文献の出現と言えるのではないだろうか。

最後に、十世紀敦煌文献の中から、『十王経』とも目連故事とも異なる死後の審判に関わる故事の一端を紹介してこの稿を終えることとする。

五、死して知る死後審判
——BD08333「譬喩経変文（擬）」

BD08333「譬喩経変文（擬）」に語られる故事は、あまり類例を見ない特殊な内容となっている。よって、これまでにも多くの識者に言及されてきた。ここには、生前善行を積まなかったために地獄に堕ちた人物が、死後自らの屍体を鞭打つ故事が書かれている。その一部を書き下しによって示す。

> 覓《もと》めて一条の鉄棒を得、業道の身を運び、来たりて墓所に至る。纔《はじ》めて餓鬼道に生まれ、罪を受くること何れの時にか了らん。行けば破車の声に似て、臥せば枯樹の倒るるが如し。遍身煙焔を生じ、口里は煙道の如し。一日の中に百度焼かれ、長年苦しみを受くること何れの時にか了らん。（……中略……）既に鉄棒を将《も》って、直に墓所に至り、尋ねて死屍を得て、且つ一千の鉄棒を乱打す。呵責《がしゃく》して道《い》ふ「你の在生の日を恨む、慳貪嫉妬もて、日夜只だ是れ人を筭し、一念の饒益の心も無く、只だ是れ萬般の損害をなすのみ。頭頭罪を増し、種種殃を造り、死して三途に堕つ」と。[28]

自らの屍体に鞭打つという些か珍しい内容であるが、確かに仏教経典に類話を確認することは可能である。『経律異相』巻第四六や『法苑珠林』巻第七一に引かれる『譬喩経《ひゆきょう》』である。ただ、この『譬喩経』とBD08333「譬喩経変文（擬）」とには、内容に些か違いが見られるため、直接の典拠とすべきものではない。

当該故事について考えたいのは、この故事から連想されるもう一つの故事である。果たして当時の敦煌の一般民衆が『譬喩経』との関係を意識していたかと問うならば、それは否であろう。一般的に、彼らには仏教経典を読むほどの識字能力はない。それよりも、屍体に鞭打つ人物としてよく知られており、且つ容易に想起されるのは、本来仏教とは関係のない春秋時代の楚の伍子胥ではないだろうか。『史記』の伍子胥の伝には、楚平王の屍体に鞭打つ場面が次のように書かれている。

> 始め伍員申包胥と交はりを為すに、員の亡ぐるや、包胥に謂ひて曰く「我必ず楚を覆さん」と。包胥曰く「我必ず之を存せん」と。呉の兵の郢に入るに及び、伍子胥は昭王を求む。既に得ず、乃ち楚平王の墓を掘り、其の屍を出だし、之を鞭うつこと三百、然る後に已む。[29]

中国において「死体に鞭打つ」とは、この伍子胥の行為を髣髴とさせるものであろう。そして、伍子胥は父と兄を平王に殺されている。伍子胥の「死体に鞭打つ」行為の裏に、極めて強い復讐の念が潜んでいることも忘れてはならない。

この伍子胥の行為を念頭にBD08333「譬喩経変文(擬)」を読むならば、自らの屍体に鞭打った人物が、生前の自らの生き方をいかに後悔しているか、自らに復讐せざるを得ないほどの憎しみを心に抱いていたことが推測される。十世紀敦煌においてこの故事を法会等で講釈した際には、いかに生きるべきかを強く聴衆に訴えかける効果を担ったものと考えられる。

なお、伍子胥の故事は、十世紀の敦煌でも広く流布していた。残念ながら、S.328「伍子胥変文(擬)」の当該場面には、屍体を鞭打つ場面がなく、些か描写が変化している。しかし、敦煌文献に残るもののみが敦煌で知られていた伍子胥の故事であったと考える必要はない。多くの故事が、様々な内容をもって流布していたはずなのである。

BD08333「譬喩経変文(擬)」は、偽経と関連する故事ではない。しかし、伍子胥を想起させるという筆者の想定が正しければ、やはり中国人に受容されやすい内容を持つ文献である。十世紀敦煌には、先の『十王経』や目連故事を含め、中国人に受容されやすい様々な故事が、仏教講釈に使われ、また死後世界や死後審判を語るにあたり、利用されていたのである。

注

(1) 荒見泰史『敦煌講唱体文学写本研究』「第三章　関於地蔵十王成立和演変的若干問題」、中華書局、二〇一〇年、一五九―一九五頁。同「敦煌本《仏説十王経》与唱導――従十王経類的改写情況来探討民間信仰的変遷」『中国俗文化研究』第八輯、二〇一三年、一七八―一九二頁。なお『十王経』は、長らく甲本・乙本という二分類によって研究が進められてきた。この二分類では十分ではないとする見解は、次の論文にもみられる。玄幸子「『閻羅王授記経』写経考――天堂へのパスポート」『敦煌写本研究年報』第七号、二〇一三年、二〇三―二一八頁。

(2) 小南一郎「「十王経」をめぐる信仰と儀礼」吉川忠夫編『唐代の宗教』、二〇〇〇年、一五九―一九四頁。同「「十王経」の形成と隋唐の民衆信仰」『東方学報』第七四冊、二〇〇二年、一八三―二五六頁。注1・玄氏論文。

(3) 破斎毀戒煞猪鶏、業鏡照然報不虚。若造此経兼画像、閻王判放罪消除。

(4) 願仏興揚智慧風、漂帰法海洗塵濛。護世四王同発願、当伝経典広流通。

(5) 百日亡人更恓惶、身遭枷杻被鞭傷。男女努力修功徳、免落地獄苦処長。

(6) 爾時閻羅法王更広勧信心、善男子、善女人等努力修此、十王斎具足、免十悪五逆之罪、善得天王当令四大野(夜)叉王守護此経、不令陥没。

(7) 目連問曰「此個名何地獄。」羅察(刹)答言「此是刀山剣樹地獄。」目連問曰「獄中罪人、作何罪業、当堕此地獄。」獄主報言「獄中罪人、生存在日、侵損常住、遊泥伽藍、好用常住水果、盗常住柴新。今日交（教）伊手攀剣樹、支支節節皆零落処。刀山白骨乱縦横、剣樹人頭千万顆。（……中略……）此獄東西数百里、罪人乱走肩相棳（掇）。業風吹火向（於）前焼、獄卒杷杈従後插。身手応時如瓦砕、手足当時如粉沫。

（8）父承善力而生天、母招慳報堕地獄。或値刀山剣樹、穿穴五臓而分離。或遭爐炭灰河、焼炙砕塵於四体。或在餓鬼受苦、痩損軀骸、百節火燃、形容燋酔（悴）。喉咽別（則）細如針鼻、飲嚥滴水而不容。腹蔵則寛於太山、盛售三江而難満。

（9）我縁在世不思量、慳貪終日殺猪羊。将為世間無善悪、何期今日受新（斯）殃。地獄毎常長飢渇、煎煮之時入鑊湯。或上刀山并剣樹、或即長時臥鉄牀。更犂耕兼抜舌、洋銅灌口苦難当。数載不聞漿水気、飢羸遍体尽成瘡。

（10）加以広袖（抽）玉帛、大捨珍修（羞）、瓊花供三徳之尊、紙墨献十王之号。是時也、金鞍玉鐙随馬、彫装・宝悵（帳）・銀屏、高駝皆負青蚨、乱綵咸鋪坐測（側）、並上天曹・地府、六道冥官、不昧陰霊各垂領納。繇是欲抽金玉、預作前田、蘋蘩烈（列）八徳之尊、駝馬献十王之位。総斯多善、並用荘厳。

（11）注1・荒見論文。注2・小南論文。

伏惟公義信成徳、廻然不群、鉄石為懐、忠義立操。雖已渾跡人世、常興奉仏之心。敬達幽開（関）、乃憑先修之力。即知身如幻化、命若浮雲、嗟石火而暫時、嘆風燭之難保。毎見年光不駐、与逝水如（而）東流。意欲洗滌塵労、先布覚花之路。是以精修妙共（供）、直開甘露之門、稽首金人、願託当来之果。時以雁行表烈（列）、輪（論）功称揚。逓互相乗、次当ム七。（……中略……）然後願十王明鑑来降道場、善悪部官、同臨此会。鑑其誠懇、普為護持、頼兹勝因、齊登覚道。

（12）吾亡後必不得為此弊法。若未能全依正道、須順俗情、従初七至終七、任設七僧斎。若随斎須佈施、宜以吾縁身衣物充、不得輒用餘財、為無益之枉事、亦不得妄出私物、徇追福之虚談。（『旧唐書』巻第九六「姚崇伝」）

（13）顕徳五年歳次戊午、三月一日夜、家母阿婆馬氏身故、至七日開七斎。夫検校尚書、工部員外郎翟奉達憶念、敬写『無常経』一巻、敬画宝髻如来仏一鋪。毎七至三周年、毎斎写経一巻追福、願阿娘托影神遊、往生好処、勿落三途之災、永充供養。

（14）若し復た人有りて修して此の経を造り、受持読誦せば、舎命の後、三途に生まれず、一切の諸の大地獄に入らず。（若復有人修造此経、受持読誦、舎命之後、不生三途、不入一切諸大地獄。）

（15）「汝能行孝、願救慈親、欲酬乳哺之恩、其事甚為希有。汝至衆僧解夏之日、羅漢九旬告必（畢）之辰、賢聖得於祇園、羅漢騰空於石室、辦香花之供養、置盂蘭之妙盆。献三世之如来、奉十方之賢聖。仍須懇告、努力虔誠、諸仏必賜神光、慈母必離地獄。但若依吾教敕、便為孝順之因。慈悲教法流伝、直至于今不絶。」

（16）「吾今賜汝威光、一一事須記取、当往祇園之内、請僧卌（四十）九人、七日鋪設道場、日夜六時礼懺、懸幡点燈、行道放生、転念大乘、請諸佛以虔成（誠）。」

（17）佐藤道子「法華八講会——成立のことなど」『文学』第五七巻第一号、一九八九年、三五—五二頁。

（18）後有衆生同発信心写《目連変》者，同池（持）願力，莫堕三途。

（19）拙稿「S．１５１９V「寺院収蔵文献目録（擬）」に見る10世紀敦煌の講唱体文献」『敦煌写本研究年報』第八号、二〇一四年、一四五—一六六頁。

（20）小川貫弌「敦煌の学士郎について」『印度学仏教学研究』

第二一巻第二号、一九七三年、八四―八九。伊藤美重子「敦煌の学郎題記にみる学校と学生」『唐代史研究』第十四号、二〇一一年、四二―七〇頁。

(21) 金山国建国年代と曹氏帰義軍滅亡年代については諸説ある。筆者の見解は次の研究に依拠したものである。馮培紅『敦煌的帰義軍時代』、甘粛教育出版社、二〇一三年。

(22) 赤木崇敏「十世紀敦煌の王権と転輪聖王観」『東洋史研究』第六九巻第二号、二〇一〇年、五九―八九頁。同「金輪聖王から菩薩の人王へ：一〇世紀敦煌の王権と仏教」『歴史の理論と教育』第一三九号、二〇一三年、三―一七頁。

(23) 高崎直道・木村清孝編『東アジア仏教とは何か（シリーズ・東アジア仏教I）』土肥義和「特論　敦煌の社会と仏教――九・一〇世紀の莫高窟と三所禅窟と敦煌仏教教団」、一九九五年、春秋社、二四五―二七一頁。

(24) 『菅家文草』「諸公卿をして遣唐使の進止を議定せしめんことを請ふの状」（請令諸公卿議定遣唐使進止状）「右臣某謹案在唐僧中瓘去年三月附商客王訥等所到之録記大唐凋弊載之具矣更告不朝之問終停。」なお、「不朝之問」の理解には種々の見解があり、未だ定論がない。

(25) 森公章「菅原道真と寛平度の遣唐使計画」『遣唐使と古代日本の対外政策』、二〇〇八年、一四五―一六三頁。

(26) 上島享『日本中世社会の形成と王権』「第一部　新たな社会の形成と中世王権」、名古屋大学出版会、二〇一〇年、四二―三六七頁。参照：保立道久『黄金国家――東アジアと平安日本』「第3章　東アジアの内乱と一〇世紀日本」、青木書店、二〇〇四年、一九七―二七三頁。

(27) 「大赦契王」の「赦契」は、正しくは「契赧」であり、「大契赧王」は契丹王・耶律阿保機を指す。柳瀬喜代志他校注『将門記　陸奥話記　保元物語　平治物語』（新編日本古典文学全集41）、小学館、二〇〇二年、六八―六九頁。

(28) 覓得一条鉄棒、運業道之身、来至墓所。纔生餓鬼道、受罪何時了。行似破車声、臥如枯樹倒。遍身煙焰生、口里如煙道。一日之中百度焼、長年受苦何時了。（……中略……）既将鉄棒、直至墓所、尋得死屍、且乱打一千鉄棒。阿責道「恨你在生之日、慳貪嫉妬、日夜只是筭人、無一念饒益之心、只是萬般損害。頭頭増罪、種種造殃、死堕三途。」

(29) 始伍員與申包胥為交、員之亡也、謂包胥曰「我必覆楚。」包胥曰「我必存之。」及呉兵入郢、伍子胥求昭王。既不得、乃掘楚平王墓、出其屍、鞭之三百、然後已。（『史記』巻第六六「伍子胥列伝」）

附記　本稿はJSPS科研費15J00325の助成を受けたものである。

執筆者一覧（掲載順）

白須淨眞	荒見泰史	門司尚之
許　飛	大田黒綾奈	髙井　龍

【アジア遊学192】

シルクロードの来世観《らいせかん》

2015年11月30日　初版発行

編　者　白須淨眞《しらすじょうしん》
発行者　池嶋洋次
発行所　勉誠出版株式会社
〒101-0051　東京都千代田区神田神保町3-10-2
TEL：(03)5215-9021(代)　FAX：(03)5215-9025
〈出版詳細情報〉http://bensei.jp/

編　集　岡田林太郎
営　業　青木紀子・松澤耕一郎

印刷・製本　太平印刷社
装丁　水橋真奈美（ヒロ工房）
組版　服部隆広

ISBN978-4-585-22658-1　C1322

広大院—島津家の婚姻政策　松尾千歳
島津重豪従三位昇進にみる島津斉宣と御台所茂姫　崎山健文
学者たちの交流　永山修一
【コラム】近世・近代における島津重豪の顕彰　岩川拓夫

Ⅲ　薩摩の文化環境

島津重豪の信仰と宗教政策　栗林文夫
近世薩摩藩祖廟と島津重豪　岸本覚
『大石兵六夢物語』小考—島津重豪の時代と物語草子・絵巻　宮腰直人
薩摩ことば—通セサル言語　駒走昭二
【コラム】重豪の時代と「鹿児島の三大行事」　内倉昭文

Ⅳ　薩摩と琉球・江戸・東アジア

島津重豪の時代と琉球・琉球人　木村淳也
和歌における琉球と薩摩の交流　錺武彦
【コラム】島津重豪と久米村人—琉球の「中国」　渡辺美季
島津重豪・薩摩藩と江戸の情報網—松浦静山『甲子夜話』を窓として　鈴木彰
あとがき　林匡

191 ジェンダーの中国史

はじめに——ジェンダーの中国史　小浜正子

Ⅰ　中国的家族の変遷

むすめの墓・母の墓—墓から見た伝統中国の家族　佐々木愛
異父同母という関係—中国父系社会史研究序説　下倉渉
孝と貞節—中国近世における女性の規範　仙石知子
現代中国の家族の変容—少子化と母系ネットワークの顕現　小浜正子

Ⅱ　「悪女」の作られ方

呂后—“悪女”にされた前漢初代の皇后　角谷常子
南朝の公主—貴族社会のなかの皇帝の娘たち　川合安
則天武后—女帝と祭祀　金子修一
江青—女優から毛沢東夫人、文革の旗手へ　秋山洋子

Ⅲ　「武」の表象とエスニシティの表象

木蘭故事とジェンダー「越境」—五胡北朝期の社会からみる　板橋暁子
辮髪と軍服—清末の軍人と男性性の再構築　高嶋航
「鉄の娘」と女性民兵—文化大革命における性別役割への挑戦　江上幸子
中国大陸の国民統合の表象とポリティクス—エスニシティとジェンダーからみた近代　松本ますみ
【コラム】纏足　小川快之

Ⅳ　規範の内外、変容する規範

貞節と淫蕩のあいだ—清代中国の寡婦をめぐって　五味知子
ジェンダーの越劇史—中国の女性演劇　中山文
中国における代理出産と「母性」—現代の「借り腹」　姚毅
セクシャリティのディスコース—同性愛をめぐる言説を中心に　白水紀子
【コラム】宦官　猪原達生

Ⅴ　「周縁」への伝播—儒教的家族秩序の虚実

日本古代・中世における家族秩序—婚姻形態と妻の役割などから　伴瀬明美
彝族「女土官」考—明王朝の公認を受けた西南少数民族の女性首長たち　武内房司
『黙斎日記』にみる十六世紀朝鮮士大夫家の祖先祭祀と信仰　豊島悠果
十九世紀前半ベトナムにおける家族形態に関する一考察—花板張功族の嘱書の分析から　上田新也
【書評】スーザン・マン著『性からよむ中国史　男女隔離・纏足・同性愛』　張瑋容

187 怪異を媒介するもの

183 上海租界の劇場文化　混淆・雑居する多言語空間

184 日韓の書誌学と古典籍

181 南宋の隠れたベストセラー『夷堅志』の世界

182 東アジアにおける旅の表象　異文化交流の文学史

175 ソグド人と東ユーラシアの文化交渉

176 東アジア世界の「知」と学問　伝統の継承と未来への展望

177 中世の対馬　ヒト・モノ・文化の描き出す日朝交流史

166 歴史のなかの金・銀・銅　鉱山文化の所産

167 戦間期東アジアの日本語文学

163 日本近世文学と朝鮮

164 周作人と日中文化史

165 ヨーロピアン・グローバリゼーションの歴史的位相　「自己」と「他者」の関係史

勢神宮創祀記事をめぐって　榎村寛之

159〈予言文学〉の世界 過去と未来を繋ぐ言説

序言　小峯和明

序章

〈予言文学〉の世界、世界の〈予言文学〉　小峯和明

Ⅰ　宗教・信仰と〈予言文学〉

占卜の神話―「フトマニ」と「亀卜」をめぐって　金英珠

讖緯・童謡・熒惑―古代東アジアの予言的歌謡とその思惟をめぐって　増尾伸一郎

〈予言文学〉としてのおみくじ　平野多恵

文字の呪力と予言をめぐって―扁額を中心に　パスカル・グリオレ

「夢と幻」―ベアトゥス写本の「ネブカドネツァル王の巨像の夢」をめぐって　宮内ふじ乃

ルーマニアの伝説と黙示・予言文学　ニコラエ・ラルカ

Ⅱ　歴史叙述と〈予言文学〉

歴史叙述としての医書―漢籍佚書『産経』をめぐって　北條勝貴

成尋の見た夢―『参天台五臺山記』理解へ向けての覚書　水口幹記

御記文の生成と変容―八幡の御記文を端緒にして　宮腰直人

〈予言文学〉としての歴史叙述―軍記の予言表現を端緒に　目黒将史

日本人の怪異観の一側面―「予言獣」を巡って　ハイエク・マティアス

Ⅲ　物語・芸能の〈予言文学〉

類書・雑書の言説と説経―絵巻『をくり』を起点に　粂汐里

『清水冠者物語』にみえる姫君の予言をめぐって　島岡美奈

『福富草子』の予言・予祝　吉橋さやか

富貴への予言と福神・貧乏神―打出の小槌と柿帷子　塩川和広

未来記による虚構化―『傾城島原蛙合戦』の夢解き　加藤敦子

Ⅳ　東アジアの〈予言文学〉

『春秋左氏伝』の予言言説　高陽

【コラム】『時双紙』の世界―占術書と文字の関係性を巡って　照沼麻衣子

東アジアの孝子説話にみる〈予言〉　金英順

韓国の予言書『鄭鑑録』　松本真輔

ベトナムにおける「讖文」―李王朝についての史書を中心に　グエン・ティ・オワイン

160 契丹[遼]と10～12世紀の東部ユーラシア

序言　荒川慎太郎・澤本光弘・高井康典行・渡辺健哉

契丹[遼]略年表

一　契丹[遼]とその国際関係

十～十二世紀における契丹の興亡とユーラシア東方の国際情勢　古松崇志

世界史の中で契丹[遼]史をいかに位置づけるか―いくつかの可能性　高井康典行

五代十国史と契丹　山崎覚士

澶淵の盟について―盟約から見る契丹と北宋の関係　毛利英介

契丹とウイグルの関係　松井太

【コラム】契丹と渤海との関係　赤羽目匡由

二　契丹[遼]の社会・文化

遼帝国の出版文化と東アジア　磯部彰

草海の仏教王国―石刻・仏塔文物に見る契丹の仏教　藤原崇人

『神宗皇帝即位使遼語録』の概要と成立過程　澤本光弘

契丹国(遼朝)の北面官制とその歴史的変質　武田和哉

遼中京大定府の成立―管轄下の州県城から　高橋学而

【コラム】日本に伝わる契丹の陶磁器―契丹陶磁器の研究史的観点を中心にして　弓場紀知

【コラム】遼南京の仏教文化雑記　阿南ヴァージニア史代・渡辺健哉

三　契丹研究の新展開―近年の新出資料から

最新の研究からわかる契丹文字の姿　武内康則

中国新出の契丹文字史料　呉英喆

ロシア科学アカデミー東洋文献研究所所蔵契丹大字写本　荒川慎太郎

【コラム】契丹大字碑文の新発見　松川節

ゴビ砂漠における契丹系文化の遺跡　白石典之

チントルゴイ城址と周辺遺跡　木山克彦・臼杵　勲・千田嘉博・正司哲朗・A・エンフトゥル

遼祖陵陵園遺跡の考古学的新発見と研究　董新林

【展覧会記録】契丹の遺宝は何を伝えるか―草原の王朝契丹展の現場から　市元塁

156 大谷光瑞 「国家の前途」を考える

157 東アジアの結婚と女性 文学・歴史・宗教

158 古事記 環太平洋の日本神話

アジア遊学既刊紹介